应用型法律人才培养系列教材

MINSHI SUSONG
YEWU LIUCHENG SHIXUN

民事诉讼业务流程实训

编　著　朱孝彦　王秀平

中国政法大学出版社

2020・北京

图书在版编目（CIP）数据

民事诉讼业务流程实训/朱孝彦，王秀平编著. —北京：中国政法大学出版社，2020.8
ISBN 978-7-5620-8698-7

Ⅰ.①民…　Ⅱ.①朱…②王…　Ⅲ.①民事诉讼－诉讼程序－中国－高等学校－教材
Ⅳ.①D925.118

中国版本图书馆CIP数据核字(2020)第130384号

出版者	中国政法大学出版社
地　址	北京市海淀区西土城路 25 号
邮寄地址	北京 100088 信箱 8034 分箱　邮编 100088
网　址	http://www.cuplpress.com (网络实名：中国政法大学出版社)
电　话	010-58908435(第一编辑部) 58908334(邮购部)
承　印	固安华明印业有限公司
开　本	720mm×960mm　1/16
印　张	17
字　数	314 千字
版　次	2020 年 8 月第 1 版
印　次	2020 年 11 月第 1 次印刷
印　数	1～5000 册
定　价	49.00 元

前 言

“法律的生命在于经验，而不在于逻辑。”对于法学家霍姆斯的这句名言，每一位法律人耳熟能详，在那个法律逻辑学还没有出现的年代，他的这句话颇有道理，现在看来却并非无懈可击。但是，这句话道出了人类历史一以贯之的道理，那就是实践和经验的重要性。

众所周知，法学是实践性较强的学科。我国传统的法学教学模式，往往强调单向度地传输知识，而忽略对学生实际法务操作能力的培养。此弊端虽久为理论界与实务界批判，并且大家也尽力克服，但由于多方面的原因，大学法学教学基本上还是“重理论，轻实践”。切实变革并不断优化我国法学教学模式的任务极其艰巨。

在民事诉讼法的教学中，对于民事诉讼程序的讲述和记忆往往非常抽象和枯燥，学生也难以精确理解并记忆。一个好的解决办法是让学生在法学见习中，能够跟着法官或者律师，将一个民事诉讼案件的起诉、审理全流程完整地经历一遍，但是，由于时间和条件的限制，学生几乎没有这样的时间和机会，更为务实的办法是进行模拟训练。

20世纪50年代的联邦德国学者特拉姆的“行为导向”思想理论具有借鉴性。特拉姆认为行为导向表征的是一种教学模式的基本精神，在其指引下，参与学习的个体能够在评估自身能力、了解客观规律及预判行为结果等方面得到切实的提升。这个参与学习的过程在实质意义上就是个体不断发展的过程，参与学习的个体在理论知识与实践知识等方面获得渐进性进步。以行为导向为指引的教学模式通常以案例教学法、主题教学法、角色教学法、模拟教学法等形式展现出来。山东政法学院民事诉讼法教研室的老师们，很早就进行了这方面的尝试，在学院的支持下开设了《民事诉讼业务流程实训》课程，通过依托案例的程序模拟，让学生分角色模拟当事人、律师、法官，在研习的过程中将书面民事诉讼法学知识和理论与具体的民事案件相结合，以程序先后为线索，以相应的节点的法律文书为珍珠，将民事诉讼程序协调完整地串成一个整体。最初，这种训练只是通过口头和书面的演练来展开。此后，山东政法学院引入了“法律实务综合模拟平台”，通过电脑和网络进行民事诉讼流程的训练，使这门课程插上了智慧的高科技翅膀，同时也极大地推动了本课程的教学模式的进步。

《民事诉讼业务流程实训》自编教材，是民事诉讼流程实训课程进行多年教学的知识积累和经验总结，是课程教学的提升，是山东政法学院民商法学院民事诉讼法教学团队多年教育学成果的集大成之作。

本教材以法学本科生学习完《民事诉讼法学》之后进行民事诉讼实践为导向，分为一审诉讼流程实训、二审诉讼流程实训、民事诉讼再审诉讼流程实训、民事非诉讼程序实训、民事诉讼特别程序实训、民事执行程序实训等六部分。

本书具体分工如下：（以撰写章节的先后为序）

朱孝彦：第一、四、五、六章，附录；

王秀平：第二、三章。

全书由朱孝彦老师统稿。

《民事诉讼业务流程实训》虽然汇聚了老师们的心血，但由于水平有限，错误和缺点在所难免，敬请同仁和读者提出批评和建议。

编　者

2019 年 9 月 19 日

目录 CONTENTS

第一章　民事诉讼一审普通程序诉讼流程实训

第一节　一审起诉和受理程序训练

一、训练目标

第一，通过本节内容的训练，使学生了解和熟悉诉前保全、委托诉讼代理人等事项的程序。让学生掌握《诉前财产保全申请书》《诉前证据保全申请书》《诉前行为保全申请书》《律师事务所公函》《委托授权书》《立案信息表》《人民法院民事裁定书（不予受理起诉用）》《民事起诉状》等法律文书的写作格式和写作注意事项；训练学生使用法言法语，以给定的案件为例，写作相关的法律文书，并能够做到诉讼文书格式规范、表达清晰，观点明确、逻辑严谨。

第二，通过本节内容的训练，使学生了解和熟练利害关系人诉前证据保全、财产保全和行为保全的申请等环节的操作流程；熟悉原告起诉应当具备的条件和完成该阶段任务的主要步骤；熟悉人民法院立案庭受理环节的操作细节和受理标准，掌握不予受理的适用情况；掌握当事人对法院不予受理的救济渠道；了解和熟练《诉前财产保全申请书》《诉前证据保全申请书》《律师事务所公函》《委托授权书》《立案信息表》《人民法院民事裁定书（不予受理起诉用）》《民事起诉状》等法律文书的使用方法和在诉讼程序中时间位置；通过诉讼文书的使用，串起整个诉讼流程。

第三，本节内容的训练将为后面的庭前准备环节的训练做好理论和程序的准备。民事诉讼一审程序中的起诉和受理环节是民事诉讼程序的初始环节，它对后续程序的展开意义重大，是非常重要的环节，应当强调同学们认真训练。

第四，依托同学们已经学过的《民事诉讼法学》等相关课程和相关法律知识，通过对案件事实和法律适用方面的分析，弄清楚案件一审的整体诉讼流程，让学生对民事一审诉讼程序有一个整体的感知，并能在训练中对诉讼程序有系统的理解和把握。并在此基础上让学生进一步掌握民事诉讼普通程序一审的起诉环节和法院受理环节的工作内容、程序、特殊情况处理等事项，为学生将来从事法官、律师工作或者相关的法务工作打下坚实的基础。

二、训练前的准备

（一）相应的民事诉讼法知识的准备

主要包括诉前保全的法律规定；法院管辖的理论以及法律和司法解释的相关规定；原告起诉的条件和应当准备的诉讼文书；原告起诉应当拥有的基本证据材料和其他相关的材料等。

（二）起诉和受理阶段的主要程序环节

1. 利害关系人的诉前保全程序

（1）利害关系人的诉前财产保全程序操作：

第一，利害关系人向人民法院申请诉前财产保全。由利害关系人在起诉之前向对本案有管辖权的法院提出申请。对于诉前财产保全的申请，人民法院应当责令申请人提供担保，申请人不提供担保的，驳回请求。对利害关系人申请，人民法院裁定诉前保全的，人民法院接受申请后须在 48 小时内作出裁定，裁定一旦作出即发生法律效力，法院应当立即执行。当事人不服法院裁定的不得上诉，可申请复议一次，复议期间不停止对裁定的执行。人民法院接受申请并裁定保全的，申请人在 30 日以内不起诉的或者不申请仲裁的，法院应当立即解除裁定保全。给被申请人造成损失的，由申请人承担赔偿责任。

第二，申请人提供明确的财产线索。就财产的查明问题，诉前财产保全与法院对生效裁决的强制执行不同，人民法院不会在财产保全阶段为当事人查找债务人的财产，必须由申请人自己提供明确的财产线索。以下类别的财产线索属于明确的财产线索：①银行账户：有明确的开户行、户名、账号；②房地产：有明确的地址和权利人名称，最好有相关的权利凭证复印件；③有价证券：知道债券品种的记名债券，或证券账号；④车辆：明确的车牌号和车主姓名；⑤股权：明确的公司名和债务人拥有的股权份额；⑥其他财产性权利：需要有相关的权利证明资料。

申请人未掌握财产线索或掌握不足够的，可以尝试悬赏方式获得，但这在我国各地的实践各不相同。目前类似的代表性例子有以杭州市西湖区人民法院执行悬赏举报网为代表的公务悬赏，和以蒲公英协作网为代表的民间悬赏。但是二者均未支持在诉讼阶段悬赏，都是在最后的执行阶段悬赏，更不必说诉前悬赏。申请人还可以自己尝试登报等方式进行悬赏，但悬赏可能打草惊蛇，提醒债务人通过各种方式逃避履行自己的义务，最后可能无法达到诉前财产保全的目的。

第三，财产保全裁定的效力原则上一直延续到生效法律文书执行时止，但超过保全期限法院还未审结的情况出现时，仍需要申请人在保全期限届满前办理续行查封、扣押或者冻结手续。如果诉讼过程中需要解除保全措施的，法院应及时作出裁定解除保全裁定，如财产保全的原因和条件发生变化，不需要保全的；被申请人提供相应担保的；诉前保全的申请人在30日内未提起诉讼的；等等。但需要注意的是，参照《最高人民法院关于适用〈中华人民共和国民事诉讼法〉的解释》（以下简称《民诉法解释》）第487条，人民法院冻结被执行人的银行存款的期限不得超过1年，查封、扣押动产的期限不得超过2年，查封不动产、冻结其他财产权的期限不得超过3年。财产保全期限届满，财产续行查封、扣押或者冻结的，需经相关申请执行人在财产保全期限届满前依法提出续封的申请，才能继续保全，否则财产保全将自动解除。

第四，财产保全错误的赔偿。如果当事人申请财产保全有错误，被申请人因财产被保全而遭受损失的，申请人应当承担赔偿责任。

（2）利害关系人的诉前行为保全程序。行为保全，是指人民法院为了保护当事人一方的合法权益，保证今后判决或裁定得以顺利执行，避免造成损失或损失扩大，在诉讼前责令另一方当事人作出一定行为或禁止其作出一定行为的强制性措施。因为侵权人的行为致使权利人的权利受到侵害后不能得到及时的救济时，权利人可以在诉讼以前申请法院依法终止侵权人的侵权行为或者责令其作出一定的行为或者不作为。诉前行为保全主要在知识产权纠纷案件中适用。

我国在涉及知识产权的相关立法上，出于与国际接轨的需要，对行为保全制度也作了一些积极尝试。如2008年修订的《专利法》第66条第1款规定：“专利权人或者利害关系人有证据证明他人正在实施或者即将实施侵犯专利权的行为，如不及时制止将会使其合法权益受到难以弥补的损害的，可以在起诉前向人民法院申请采取责令停止有关行为的措施。”《商标法》和《著作权法》也分别作出了类似规定。同时，最高人民法院在2001年、2002年先后通过的《关于对诉前停止侵犯专利权行为适用法律问题的若干规定》《关于诉前停止侵犯注册商标专用权行为和保全证据适用法律问题的解释》和《关于审理著作权民事纠纷案件适用法律若干问题的解释》中也可见到行为保全的相关内容。2000年7月1日开始实施的《海事诉讼特别程序法》第51条规定的海事强制令制度也具有行为保全性质，海事请求人为了其合法权益免受侵害，可以依据该法请求海事法院责令被请求人作为或者不作为。2012年修订的《民事诉讼法》第100条正式规定了行为保全制度。

（3）利害关系人的诉前证据保全程序。现行《民事诉讼法》第81条规定：“在证据可能灭失或者以后难以取得的情况下，当事人可以在诉讼过程中向人民法院申请保全证据，人民法院也可以主动采取保全措施。因情况紧急，在证据可能灭失或者以后难以取得的情况下，利害关系人可以在提起诉讼或者申请仲裁前向证据所在地、被申请人住所地或者对案件有管辖权的人民法院申请保全证据。证据保全的其他程序，参照适用本法第九章保全的有关规定。”其中第2款就是利害关系人诉前证据保全的规定，并且法律明文规定参照适用《民事诉讼法》第九章的规定。

《专利法》第67条第1款规定：“为了制止专利侵权行为，在证据可能灭失或者以后难以取得的情况下，专利权人或者利害关系人可以在起诉前向人民法院申请保全证据。”这是证据保全在实体法中的规定之一。

（4）关于保全管辖法院和担保。诉前财产保全的管辖法院是被保全财产所在地、被申请人住所地或者对案件有管辖权的人民法院。诉前证据保全申请人可以向证据所在地、被申请人住所地或者对案件有管辖权的人民法院申请保全证据。

诉讼保全法院可以责令申请人提供担保。当事人申请诉讼保全的，人民法院根据情况认为需要提供担保的应当责令当事人提供担保，以便赔偿可能因保全错误对被保全一方造成的损失。利害关系人申请诉前保全的都应当提供担保。

当前，社会上通常有三种方式可获得担保：一是提供等值现金或无权利负担的土地房产，起点较高；二是申请银行保函，程序繁琐，申请困难；三是找担保公司，成本高昂且信誉无法保障。

《民事诉讼法》对当事人申请诉讼财产保全时应当提供的担保数额未作规定，实践中通行做法是要求当事人提供相当于请求保全数额的担保，对于诉讼保全的担保数额司法解释有新的修改（请看下文的阐述）。这无疑增加了利害关系人申请保全财产的成本。申请人自身提供财产担保，现金认可度很高，所有法院均认可；申请人自己的不动产担保认可度也很高，但大部分法院只认可无抵押的房产或土地，这无形中增加了申请人提供此类担保的难度。

按2016年12月1日通过的《最高人民法院关于人民法院办理财产保全案件若干问题的规定》第5条第1款规定：“人民法院依照民事诉讼法第100条规定责令申请保全人提供财产保全担保的，担保数额不超过请求保全数额的30%；申请保全的财产系争议标的的，担保数额不超过争议标的的价值的30%。”该条第2款规定：“利害关系人申请诉前财产保全的，应当提供相当于请求保全数额的担保；情况特殊的，人民法院可以酌情处理。”在这个司法解释中，法院要求申请人提供担保物的价值数额因诉前保全和诉讼保全的不同而有区别。

诉讼财产保全担保不超过请求保全财产的30%的规定，相比原先法院要求申请人提供和被保全财产相同价值的担保来说，极大地降低了申请人的成本。但是，诉前财产保全的法律规定应当提供相当于请求保全数额的担保，这对利害关系人来说诉前财产保全的成本很大。目前我国的保险公司如中国人寿保险公司、中国太平洋保险公司等都推出了“诉讼财产保全责任险”，经过审查符合条件的，保险公司可以承保，保险费率大约在0.1%左右，极大地方便了申请人。但是，目前保险公司还很少有“诉前财产保全责任险”这款产品。诉讼财产保全责任保险的诞生使诉讼保全制度的实施更容易，将极大降低维权“门槛”，维护弱势当事人权利，缓解执行难的问题，避免出现“赢了官司输了钱”的现象。

2. 委托诉讼代理人的活动

我国《民事诉讼法》对于当事人委托代理人作了详细的规定，包括委托代理人的数量和范围等。只有对代理人进行合理的规范才能保证民事诉讼高效、有序和公正地进行。下面给介绍一下民事诉讼代理人的相关问题。

（1）委托诉讼代理人的数量限制。我国《民事诉讼法》规定，当事人、法定代理人可以委托 1 至 2 人作为诉讼代理人。法律之所以这样规定，一方面是考虑诉讼的需要，尊重当事人的意思；另一方面又是对委托代理人人数的限制。这种限制，既不影响当事人行使诉讼权利，又有利于诉讼的进行。

国外对委托代理人的人数规定不一致，比如法国只限于委托 1 人，美国、日本、匈牙利对委托代理人的人数不作限制。在美国，重大案件的原被告都可以组织律师团。

（2）我国可以作为诉讼代理人的范围：

第一，律师和基层法律服务工作者。律师是国家认可的法律工作者，并经过一定的专业训练，具有专门法律知识和一定的诉讼经验。基层法律工作者是在乡镇有法律知识但是没有通过司法考试的部分人，他们通过代理诉讼为当事人提供法律帮助，可以在基层更好地维护国家法律和当事人的合法权益。

第二，当事人的近亲属或工作人员。近亲属是指当事人的配偶、父母、子女、兄弟姐妹、祖父母、外祖父母、孙子女、外孙子女等，他们与被代理人关系密切，相互之间比较信任，对案件情况较为了解。因此，当事人委托近亲属代为诉讼是十分常见的。

第三，当事人所在的社区、单位以及有关社会团体推荐的人员。社会团体推荐的人，是指这个团体推荐某人以团体的名义代理诉讼。例如，妇女联合会为保护妇女、儿童的合法权益，可以从妇联组织派出某人以妇女联合会的名义代理诉讼。

第四，经人民法院许可的其他公民。其他公民经人民法院许可，也可以被委托为诉讼代理人。法律之所以规定要“经人民法院许可”，目的在于防止某些不宜充当诉讼代理人的人作为代理人参加诉讼。

（3）如何委托律师作为自己案件的诉讼代理人：

第一，选择律所和律师。当事人（包括原告、被告、共同诉讼人、第三人）、法定代理人和法定代表人都可以委托律师担任代理人，委托律师应该与律师事务所签订《委托代理合同》；每个当事人，以及法定代理人和法定代表人，最多只能委托两位律师（包括律师助理）担任代理人。

第二，订立民事委托代理合同并明确代理范围。民事委托代理合同是法律服务所与委托人共同签署的、确认委托代理关系成立的书面法律文书。委托合同一式三份，一份交委托人，一份由律师事务所或者法律服务所存档备案，一份由律师交给法院。

委托律师代理诉讼的，必须向人民法院提交由委托人签名或者盖章的《授权委托书》，《授权委托书》必须写明委托事项和权限。委托权限必须写明是一般授权代理或者特别授权代理。如果是特别授权代理，还必须写明授权的具体范围，如承认、放弃、变更诉讼请求，进行和解，参与调解，提起反诉、上诉等。2020 年 5 月 1 日起施行的《最高人民法院关于民事诉讼证据的若干规定》（以下简称《民诉证据规定》）第 5 条规定：“当事人委托诉讼代理人参加诉讼的，除授权委托书明确排除的事项外，诉讼代理人的自认视为当事人的自认。当事人在场对诉讼代理人的自认明确否认的，不视为自认。”依据该规定，如果认为有必要，委托人还要在《授权委托书》中明确约定受托人不得自认的具体范围。

委托两个律师（包括律师助理）担任诉讼代理人的，应分别授予代理权限，委托律师代理的，除必须向人民法院提交由委托人签名或者盖章的《授权委托书》之外，还应向人民法院提交由律师所在的律师事务所和委托人共同签名或者盖章的《委托代理合同》。

侨居在国外的中国公民委托我国律师担任诉讼代理人，必须从国外寄交或者托交授权委托书，授权委托书必须经我国驻该国的使馆证明。在我国领域内没有住所的外国人、无国籍人、外国企业和组织委托我国律师或者其他人代理诉讼，从我国领域外寄交或者托交的授权委托书，应当经所在国公证机关证明，并经我国驻该国使领馆认证，或者履行我国与该所在国订立的有关条约中规定的证明手续后，才具有效力。

第三，交纳律师费用。在办妥委托手续前，委托人应按规定标准缴交律师代理费。律师代理费的收取根据案件的难易和律师的知名度等决定。

律师代理费是律师事务所向法律事务委托人收取的服务费用。律师费在全国没有统一定价，具体费用由律师事务所和委托人协商确定，通常根据案件类型、地区，采取按件收费、按标的额比例收费或计时收费等方式进行。

律师收费分为传统代理和风险代理。风险代理由律师先垫付相关的费用，等胜诉之后，律师会取得比较高的费用报酬。但是，依据国家的规定，有些案件不能适用风险代理，请看下文的阐述。

第四，律师接受委托后的主要工作。主要工作有：为委托人提供法律咨询，包括分析案情，向委托人解释有关法律规定；为委托人起草有关法律文书：调查、收集有关证据，包括指导、帮助委托人收集证据，展开调查，申请鉴定；协同或代理当事人到有管辖权的人民法院提起诉讼，参加法庭审理、调解等诉讼活动。

第五，关于风险代理的特别规定。参照2017年的《山东省律师服务收费管理办法》第7条："律师服务收费可以根据不同的服务内容，采取计件收费、按标的额比例收费、计时收费和风险代理收费等收费方式。风险代理收费，是指律师事务所按照约定，根据法律事务的办理结果或者委托人获得的利益，收取一定数额或者比例的服务报酬的收费方式。"本条明确了可以风险代理收费。该办法第8条规定，申诉案件、婚姻、继承案件不得实行风险代理收费。实行政府指导价的律师服务收费项目不得实行风险代理收费。其中实行政府指导价的律师服务收费项目由该办法第5条规定："律师事务所提供下列法律服务，实行政府指导价，其收费标准由省人民政府价格主管部门会同同级司法行政部门制定：①担任刑事案件犯罪嫌疑人、被告人的辩护人以及刑事案件自诉人、被害人的代理人；②担任公民请求支付劳动报酬、工伤赔偿，请求给付赡养费、抚养费、扶养费，请求发给抚恤金、救济金，请求给予社会保险待遇或最低生活保障待遇的民事诉讼、行政诉讼的代理人，以及担任涉及安全事故、环境污染、征地拆迁赔偿（补偿）等公共利益的群体性诉讼案件代理人；③担任公民请求国家赔偿案件的代理人。"可见不能风险代理的案件范围是非常广泛的。

3. 起诉环节的程序操作

（1）原告起诉要符合起诉的条件。依据《民事诉讼法》的相关规定，原告起诉必须符合下列条件：原告是与本案有直接利害关系的公民、法人和其他组织；有明确的被告；有具体的诉讼请求和事实、理由；属于人民法院受理民事诉讼的范围和受诉人民法院管辖。

第一，关于"直接利害关系"的问题。根据民事诉讼法的相关规定，起诉的原告应当与纠纷有直接的利害关系。没有直接利害关系的人可以成为原告，但是必须有法律的明文规定，其理论根据就是民事诉讼法上的诉讼担当理论。

第二，关于“明确被告”的问题。被告的姓名或者名称、住所或者地址、公民身份证号码或者法人的组织机构代码、法人的法定代表人姓名、职务等应当明确，进而让被告能够被唯一地精确确定。被告是公民的，应当记明姓名、性别、工作单位、住所等信息；被告是法人或者其他组织的，应当记明名称、住所等信息。

第三，关于“事实”问题。原告起诉要有证据，并把证据进行整理，列出证据清单。

第四，关于“管辖”的问题。原告起诉的法院应当符合民事诉讼法上诉讼管辖的规定。

（2）原告递交《民事起诉状》及其副本、预交案件受理费。原告起诉应当向人民法院递交《民事起诉状》，并按照被告人数提出副本。书写起诉状确有困难的，可以口头起诉，由人民法院记入笔录，并告知对方当事人。起诉状应当记明下列事项：①原告的姓名、性别、年龄、民族、职业、工作单位、住所、联系方式，法人或者其他组织的名称、住所和法定代表人或者主要负责人的姓名、职务、联系方式；②被告的姓名、性别、工作单位、住所等信息，法人或者其他组织的名称、住所等信息；③诉讼请求和所根据的事实与理由；④证据和证据来源，证人姓名和住所。

4. 法院的先行调解程序

依据《民事诉讼法》的相关规定，当事人起诉到人民法院的民事纠纷，适宜调解的，先行调解，但当事人拒绝调解的除外。人民法院应当保障当事人依照法律规定享有的起诉权利。对符合《民事诉讼法》第 119 条的起诉，必须登记。符合起诉条件的，应当在 7 日内立案，并通知当事人；不符合起诉条件的，应当在 7 日内作出裁定书，不予受理；原告对不予受理的裁定不服的，可以提起上诉。

5. 人民法院立案庭的受理环节的操作

（1）应予受理情况的处理。对于法院的受理，依据《民事诉讼法》第 124 条，人民法院对下列起诉，分别情形，予以处理：①依照《行政诉讼法》的规定，属于行政诉讼受案范围的，告知原告提起行政诉讼；②依照法律规定，双方当事人达成书面仲裁协议申请仲裁、不得向人民法院起诉的，告知原告向仲裁机构申请仲裁；③依照法律规定，应当由其他机关处理的争议，告知原告向有关机关申请解决；④对不属于本院管辖的案件，告知原告向有管辖权的人民法院起诉；⑤对判决、裁定、调解书已经发生法律效力的案件，当事人又起诉的，告知原告申请再审，但人民法院准许撤诉的裁定除外；⑥依照法律规定，在一定期限内不得起诉的案件，在不得起诉的期限内起诉的，不予受理；⑦判决不准离婚和调解和好的离婚案件，判决、调解维持收养关系的案件，没有新情况、新理由，原告在6个月内又起诉的，不予受理。

（2）不予受理情况的处理和当事人的救济渠道。人民法院应当保障当事人依照法律规定享有的起诉权利。对符合《民事诉讼法》第119条的起诉，必须受理。符合起诉条件的，应当在7日内立案，并通知当事人；不符合起诉条件的，应当在7日内作出裁定书，不予受理；原告对裁定不服的，可以提起上诉。

（三）法律实务综合模拟平台的学生端的准备〔1〕

先由任课教师注册好班级，之后学生在自己的班级内注册，学生证号用作账户名，密码由学生自己设定并牢记。具体操作由授课教师在课堂上指导学生进行。

法条链接

《中华人民共和国民事诉讼法》

第八十一条　在证据可能灭失或者以后难以取得的情况下，当事人可以在诉讼过程中向人民法院申请保全证据，人民法院也可以主动采取保全措施。

因情况紧急，在证据可能灭失或者以后难以取得的情况下，利害关系人可以在提起诉讼或者申请仲裁前向证据所在地、被申请人住所地或者对案件有管辖权的人民法院申请保全证据。

证据保全的其他程序，参照适用本法第九章保全的有关规定。

第一百条　人民法院对于可能因当事人一方的行为或者其他原因，使判决难以执行或者造成当事人其他损害的案件，根据对方当事人的申请，可以裁定对其财产进行保全、责令其作出一定行为或者禁止其作出一定行为；当事人没有提出申请的，人民法院在必要时也可以裁定采取保全措施。

人民法院采取保全措施，可以责令申请人提供担保，申请人不提供担保的，裁定驳回申请。

人民法院接受申请后，对情况紧急的，必须在四十八小时内作出裁定；裁定采取保全措施的，应当立即开始执行。

第一百零一条　利害关系人因情况紧急，不立即申请保全将会使其合法权益

〔1〕教务处的“法律实务综合模拟平台”，网址：http：//114.214.79.135/justicel/ui/user/login.aspx。

受到难以弥补的损害的，可以在提起诉讼或者申请仲裁前向被保全财产所在地、被申请人住所地或者对案件有管辖权的人民法院申请采取保全措施。申请人应当提供担保，不提供担保的，裁定驳回申请。

人民法院接受申请后，必须在四十八小时内作出裁定；裁定采取保全措施的，应当立即开始执行。

申请人在人民法院采取保全措施后三十日内不依法提起诉讼或者申请仲裁的，人民法院应当解除保全。

第一百一十九条　起诉必须符合下列条件：

（一）原告是与本案有直接利害关系的公民、法人和其他组织；

（二）有明确的被告；

（三）有具体的诉讼请求和事实、理由；

（四）属于人民法院受理民事诉讼的范围和受诉人民法院管辖。

第一百二十条　起诉应当向人民法院递交起诉状，并按照被告人数提出副本。

书写起诉状确有困难的，可以口头起诉，由人民法院记入笔录，并告知对方当事人。

第一百二十一条　起诉状应当记明下列事项：

（一）原告的姓名、性别、年龄、民族、职业、工作单位、住所、联系方式，法人或者其他组织的名称、住所和法定代表人或者主要负责人的姓名、职务、联系方式；

（二）被告的姓名、性别、工作单位、住所等信息，法人或者其他组织的名称、住所等信息；

（三）诉讼请求和所根据的事实与理由；

（四）证据和证据来源，证人姓名和住所。

第一百二十二条　当事人起诉到人民法院的民事纠纷，适宜调解的，先行调解，但当事人拒绝调解的除外。

第一百二十三条　人民法院应当保障当事人依照法律规定享有的起诉权利。对符合本法第一百一十九条的起诉，必须受理。符合起诉条件的，应当在七日内立案，并通知当事人；不符合起诉条件的，应当在七日内作出裁定书，不予受理；原告对裁定不服的，可以提起上诉。

第一百二十四条　人民法院对下列起诉，分别情形，予以处理：

（一）依照行政诉讼法的规定，属于行政诉讼受案范围的，告知原告提起行政诉讼；

（二）依照法律规定，双方当事人达成书面仲裁协议申请仲裁、不得向人民法院起诉的，告知原告向仲裁机构申请仲裁；

（三）依照法律规定，应当由其他机关处理的争议，告知原告向有关机关申请解决；

（四）对不属于本院管辖的案件，告知原告向有管辖权的人民法院起诉；

（五）对判决、裁定、调解书已经发生法律效力的案件，当事人又起诉的，告知原告申请再审，但人民法院准许撤诉的裁定除外；

（六）依照法律规定，在一定期限内不得起诉的案件，在不得起诉的期限内起诉的，不予受理；

（七）判决不准离婚和调解和好的离婚案件，判决、调解维持收养关系的案件，没有新情况、新理由，原告在六个月内又起诉的，不予受理。

《最高人民法院关于适用〈中华人民共和国民事诉讼法〉解释》

第八十三条　在诉讼中，无民事行为能力人、限制民事行为能力人的监护人是他的法定代理人。事先没有确定监护人的，可以由有监护资格的人协商确定；协商不成的，由人民法院在他们之中指定诉讼中的法定代理人。当事人没有民法通则第十六条第一款、第二款或者第十七条第一款规定的监护人的，可以指定该法第十六条第四款或者第十七条第三款规定的有关组织担任诉讼中的法定代理人。

第八十四条　无民事行为能力人、限制民事行为能力人以及其他依法不能作为诉讼代理人的，当事人不得委托其作为诉讼代理人。

第八十五条　根据民事诉讼法第五十八条第二款第二项规定，与当事人有夫妻、直系血亲、三代以内旁系血亲、近姻亲关系以及其他有抚养、赡养关系的亲属，可以当事人近亲属的名义作为诉讼代理人。

第八十八条　诉讼代理人除根据民事诉讼法第五十九条规定提交授权委托书外，还应当按照下列规定向人民法院提交相关材料：

（一）律师应当提交律师执业证、律师事务所证明材料；

（二）基层法律服务工作者应当提交法律服务工作者执业证、基层法律服务所出具的介绍信以及当事人一方位于本辖区内的证明材料；

（三）当事人的近亲属应当提交身份证件和与委托人有近亲属关系的证明材料；

（四）当事人的工作人员应当提交身份证件和与当事人有合法劳动人事关系的证明材料；

（五）当事人所在社区、单位推荐的公民应当提交身份证件、推荐材料和当事人属于该社区、单位的证明材料；

（六）有关社会团体推荐的公民应当提交身份证件和符合本解释第八十七条规定条件的证明材料。

第八十九条　当事人向人民法院提交的授权委托书，应当在开庭审理前送交人民法院。授权委托书仅写“全权代理”而无具体授权的，诉讼代理人无权代为承认、放弃、变更诉讼请求，进行和解，提出反诉或者提起上诉。

适用简易程序审理的案件，双方当事人同时到庭并径行开庭审理的，可以当场口头委托诉讼代理人，由人民法院记入笔录。

第四百八十七条　人民法院冻结被执行人的银行存款的期限不得超过一年，查封、扣押动产的期限不得超过两年，查封不动产、冻结其他财产权的期限不得超过三年。

申请执行人申请延长期限的，人民法院应当在查封、扣押、冻结期限届满前办理续行查封、扣押、冻结手续，续行期限不得超过前款规定的期限。

人民法院也可以依职权办理续行查封、扣押、冻结手续。

《最高人民法院关于人民法院办理财产保全案件若干问题的规定》

第五条　人民法院依照民事诉讼法第一百条规定责令申请保全人提供财产保全担保的，担保数额不超过请求保全数额的百分之三十；申请保全的财产系争议标的的，担保数额不超过争议标的价值的百分之三十。

利害关系人申请诉前财产保全的，应当提供相当于请求保全数额的担保；情况特殊的，人民法院可以酌情处理。

财产保全期间，申请保全人提供的担保不足以赔偿可能给被保全人造成的损失的，人民法院可以责令其追加相应的担保；拒不追加的，可以裁定解除或者部分解除保全。

三、训练的方法

要求每位学生根据案例选择自己在该程序环节中的角色定位，可选择：①原告；②被告；③法官。

第一，学生要在老师的引导下，对案件进行一个全面深入的分析，能够全面搜集与案件有关的法律和司法解释，并进行准确的分析和运用。

第二，学生需要掌握自己的角色，阐述在该程序中自己应当完成的程序性实务，包括书写的文书种类、内容和作用。学生应当了解在每个环节应当模拟和接触的主体，如模拟原告起诉时接触的是法院立案庭的法官，立案之后原告接触的是审判庭的法官。学生的诉讼文书写作，要求语言流畅，使用法言法语，表达简明扼要、思路清晰、逻辑严谨，论证有力。程序流程的线索在陈述完毕和训练之后能够牢固建立起来。

第三，通过电脑和网络模拟平台进行诉讼流程的操作。通过山东政法学院局域网上的“法律实务综合模拟平台”软件系统进行电脑上的模拟训练。

四、训练的素材

案件名称：大发布业有限公司诉佰远纺织品有限公司买卖合同案

案由：买卖合同纠纷

诉讼类型：民事一审普通程序

【案情概述】

原告：绍兴大发布业有限公司

被告：上海佰远纺织品有限公司

被告：上海凌知欣纺织品有限公司

被告：唐×义

原告诉称，第一、第二被告与原告素有业务往来，双方签订有买卖合同，合同就货物品种、数量、单价、质量标准、交货地点、违约责任、诉讼管辖等进行了约定。上述两被告累计收到原告所供价值共计人民币 908 729.9 元的货物，两被告除支付 605 000 元外，尚有 303 729.9 元货款一直未按约支付。后经原告多次催讨，被告于 2011 年 3 月 16 日出具给原告转账支票三张，金额共计为 253 729.9 元，并由第三被告出具承诺书一份，由其个人为上述三张支票项下的货款支付承担连带保证责任。另书面说明暂停支付给原告因面料质量问题未解决的货款人民币 50 000 元。后原告分别按支票上载明的日期向银行兑付款项，但银行以账户余额不足为由对三张支票拒绝付款。故起诉至法院，请求判令第一、第二被告立即向原告支付货款人民币 303 729.9 元，并支付自 2011 年 4 月 6 日起至判决履行确定之日止的按上述金额的日 0.2%计算的违约金（暂算至 2011 年 6 月 30 日，违约金数额为 52 241.54 元）；第三被告对上述货款金额中的 253 729.9 元及相应的违约金 43 641.5 元（暂算至 2011 年 6 月 30 日）承担连带担保责任；本案诉讼费用由三被告负担。诉讼中，原告放弃对三被告主张违约金的诉讼请求。

第一、第二被告辩称，两被告认可欠原告货款 203 729.9 元。

第三被告辩称，其不同意承担责任，是两被告公司欠原告的货款。

【案情焦点】

1. 本案的货款金额到底是多少？
2. 第三被告是否需要承担付款责任？
3. 本案中原告是否可以要求第三被告承担违约金？

【案情问题】

（一）原告方的问题

1. 本案的请求权基础。

2. 本案的争议焦点。

3. 本案中原告方应该如何围绕争议焦点组织和选择证据？

4. 本案中原告方的行为举证责任是否完毕，是否需要进行结果举证责任？

5. 原告方各组的证据所要证明的内容？

6. 上述证据，应该如何收集（从时间、难度、成本等因素上去考虑）？

7. 本案中原告方是否还有证据需要补充或者替换，若有该证据如何收集（从时间、人物、地点、难易程度、经济成本等因素上去考虑）？

8. 你认为本案中原告在举证期限内需要主张哪些诉讼权利来实现自己的实体权利，需要考虑的诉讼权利有哪些？（如申请鉴定、申请回避、申请证人出庭作证等）。

举例：如在借款案件中，有承担连带责任的被告下落不明传票无法送达的情况下，有把握其他被告的财产可供执行，可采取对其中一个或几个被告撤诉，以规避公告送达造成的诉讼拖延，争取迅速结案和执行，争取当事人的利益最大化。

9. 本案可能会使用到的法条（包括实体法、程序法、行政法规、规章及司法解释等）。

10. 如果你是本案原告的律师，你认为本案选择哪种结案方式对自己的当事人最有利，为什么（从法律与经济利益角度分析）？

11. 庭审中需要询问其他当事人的问题（包括被告、本方证人、对方证人、鉴定人、第三人等）。

12. 如果你是本案原告的律师，你认为该案件的胜诉率有多大，为什么？如果案件败诉应当如何进行上诉（把握上诉的时间、经济成本等）？

（二）被告方的问题

1. 本案中是否有反诉条件？

2. 本案的争议焦点。

3. 本案中被告方应该如何围绕争议焦点组织和选择证据？

4. 本案中对原告的证据如何质证，被告方的证据是否完备？

5. 被告方各组的证据所要证明的内容是什么？

6. 上述证据，应该如何收集（从时间、难度、成本等因素上去考虑）？

7. 本案中被告方是否还有证据需要补充或者替换，若有该证据如何收集

（从时间、人物、地点、难易程度、经济成本等因素上去考虑）？

8. 你认为本案中被告在举证期限内需要主张哪些诉讼权利来实现自己的实体权利（如申请鉴定、申请回避、申请证人出庭作证、申请管辖异议等）。

举例：如在借款案件中，可采取公告送达、管辖权异议、上诉等诉讼程序来拖延诉讼时间（当然这种行为不符合民事诉讼法的诚信原则）。

9. 本案可能会使用到的法条（包括实体法、程序法、行政法规、规章及司法解释等）。

10. 如果你是本案被告的律师，你认为本案选择哪种结案方式对自己的当事人最有利，为什么（从法律与经济利益角度分析）？

11. 庭审中需要询问其他当事人和诉讼参与人的问题（包括原告、本方证人、对方证人、鉴定人、第三人等）？

12. 如果你是本案被告的律师，你认为该案件的胜诉率有多大，为什么？如果案件败诉应当如何进行上诉（把握上诉的时间、经济成本等）？

（三）审判人员的问题

1. 诉讼当事人的行为举证是否完备，如果需要进一步进行结果意义上的举证，举证责任该如何分配？

2. 对诉讼当事人的证据进行分析、认定。

3. 本案的焦点归纳及判案理由。

4. 如果当事人对自己的诉讼权利作出处分时，应当如何合法处理？

5. 庭审中需要询问当事人哪些问题，若当事人沉默或者拒绝回答应当如何处理？

6. 若当事人超过了举证期限提交证据，应当如何处理？

7. 本案可能使用到的法条（包括实体法、程序法、行政法规、规章及司法解释等）有哪些？

8. 案件的争议是否巨大？是否有调解或让当事人撤诉的可能性，并阐述理由。

9. 案件是否需要追加当事人或者第三人？怎样追加？

10. 你认为本案的判决理由与结果是否合理，阐述理由。

【审理结果】

依照《中华人民共和国合同法》第159条、《中华人民共和国担保法》第18条第2款之规定，判决如下：

一、被告上海佰远纺织品有限公司、上海凌知欣纺织品有限公司应共同支付给原告绍兴大发布业有限公司货款人民币303 729.9元，于本判决生效之日起30日内履行；

二、被告唐×义对上述第一项货款中的253 729.9元承担连带清偿责任。

如未按本判决指定的期限履行给付金钱的义务，依照《中华人民共和国民事诉讼法》第229条之规定，应加倍支付迟延履行期间的债务利息。

本案案件受理费减半收取2928元，财产保全费2420元，合计5348元，由被告上海佰远纺织品有限公司、上海凌知欣纺织品有限公司共同负担，其中4468元由三被告共同负担，在履行上述款项时一并支付。

【实验要求】

（一）原告

1. 完成委托代理程序；

2. 庭审中对证据逐一举证；

3. 庭审中对被告的证据逐一质证（从证据的客观性、合法性和关联性方面质证）；

4. 完成诉前财产保全流程，并思考该诉前财产保全对本案的作用（从案件的执行保障、避免双方矛盾激化，有利诉讼等因素考虑）。

（二）被告

1. 书写答辩状；

2. 庭审中对证据逐一举证；

3. 庭审中对原告的证据逐一质证（从证据的客观性、合法性和关联性以及证据能力有无和大小方面）；

4. 尝试对案件申请管辖权异议，若被裁定驳回则对管辖权异议进行上诉。

（三）审判人员

1. 延长审限。

2. 庭审中归纳辩论焦点。

3. 在庭审结束后，试着掌握双方的争议点、矛盾、情绪等，设计出折中方案，本着大调解环境的原则，在尽可能公平、公正、合法的情况下对民事案件或刑事附带民事案件进行调解，但不得久调不判。

【证据资料】

原告在举证期限内向本院提供：

证据1、买卖合同三份，要求证明原告与第一被告签订合同，并就合同标的、付款方式、违约责任以及管辖法院等进行了明确约定的事实。经质证，三被告对真实性没有异议，但认为该合同与本案没有关联性，这三份合同上的金额已经全部付清。经审查，本院对真实性予以认定。

证据2、承诺书一份、转账支票三张，要求证明经结算，第一、第二被告尚欠原告货款303 729.9元，第二被告出具给原告三张转账支票，用于支付所欠货款中的253 729.9元，第三被告承诺若上述三张支票不能兑现的话由其承担责任。三张转帐支票因账户上没有钱无法承兑。经质证，三被告对真实性均没有异议，第一、第二被告是欠原告253 729.9元，因质量问题经原、被告协商，原告扣除50 000元货款，承诺书不能表明第三被告承担责任，第三被告不同意承担责任，认为是公司所欠的货款。经审查，本院对该证据的“三性”予以认定。

证据3、情况说明一份，要求证明第一、第二被告欠原告货款303 729.9元，除开具三张转账支票253 729.9元，第二被告说明因面料质量问题暂停支付50 000元货款，作为原告从来没有收到过的质量异议书。经质证，三被告对真实性没有异议，第一、第二被告欠原告货款253 729.9元，经原、被告协商，原告同意在253 729.9元中扣除50 000元，所以第一、第二被告所欠原告货款为203 729.9元。经审查，本院对该证据的“三性”予以认定。

证据4、清单一份，要求证明第一、二被告欠原告货款303 729.9元。经质证，三被告认为该证据是原告单方制作的，不予认可。经审查，本院认为该证据系原告单方制作，三被告不予认可，故本院不予认定。

三被告在举证期限内未向本院提供证据。

经审理本院认定，原告与第一、第二被告存在业务往来。被告唐×义系第二被告的法定代表人。2011年3月16日，被告唐×义出具承诺书一份，载明：“今日有我公司上海凌知欣纺织品有限公司支付绍兴大发布业转账支票叁张，转账支票日期、转账金额分别为交通银行松江工业区支行01070005号3月31日人民币53 729.90元、01070002号4月15日100 000.00元、01070004号5月10日100 000.00元。我特此承诺，如上述三张支票不能按时在绍兴大发布业账上支付，有我本人唐×义承担，特此承诺，并相应承担一切法律责任。”上述三张支票用途处载明为货款。后上述三张支票因存款不足而被退票。2011年3月17日，唐×义出具情况说明一份，载明：“本司於绍兴大发布业有限公司2011年订购针织面料，因面料存在质量问题，尚未解决，现停付人民币伍万元正，等问题解决后付款！说明人：唐×义 上海凌知欣纺织品有限公司"。

本院认为，第一、第二被告认可原告分别向其送货，并都有向原告开具发票，故原告与第一、第二被告之间都存在买卖关系。第一、第二被告同意共同向原告支付货款，故原告诉请第一、第二被告共同支付，本院予以支持。现本案的争议焦点之一是货款的金额。从原告提供的承诺书及三张转账支票来看，可以确认第二被告于 2011 年 3 月 16 日交付给原告三张转账支票，用于支付货款 253 729.9 元。但因支票无法兑付，原告至今尚未拿到上述货款。从原告提供的 2011 年 3 月 17 日情况说明来看，根据其"因面料存在质量问题，尚未解决，现停付人民币伍万元正，等问题解决后付款"的表述，本院认为可以表明尚有 50 000 元货款未支付。第一、第二被告认为其是欠原告货款 253 729.9 元，但因质量问题，经原、被告协商扣除 50 000 元，而这个 50 000 元是 253 729.9 元中扣除的，故剩余所欠货款为 203 729.9 元。本院认为，第二被告通过转账支票支付 253 729.9 元货款在先，而停付 50 000 元的情况说明在后，该两笔款项系独立的货款，50 000 元的货款并未包含在 253 729.9 元货款之中，而是另外尚未支付的货款，故本院认为所欠货款的金额应为 303 729.9 元。而从情况说明的表述来看，50 000 元款项只是暂停支付，而并不是不用支付。虽然第二被告在情况说明中认为存在质量问题，但原、被告并未就上述质量问题达成书面解决协议，在本案审理过程中，被告也未提出质量异议，故第一、第二被告认为要扣除 50 000 元货款的抗辩依据不足，本院不予支持。综上，本院认为原告要求第一、第二被告支付货款 303 729.9 元，符合法律规定，予以支持。本案的另一争议焦点是第三被告是否需要承担付款责任。本院认为从第三被告出具的承诺书"我特此承诺，如上述三张支票不能按时在绍兴大发布业账上支付，有我本人唐×义承担，特此承诺，并相应承担一切法律责任"的表述来看，其意思为第二被告在约定的时间内未能支付的，原告可以要求第三被告支付。故本院认为第三被告的上述承诺构成连带责任保证的意思表示，即第二被告在债务履行期限届满没有履行债务的，原告可以要求第二被告履行债务，也可以要求第三被告履行。故原告要求第三被告对 253 729.9 元货款承担连带担保责任，符合法律规定，本院予以支持。原告放弃对三被告违约金的诉请，系原告自愿处分其权利，本院予以准许。

五、训练的组织过程

本训练要结合网络教学平台上的"法律实务综合模拟平台"，由于内容比较多，一次上课两节课内没法完成，至少需要六课时才能全部完成。

第一，学生口头阐述本阶段的诉讼流程，并且将其中涉及的法律文书的名称、作用、写作的注意事项等问题一并说明。

第二，老师作为课堂的主导人，随机抽取几名学生，让学生依次发表自己对本案审理的全部流程的见解和具体安排。每位学生陈述时间限定在 3 分钟左右，陈述完毕后在下课的时候需要提交书面的意见陈述稿。

第三，老师根据学生准备的意见、陈述内容和上机操作的情况，给学生的平时成绩打分，满分为 10 分。这部分是本课程训练的重点。但是，主要的操作和指导过程都是通过电脑在校园局域网的“法律实务综合模拟平台”上进行的。

第四，在本部分程序训练结束之后，由老师针对学生的程序训练表现进行总结和点评，肯定同学们表现突出、操作正确的地方；同时指出同学们在程序操作过程中存在的问题、错误和不足，提醒大家在后面的训练中注意纠正。

六、本阶段程序训练中的主要法律文书写作范本

（一）民事起诉状（法人或其他组织提起民事诉讼用）

民事起诉状

原告：__________

住所地：__________

法定代表人（或主要负责人）姓名：______ 职务：______

电话：________________

被告：________________

住所地：________________

法定代表人（或主要负责人）姓名：______职务：______

电话：________________

被告：________________

住所地：__________________

法定代表人（或主要负责人）姓名：______职务：______

电话：________________

被告：(姓名)，(性别)，(民族)，(出生日期)，职业：______________，住址地：________________________，身份证号：_________________________，联系方式：________________________________。

诉讼请求：

一、请求判令第一、第二被告立即向原告支付货款人民币××元，并支付自××××年××月××日起至判决履行确定之日止的按上述金额的日万分之××计算的违约金（暂算至××××年××月××日，违约金数额为××元）。

二、第三被告对上述货款金额中的××元及相应的违约金××元（暂算至××××

年××月××日）承担连带担保责任。

三、本案诉讼费用由三被告负担。

事实与理由：

第一、第二被告与原告素有业务往来，双方签订有买卖合同，合同就货物品种、数量、单价、质量标准、交货地点、违约责任、诉讼管辖等进行了约定。上述两被告累计收到原告所供价值共计人民币××元的货物，两被告除支付××元外，尚有××元货款一直未按约支付。后经原告多次催讨，被告于××××年××月××日出具给原告转账支票三份，金额共计为××元，并由第三被告出具承诺书一份，由其个人为上述三份支票项下的货款支付承担连带保证责任。另书面说明暂停支付给原告因面料质量问题未解决的货款人民币××元。后原告分别按支票上载明的日期向银行兑付款项，但银行以账户余额不足为由对三张支票拒绝付款。被告向原告出具的转账支票并不属实，故被告并未实际向原告转账。希望法院能够依法判令被告支付款项。

此致

××人民法院

起诉人：××

××××年××月××日

附：本诉状副本三份

（二）诉前财产保全申请书

诉前证据保全申请书

申请人：（基本情况）

被申请人：（基本情况）

请求事项：（写明要求保全的财产）

事实和理由：

（写明要求保全的财物情况，包括申请人与被申请人的关系，申请人和被申请人与要求保全财物的关系及财物名称、数量、质量、形状、花色、品种、所在地点及现状等。申请的理由主要写明需要保全的财物遭受侵害情况及采取财产保全措施的重要性及紧迫性及在判决执行中的意义）

证据和证据来源：

（写明能够证明申请请求的证据的名称、件数和证据来源。有证人的，应写明证人的姓名和住址。若证据在申请人手里，应随同申请书一并递交法院；若证据不在申请人手里，应向人民法院提供证据线索）

此致

××人民法院

附：（证据）

申请人：××

××××年××月××日

（三）律师事务所公函

律师事务所函

（××××）年［民初］代字第××号

××市人民法院：

你院受理的××公司诉××公司、××合同纠纷案件，现在××公司已委托本律师事务所××律师为其诉讼代理人，特此通知。

××律师事务所

××××年 ××月××日

附：授权委托书 1 份

（四）授权委托书

授权委托书

委托人：________

法定代表人：________

住所：____________________

职务：______________________　电　话：______________

受委托人：__________________　工作单位：______________

职务：______________________　电　话：______________

现委托上列受委托人在委托人与被告××公司、被告××公司、被告××买卖合同纠纷一案中，作为我方委托代理人。

委托代理人的授权代理权限为：一般/特别授权代理。

授权代理事项：

一、代为起诉，提出诉讼请求。

二、代为应诉，提出答辩状。

三、代为提交证据，参与本案的法庭调查、法庭辩论、调解等诉讼活动。

四、代为起草、提出、收取与本案有关的法律文书

五、经委托人授权的与本案有关的其他法律事务。

委托人：××

××××年××月××日

注：本授权委托书一式三份，委托人、律师事务所、委托代理人各持一份。

（五）诉前行为保全申请书

行为保全申请书

申请人：（写明姓名或者名称等基本信息）。

法定代理人/指定代理人：（写明姓名或者名称等基本信息）。

委托诉讼代理人：（写明姓名或者名称等基本信息）。

被申请人：（写明姓名或者名称等基本信息）。

请求事项：

请求××人民法院（写明行为保全事项）。

事实和理由：

（写明诉前/仲裁前申请行为保全的事实和理由）。

申请人提供（写明担保财产的名称、性质、数量或数额、所在地等）作为担保。

此致

××人民法院

申请人：××

××××年××月××日

【说明】

1. 本样式根据《中华人民共和国民事诉讼法》第101条第1款制定，供利害关系人在提起诉讼或者申请仲裁前，向人民法院申请诉前行为保全用。

2. 当事人是法人或者其他组织的，写明名称住所。另起一行写明法定代表人、主要负责人及其姓名、职务、联系方式。

3. 利害关系人因情况紧急，不立即申请保全将会使其合法权益受到难以弥补的损害的，可以在提起诉讼或者申请仲裁前向被保全财产所在地、被申请人住所地或者对案件有管辖权的人民法院申请采取保全措施。

4. 利害关系人申请诉前保全的，应当提供担保，不提供担保的，人民法院裁定驳回申请。申请诉前行为保全的，担保的数额由人民法院根据案件的具体情况决定。

5. 申请有错误的，申请人应当赔偿被申请人因保全所遭受的损失。

（六）立案信息表

人民法院一审案件立案审查、审判流程管理信息表

<table>
<tr><td colspan="3">一审案件立案审查情况</td><td colspan="2">案号：　（ ）　字第　　号</td></tr>
<tr><td colspan="3">案由：</td><td colspan="2">收到诉状日期：　年　月　日</td></tr>
<tr><td colspan="3">案件来源：新收（ ）指定管辖（ ）其他法院转来（ ）发回重审（ ）</td><td colspan="2">管辖依据：被告住所地（ ）合同履行地（ ）协议管辖（ ）其他（ ）</td></tr>
<tr><td colspan="2">涉诉标的：</td><td colspan="2">诉前财产保全（ ）诉讼保全（ ）证据保全（ ）先予执行（ ）</td><td>涉外（ ）</td></tr>
<tr><td colspan="2">合同、权属及侵权纠纷种类</td><td colspan="3">法人与法人之间（ ）法人与其他经济组织之间（ ）
自然人为一方当事人（ ）；
生活、消费领域（ ）生产流通领域（ ）</td></tr>
<tr><td colspan="5">当事人基本情况</td></tr>
<tr><td>诉讼地位</td><td>姓名或单位名称</td><td>自然人居住地、经常居住地或单位住所地</td><td>联系电话</td><td>邮政编码</td></tr>
<tr><td>原告</td><td></td><td></td><td></td><td></td></tr>
<tr><td>被告</td><td></td><td></td><td></td><td></td></tr>
<tr><td>被告</td><td></td><td></td><td></td><td></td></tr>
<tr><td>被告</td><td></td><td></td><td></td><td></td></tr>
<tr><td rowspan="2">审查人意见</td><td colspan="2" rowspan="2">准予立案</td><td colspan="2">审查人：</td></tr>
<tr><td colspan="2">审查日期：　年　月　日</td></tr>
</table>

续表

<table>
<tr><td>审批人
意 见</td><td colspan="3">准予立案</td><td colspan="4">审 批 人：
审查日期：　　年　月　日</td></tr>
<tr><td colspan="2">对不予受理裁定
上诉（ ）</td><td>收到上诉状日期：
年　月　日</td><td colspan="3">二审裁定日期：
年　月　日</td><td colspan="2">二审裁定结果：</td></tr>
<tr><td>应 收
受理费</td><td></td><td>预交日期：　年　月　日
预交受理费：　元</td><td>减交（ ）
缓交（ ）
免交（ ）</td><td>减缓免
交金额</td><td>元</td><td>实 收
受理费</td><td></td></tr>
<tr><td rowspan="2">司 法
救 助
对 象</td><td>法人或
组 织</td><td colspan="6">社会公共福利事业单位（ ）特困企业（ ）破产企业（ ）其他（ ）</td></tr>
<tr><td>自然人</td><td colspan="6">残疾人（ ）生活困难接受国家救济的人（ ）因自然灾害或不可抗力造成生活困难的人（ ）孤寡老人（ ）未成年孤儿（ ）其他（ ）</td></tr>
<tr><td colspan="7">收案信息统计在</td><td>备注：</td></tr>
</table>

立案人：　　承办人：　　　审判长或庭长：

七、"法律实务综合模拟平台"的操作演示

在教师的指导下学生通过电脑，利用校园网上的"法律实务模拟平台"进行训练。这是本课程最具特点和最重要的训练方式，要求老师、学生积极配合，并且在课堂教学时间不够的情况下能够利用课下的时间在有电脑和能上网的地方通过互联网平台训练，才能达到应有的训练效果。这种训练也突破了传统教学对时间、空间的依赖。

（一）民事诉讼一审程序全流程图

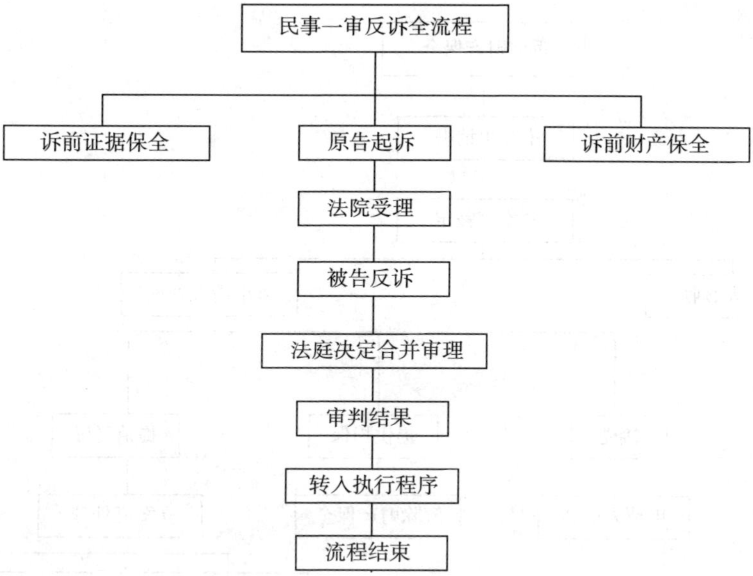

（二）诉前证据保全流程图

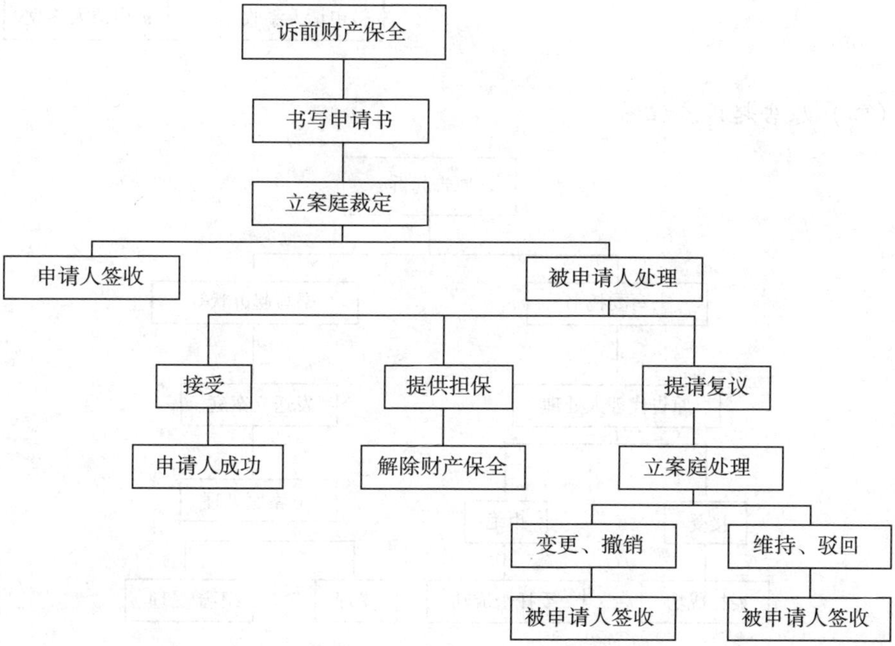

（三）诉前财产保全流程图

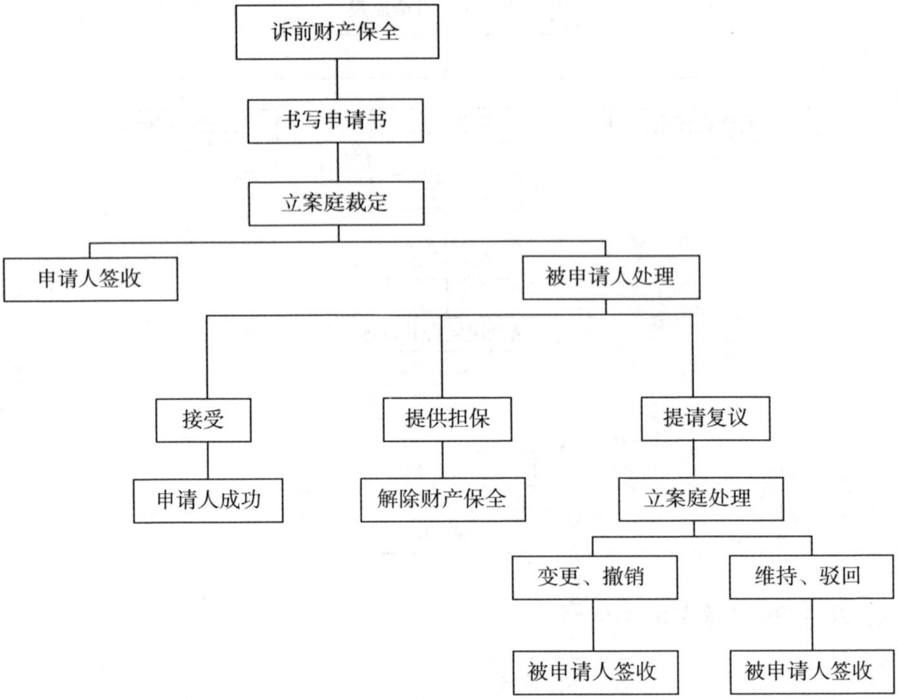

（四）原告起诉流程图

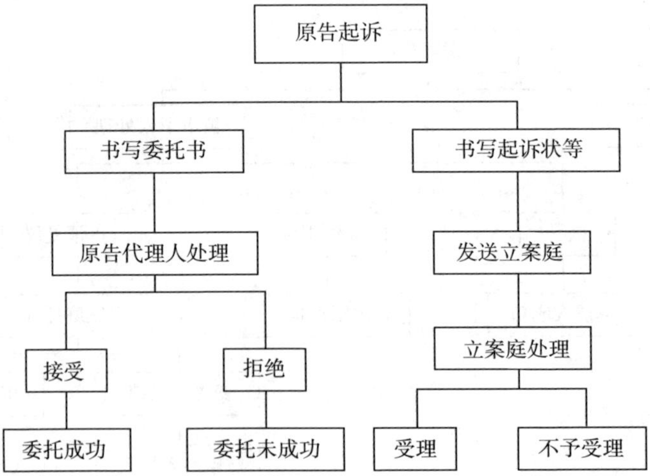

（五）立案庭受理流程图

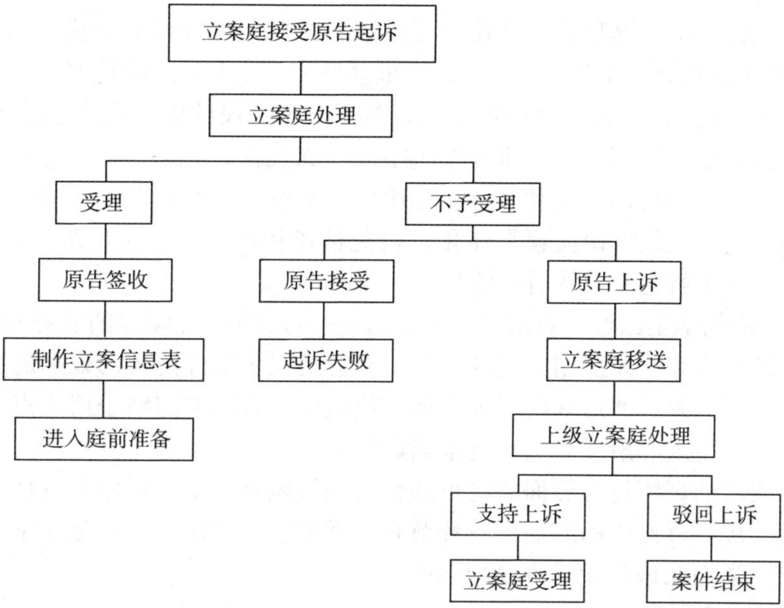

第二节 一审庭前准备程序训练

一、训练目标

第一，通过本节内容的训练，使学生了解和进一步熟悉庭前准备阶段当事人、诉讼代理人、法官等的主要工作事项和工作流程。训练学生根据给定的案件材料写作《民事答辩状》《合议庭组成人员决定书》《人民法院决定审判人员决定书》（独任审理适用）《人民法院传票》《人民法院应诉通知书》《人民法院民事诉讼举证通知书》《人民法院当事人送达地址确认书》《诉讼权利义务告知书》《调解意愿函》《人民法院调解笔录》《人民法院调解书》等法律文书，训练学生使用法言法语，以给定的案件为例，写作相关的法律文书，并能够做到诉讼文书格式规范、表达清晰，观点明确、逻辑严谨。

第二，通过本节内容的训练，使学生了解和熟练立案后庭审前的法院、诉讼代理人和当事人在本阶段各诉讼环节工作的主要内容、步骤和注意事项。这些工作主要包括：合议庭或者独任审判法官的确定；原告庭前准备的主要内容和环节；被告庭前准备的主要内容和环节；法官的庭前准备的主要内容和环节；法官庭前调解的工作环节。

第三，让学生了解和进一步熟练《民事答辩状》《合议庭组成人员决定书》《人民法院决定审判人员决定书》（独任审理适用）《人民法院传票》《人民法院应诉通知书》《人民法院民事诉讼举证通知书》《人民法院当事人送达地址确认书》《诉讼权利义务告知书》《调解意愿函》《人民法院调解笔录》《人民法院调解书》等法律书的使用方法和在诉讼程序中环节位置，通过诉讼文书的适用展现和串联诉讼流程，使诉讼流程具体化，避免枯燥和抽象的程序讲解和程序记忆，让学生进一步了解这阶段的诉讼流程。

（四）依托学生已经学过的《民事诉讼法学》等相关课程的法律理论知识，通过对案件事实和法律适用方面的分析，弄清楚查明案件需要的证据的种类，明确证据的证明对象。通过庭前证据交换，使庭审法官能够归纳争议焦点、固定证据，也便于当事人和解或者法官庭审前调解。

本节内容的训练将为后面的庭审环节的训练做好理论、程序和具体诉讼材料上的准备。民事诉讼中的庭前准备环节具有承前启后的作用，也是非常重要的环节，希望同学们在该阶段认真模拟训练。

二、训练前的准备

（一）法院组成合议庭和诉讼文书的送达

1. 法院审理前准备的内容

（1）案件分流。对当事人之间没有争议且符合督促程序条件的案件，转入督促程序处理。对符合简易程序的案件决定适用简易程序审理。对适用简易程序之外的案件当事人双方同意适用简易程序审理的，经过法院的审核，符合条件的可以适用简易程序审理。

（2）送达起诉状副本和答辩状副本。法院受理案件后，应当在立案之日起 5 日内将起诉状副本送达被告；原告口头起诉的，应当在立案之日起 5 日内将口头起诉的笔录抄件送达被告。被告应当在收到起诉状副本之日起 15 日内提出答辩状，被告在规定的时间内不提出答辩状的，不影响法院的审理。法院应当自收到被告答辩状之日起 5 日内将答辩状副本送达原告。

（3）告知当事人诉讼权利义务和合议庭组成人员。法院应当在受理案件通知书和应诉通知书中分别书面向原告、被告告知有关的诉讼权利和义务，或者口头告知。合议庭组成后应当在 3 日内将合议庭组成人员告知当事人，以便当事人提出回避申请。当事人在提交答辩状期间提出管辖权异议的人民法院应当审查。异议成立的裁定将案件移送有管辖权的法院；异议不成立的裁定驳回。

（4）审查核实诉讼材料，调查收集法律规定的应当由法院调查收集的证据材料。审判人员通过对起诉状和答辩状以及当事人提供证据材料的查阅，了解案情，同时归纳案件的争议焦点。对当事人及其诉讼代理人因客观原因不能自行收集的证据以及法院认为审理案件需要的证据材料，人民法院可以调查收集。必要时人民法院也可以委托外地法院调查收集相关的证据材料。

（5）通知必须共同诉讼的当事人参加诉讼。法院在审查材料的过程中，发现有必须参加诉讼的当事人没有参加诉讼的，如必要的共同诉讼人、与本案有法律上利害关系的诉讼第三人，法院应当依据法律的规定通知其参加诉讼。

（6）有证据交换必要的案件，法院要组织当事人交换证据。

（7）召集庭前会议。

2. 送达相关法律文书

人民法院决定受理案件后，应分别向原告、被告、诉讼第三人送达《受理案件通知书》（附《预交案件受理费通知单》）和《应诉通知书》（附《民事起诉状》副本）《参加诉讼通知书》（附《民事起诉状》副本），向原告送达《民事答辩状》副本（如果被告提交书面答辩状的话）。同时向各方当事人送达《举证通知书》《诉讼风险提示书》《当事人诉讼权利和义务告知书》等诉讼材料。

开庭日期确定后，人民法院应于开庭3日前向当事人以及其他诉讼参与人送达开庭《传票》及《通知书》，并予以公告（不公开开庭的除外）。需要组织当事人当面交换证据和召开预备庭的，应在3日前通知诉讼参与人。

合议庭组成人员确定后，应在3日内通知当事人。在开庭前3日内决定调整合议庭组成人员的，原定的开庭日期应予顺延。如征询各方当事人意见后，当事人未提出异议和回避申请的，人民法院可以按原定时间开庭。

人民法院收到的答辩状副本以及证据材料，依规定的期限和方式送达各方当事人。

（二）原告的庭前准备

原告按期预交诉讼费。原告在接到案件受理书后的次日起7日内预交案件受理费，逾期未交按自动撤诉处理。原告进一步明确自己的诉讼请求及相关的法律依据。原告在举证时限内提交证据材料，或者根据法律的规定申请人民法院调查收集应当由人民法院调查收集的证据或者原告自己不能收集的证据，参加法庭组织的证据交换活动。认真分析被告的答辩状，明确双方分歧点，寻找相应对策。决定是否委托诉讼代理人。当事人变更诉讼请求应当在举证期限届满前提出。当事人申请鉴定，应当在举证期限内提出。

（三）被告的庭前准备

被告应当在收到起诉状副本后 15 日内提交答辩状。被告不提交答辩状的不影响人民法院审理案件。被告了解民事起诉状中的诉讼请求、事实和理由以及证据材料，并有针对性地组织抗辩。被告决定是否委托诉讼代理人，决定是否提出管辖权异议，决定是否反诉。如果反诉应当在举证期限届满前提出，并向法院提交反诉状。被告在举证时限内提交证据材料，或者根据法律的规定申请人民法院调查收集应当由人民法院调查收集的证据或者被告自己不能收集的证据。当事人申请鉴定，应当在举证期限内提出。举证期限内提交证据，参加法庭组织的证据交换活动。

（四）庭前证据交换

证据交换的启动方式有两种，一种是当事人申请，另一种是法院自己依据职权组织。在审判实践中，举证期限一般在送达起诉状或者答辩状时就已经指定，当事人申请或是法院决定组织证据交换发生在后，因此应当将证据交换日确定在原先指定的举证期限届满日。此外，还有以下几个问题必须明确：其一，对当事人申请证据交换的，应当及时通知另一方当事人。其二，法院组织证据交换的案件限于证据较多与复杂疑难案件，根据审判委员会只研究疑难复杂案件的规定，属于审判委员会研究的案件，一般应当组织证据交换。另外，对于当事人可能提出申请鉴定的证据，也应当组织交换，以便当事人在举证期限内决定是否申请鉴定。其三，证据交换的操作程序。证据交换的过程比较简单，只要将证据分成有无异议两类，并分别记录在案即可。因此，只需主审法官、书记员和当事人参加即可。其四，《民诉证据规定》中，证据交换之日举证期限届满的规定仅指届满之日，没有明确届满之时。在审判实践中，对于没有组织证据交换的届满日，应当定在下午下班之时（邮寄的可定为当夜第 24 小时）；对于组织证据交换的，在证据交换过程完成后，就算举证期限届满。其五，再次交换证据问题。根据《民诉证据规定》第 58 条规定，当事人在收到对方交换的证据后提出反驳并提出新证据的，人民法院应当通知当事人在指定的时间进行交换。可以分成两种情况进行处理，一是当事人当场出示新证据的，可以告知相对方，再次确定证据交换的时间。如果相对方明确表示没有其他证据用于再次交换，也可以记录在案后，不再组织证据交换。二是当事人只是口头反驳，不能当场出示新证据的，法官应当告知当事人采用申请延期举证的办法，再次组织证据交换。

举证期限一旦届满，当事人就不能随意变更诉讼请求，或者向法院提供证据。对在举证期限届满之后、庭审之前，当事人的诉讼请求、诉讼证据、争议焦点已经确定的情况，称为庭前“三固定”。庭前“三固定”既对诉讼参加人提出了较高的要求，也对法官的素质提出了更高的要求。庭前“三固定”使庭前准备显得十分重要，能不能做好这三个固定，直接关系到案件的质量问题。这也事关诉讼程序正义的实现。避免由于不能固定所产生的随时提出证据带来的程序不正义。

（五）庭前诉讼调解程序

庭前调解即一方当事人向人民法院起诉后，法院经过审查，认为事实清楚、证据充分，权利义务也明确，不进入诉讼审理程序在开庭前便召集双方当事人进行调解，使双方当事人互谅互让，达成协议的一种特殊审理方式。早在20世纪80年代中期深圳经济特区就有了调解中心，深圳市法院专门组织一批有审判经验的老同志成立经济纠纷调解中心，争议标的从几十万到数百万的经济纠纷不到几个小时就调解结案，以致后来全国各地法院也纷纷效仿。庭前调解较之诉讼中的调解有更大的优势，实践证明，这种方式是行之有效的。但在运用这种方式时，少数人因为把握不好，致使有的案件矛盾不但未解决好，反而使矛盾更加激化，最后只得按审判程序来处理，给案件处理留下了隐患。

当事人起诉后，审判人员先要认真审查有关材料，看事实是否清楚，证据是否充分，权利义务是否明确，这三者是做好调解工作的根据和基础。有了调解的根据和基础即开始调解。诉前调解注意高效率，快节奏，一竿子插到底，即调解纠纷要一次性解决问题。一是要解决实体问题，二是要一步到位。调解的方法上：时间上不能有间隙，要讲效率。如一次调解不成，让当事人长时间去思考则会夜长梦多，有的当事人不是本着解决问题的目的接受调解，而是到处拉关系、说情，甚至阻挠；有的当事人本来想解决问题，但由于他人的挑拨、刁难，无事生非，当事人便故意把问题搁置，或逼对方让步；有的当事人钻法律的空子，吹毛求疵，以种种借口搪塞，本应履行的义务也不愿履行了；有的当事人为了躲债，逃避法律的制裁，避免承担法律责任，一走了之，这无疑给处理纠纷带来莫大的麻烦。因此调解时不能“放虎归山”，要连续作战，一气呵成。调解达成协议后，要立即制作调解书，当面送达，让双方当事人签字。《民事诉讼法》第97条规定，调解书经双方当事人签收后，即具有法律效力，案件就结了。如调解达成了协议，不及时送达调解书，一方当事人一旦有其他想法便会反悔，使调解前功尽弃。人民法院事前可制作统一格式的填空式的简易调解书，只需要填写上当事人的名称、地址、案由、权利义务事项，这种方法简单省事，有利于及时结案。

庭前调解要坚持原则性、灵活性相结合。法院调解应遵循的原则，一是自愿，二是合法。《民事诉讼法》第96条规定：“调解达成协议，必须双方自愿，不得强迫。调解协议的内容不得违反法律规定。”法院在调解时必须充分贯彻这一原则。当事人自愿原则主要包括两层意思，即程序意义上的自愿和实体意义上的自愿。程序意义上的自愿，就是当事人主动向人民法院申请用调解方式解决他们的纠纷，或者同意人民法院为他们做调解工作解决纠纷。从司法实践看，大多数当事人愿意用调解的方式解决纠纷，其原因主要是基于调解的优势。同意用调解的方式解决纠纷的，人民法院要毫不犹豫地大胆进行调解，不愿调解的也要尽量做工作争取调解，当然不能“和稀泥”或强迫“达成协议”调解。实体意义上的自愿就是当事人双方经人民法院调解达成的协议，必须是互谅互让，自愿协商的结果。从审判实践看，法院调解时，审判人员要做大量的折衷工作，使当事人接受调解，这种做法对于处理纠纷是可取的，也是行之有效的。事实上，大多数的调解协议是审判人员折衷的结果，征得当事人的同意，双方当事人签字后，应视为双方当事人真实意思表示。如果当事人拒绝签字，说明调解不成功。因此，法院不论采取何种方式调解，达成的协议必须是双方当事人真实意思表示的结果。

《民事诉讼法》第96条规定，调解协议的内容不得违反法律规定，即调解应遵循合法原则。合法原则也包括两层意思，一是人民法院做调解工作必须符合程序法的规定；二是当事人达成的协议必须符合有关民事实体法律的规定，不得损害国家、集体和他人的合法权益。从审判实践看，当前用调解的方式处理案件存在一些问题：搞偏听偏信调解，只注重原告的利益，不注重被告的合法权益；为了使调解达成协议，无原则地要原告让步；违法调解，压制当事人接受法院主张，不同意的也要同意，调解成了判决。这些都是有悖于民事法律规定的，法院调解必须严格依照《民事诉讼法》的规定办事。如告诉双方当事人享有的诉讼权利，处理纠纷可进行调解，也可按诉讼程序处理，在诉讼中还可以进行调解，并享有委托他人辩论等权利。不能因为是庭前调解就一切从简，让当事人得不到其应享有的权利。

调解是解决民事纠纷的一种方式，庭前调解是一种高效率、快节奏的审理方式，如何达到高效率，我们在遵循自愿和合法的基础上，采取一定的灵活性。一是开门见山，二是避虚就实。所谓开门见山，就是避开枝节问题。民事纠纷要解决的实质问题，就是权利义务关系问题。即谁享受权利，谁承担义务。如处理债务纠纷案件就要抓住两个问题，一是债权债务是否存在，二是如何偿还，让当事人就这两个问题进行协商。所谓避虚就实，就是撇开枝节问题，抓住主干问题，不利于调解处理的枝节问题不应纠缠。如当事人过高的要求，过激甚至无理的言辞，审判人员应及时制止，以免激化矛盾，不利调解处理。

此外，鼓励当事人特别是原告作出让步，减少或放弃某些诉讼请求，以促使纠纷尽量化解。正面教育、侧面突破并举。正面教育是调解的主要有效方式，从审判实践看，应当抓好以下几方面：①抓好是非责任教育。案件事实，是对当事人进行说服教育，做好调解工作的基础，证据是定案的依据，是非责任是解决纠纷的前提，是关键所在，事实清楚了，证据充分，才能分清是非曲直，明确当事人责任，才能最后说服当事人。对当事人进行是非责任教育，就是根据案件的事实和引起纠纷的原因，进行具体地、实事求是地分析，明确当事人的是非责任，引导他们正确认识自己的缺点、错误和应该承担的责任，为纠纷的调解打下良好的基础。②抓好法律政策交底工作。法律政策是处理纠纷的准绳。③抓好法律政策教育，就是结合具体案件的事实、证据、是非责任，认真地、耐心地、全面地向当事人讲解有关的法律政策规定，甚至不止一遍地、多遍地逐条逐句逐字向当事人解说国家的政策法律，把当事人思想认识引导到法律政策规定的原则上来，使他们在调解中将自己的是非责任与法律政策对照起来，明确自己应该承担多大责任。④抓好团结教育。审判人员在主持调解时，一定要注意控制调解的局面，制止当事人过激的言辞，教育当事人要互让互谅，本着解决问题的目的出发，尽量将大事化小，小事化了，逐步地消除矛盾。

侧面突破是一种有效的辅助性调解方式，主要是采用财产保全的方法；要善于抓“小辫子”，发现破绽，如当事人的欺诈行为、合同缺陷及违法之处等，使当事人真正认识到自己的错误所在；对当事人确实不愿意调解的，应告之其按审判程序处理的原则方法，还要告知其案件处理的倾向性意见，使当事人心中有数，在比较调解与判决的情况下，当事人很可能会选择调解。

法条链接

《中华人民共和国民事诉讼法》

第六十四条　当事人对自己提出的主张，有责任提供证据。

当事人及其诉讼代理人因客观原因不能自行收集的证据，或者人民法院认为审理案件需要的证据，人民法院应当调查收集。

人民法院应当按照法定程序，全面地、客观地审查核实证据。

第六十五条　当事人对自己提出的主张应当及时提供证据。

人民法院根据当事人的主张和案件审理情况，确定当事人应当提供的证据及其期限。当事人在该期限内提供证据确有困难的，可以向人民法院申请延长期限，人民法院根据当事人的申请适当延长。当事人逾期提供证据的，人民法院应当责令其说明理由；拒不说明理由或者理由不成立的，人民法院根据不同情形可以不予采纳该证据，或者采纳该证据但予以训诫、罚款。

第一百二十五条　人民法院应当在立案之日起五日内将起诉状副本发送被告，被告应当在收到之日起十五日内提出答辩状。答辩状应当记明被告的姓名、性别、年龄、民族、职业、工作单位、住所、联系方式；法人或者其他组织的名称、住所和法定代表人或者主要负责人的姓名、职务、联系方式。人民法院应当在收到答辩状之日起五日内将答辩状副本发送原告。

被告不提出答辩状的，不影响人民法院审理。

第一百二十六条　人民法院对决定受理的案件，应当在受理案件通知书和应诉通知书中向当事人告知有关的诉讼权利义务，或者口头告知。

第一百二十七条　人民法院受理案件后，当事人对管辖权有异议的，应当在提交答辩状期间提出。人民法院对当事人提出的异议，应当审查。异议成立的，裁定将案件移送有管辖权的人民法院；异议不成立的，裁定驳回。

当事人未提出管辖异议，并应诉答辩的，视为受诉人民法院有管辖权，但违反级别管辖和专属管辖规定的除外。

第一百二十八条　合议庭组成人员确定后，应当在三日内告知当事人。

第一百二十九条　审判人员必须认真审核诉讼材料，调查收集必要的证据。

第一百三十条　人民法院派出人员进行调查时，应当向被调查人出示证件。

调查笔录经被调查人校阅后，由被调查人、调查人签名或者盖章。

第一百三十一条　人民法院在必要时可以委托外地人民法院调查。

委托调查，必须提出明确的项目和要求。受委托人民法院可以主动补充调查。

受委托人民法院收到委托书后，应当在三十日内完成调查。因故不能完成的，应当在上述期限内函告委托人民法院。

第一百三十二条　必须共同进行诉讼的当事人没有参加诉讼的，人民法院应当通知其参加诉讼。

第一百三十三条　人民法院对受理的案件，分别情形，予以处理：

（一）当事人没有争议，符合督促程序规定条件的，可以转入督促程序；

（二）开庭前可以调解的，采取调解方式及时解决纠纷；

（三）根据案件情况，确定适用简易程序或者普通程序；

（四）需要开庭审理的，通过要求当事人交换证据等方式，明确争议焦点。

《最高人民法院关于适用〈中华人民共和国民事诉讼法〉解释》

四、证据

第九十条 当事人对自己提出的诉讼请求所依据的事实或者反驳对方诉讼请求所依据的事实，应当提供证据加以证明，但法律另有规定的除外。

在作出判决前，当事人未能提供证据或者证据不足以证明其事实主张的，由负有举证证明责任的当事人承担不利的后果。

第九十一条 人民法院应当依照下列原则确定举证证明责任的承担，但法律另有规定的除外：

（一）主张法律关系存在的当事人，应当对产生该法律关系的基本事实承担举证证明责任；

（二）主张法律关系变更、消灭或者权利受到妨害的当事人，应当对该法律关系变更、消灭或者权利受到妨害的基本事实承担举证证明责任。

第九十四条 民事诉讼法第六十四条第二款规定的当事人及其诉讼代理人因客观原因不能自行收集的证据包括：

（一）证据由国家有关部门保存，当事人及其诉讼代理人无权查阅调取的；

（二）涉及国家秘密、商业秘密或者个人隐私的；

（三）当事人及其诉讼代理人因客观原因不能自行收集的其他证据。

当事人及其诉讼代理人因客观原因不能自行收集的证据，可以在举证期限届满前书面申请人民法院调查收集。

第九十五条 当事人申请调查收集的证据，与待证事实无关联、对证明待证事实无意义或者其他无调查收集必要的，人民法院不予准许。

第九十六条 民事诉讼法第六十四条第二款规定的人民法院认为审理案件需要的证据包括：

（一）涉及可能损害国家利益、社会公共利益的；

（二）涉及身份关系的；

（三）涉及民事诉讼法第五十五条规定诉讼的；

（四）当事人有恶意串通损害他人合法权益可能的；

（五）涉及依职权追加当事人、中止诉讼、终结诉讼、回避等程序性事项的。

除前款规定外，人民法院调查收集证据，应当依照当事人的申请进行。

十、第一审普通程序

第二百二十四条 依照民事诉讼法第一百三十三条第四项规定，人民法院可以在答辩期届满后，通过组织证据交换、召集庭前会议等方式，作好审理前的准备。

第二百二十五条　根据案件具体情况，庭前会议可以包括下列内容：

（一）明确原告的诉讼请求和被告的答辩意见；

（二）审查处理当事人增加、变更诉讼请求的申请和提出的反诉，以及第三人提出的与本案有关的诉讼请求；

（三）根据当事人的申请决定调查收集证据，委托鉴定，要求当事人提供证据，进行勘验，进行证据保全；

（四）组织交换证据；

（五）归纳争议焦点；

（六）进行调解。

第二百二十六条　人民法院应当根据当事人的诉讼请求、答辩意见以及证据交换的情况，归纳争议焦点，并就归纳的争议焦点征求当事人的意见。

三、训练的方法

要求每位学生根据案例就自己在该程序环节中的角色进行定位，学生可以全角色训练，即学生在“法律实务综合模拟平台”上可以同时是原告、被告和法官；学生也可以分角色训练（由老师在模拟系统上提前分配），如张三是本案的原告，李四是本案的被告，王五是本案的审判法官。

第一，学生们要在老师的引导下，对案件进行一个全面深入的分析，全面搜集与案件有关的法律和司法解释，结合案件的具体情况，进行原告、被告、法官的庭前准备活动。

第二，同学们需要掌握自己的角色，阐述在该程序中自己应当做的程序性实务，主要包括书写的文书种类、内容和作用。学生应当了解在每个环节自己模拟和应当接触的主体，如模拟原告起诉时接触的是法院立案庭的法官，立案之后接触的是审判庭的法官。学生的阐述要求语言流畅，表达简明扼要、思路清晰、逻辑严谨，论证有力。程序流程的线索在陈述完毕和训练之后能够牢固建立起来。

第三，通过“法律实务综合模拟平台”利用电脑和网络模拟诉讼流程的操作。通过山东政法学院局域网上的“法律实务综合模拟平台”软件系统进行一审民事诉讼庭前准备阶段的模拟训练。

四、训练的素材

案件名称：王×诉马×买卖合同纠纷案

案由：买卖合同纠纷

诉讼类型：民事一审普通程序

【案情概述】

原告：王×

被告：马×

原告诉称，被告陆续向原告购买石材及辅料人工安装，至2010年2月13日，经双方结算，被告结欠原告石材及辅料人工安装费合计人民币210 000元。经原告多次催讨，被告迄今未付。故原告起诉至法院，请求判令被告立即付清石材款及辅料人工安装费合计210 000元；诉讼费用由被告承担。庭审中，原告减少第一项诉讼请求为判令被告立即付清石材款及辅料人工安装费160 000元。

被告辩称，原告起诉的金额不对，且原告提供的材料有严重的质量问题，使被告有20多万款项未收回。

【案情焦点】

若诉讼中原告认可在出售给被告的货物确实存在质量问题，在与被告协商一致同意减免部分货款后，被告是否还可以以货物存在质量问题为由拒绝支付原告货款？

【案情问题】

（一）原告方的问题

1. 本案的请求权基础。

2. 本案的争议焦点。

3. 本案中原告方应该如何围绕争议焦点组织和选择证据？

4. 本案中原告方的行为举证责任是否完毕，是否需要承担结果举证责任？

5. 原告方各组证据所要证明的内容？

6. 上述证据，应该如何收集（从时间、难度、成本等因素上去考虑）？

7. 本案中原告方是否还有证据需要补充或者替换，若有该证据如何收集（从时间、人物、地点、难易程度、经济成本等因素上去考虑）？

8. 你认为本案中原告在举证期限内需要主张哪些诉讼权利来实现自己的实体权利，需要考虑主张的内容（如申请鉴定、申请回避、申请证人出庭作证等）。

举例：如在借款案件中，有承担连带责任的被告下落不明传票无法送达的情况下，有把握其他被告的财产可供执行的情况下，可采取对其中一个或几个被告撤诉，以规避公告送达造成的诉讼拖延，争取迅速结案和执行，争取当事人的利益最大化。

9. 本案可能会使用到的法条（包括实体法、程序法、行政法规、规章及司法解释等）。

10. 如果你是本案原告的律师你认为本案选择哪种结案方式对自己的当事人

最有利，为什么（从法律与经济利益角度分析）？

11. 庭审中需要询问其他当事人和诉讼参与人的问题（包括被告、本方证人、对方证人、鉴定人、第三人等）。

12. 如果你是本案原告的律师，你认为该案件的胜诉率有多大，为什么；如果案件败诉应当如何进行上诉（把握上诉的时间、经济成本等）？

（二）被告方的问题

1. 本案中是否有反诉条件？

2. 本案的争议焦点。

3. 本案中被告方应该如何围绕争议焦点组织和选择证据？

4. 本案中对原告的证据如何质证，被告方的证据是否完备？

5. 被告方各组证据所要证明的内容？

6. 上述证据，应该如何收集（从时间、难度、成本等因素上去考虑）？

7. 本案中被告方是否还有证据需要补充或者替换，若有该证据如何收集（从时间、人物、地点、难易程度、经济成本等因素上去考虑）？

8. 你认为本案中被告在举证期限内需要主张哪些诉讼权利来实现自己的实体权利（如申请鉴定、申请回避、申请证人、申请管辖异议出庭作证等）。

举例：如在借款案件中，可采取公告送达、管辖权异议、上诉等诉讼程序来拖延诉讼时间。

9. 本案可能会使用到的法条（包括实体法、程序法、行政法规、规章及司法解释等）。

10. 如果你是本案被告的律师你认为本案选择哪种结案方式对自己的当事人最有利，为什么（从法律与经济利益角度分析）？

11. 庭审中需要询问其他当事人和诉讼参加人的问题（包括原告、本方证人、对方证人、鉴定人、第三人等）？

12. 如果你是本案被告的律师，你认为该案件的胜诉率有多大，为什么；如果案件败诉应当如何进行上诉（把握上诉的时间、经济成本等）？

（三）审判人员的问题

1. 诉讼当事人的举证是否完备，如果需要进一步进行结果意义上的举证，举证责任该如何分配？

2. 对诉讼当事人的证据进行分析，认定及对证据名称的解释。

3. 本案的焦点归纳及判案理由。

4. 如果当事人对自己的诉讼权利作出处分，应当如何合法处理？

5. 庭审中需要询问当事人哪些问题，若当事人沉默或者拒绝回答应当如何处理？

6. 若当事人超过了举证期限提交证据，应当如何处理？

7. 本案可能会使用到的法条（包括实体法、程序法、行政法规、规章及司法解释等）。

8. 案件的争议是否巨大？是否有调解或让当事人撤诉的可能性，阐述理由。

9. 案件是否需要追加当事人或者诉讼第三人？

10. 你认为本案的判决理由与结果是否合理，阐述理由。

11. 案件的诉讼费用应当如何计算？

【案情解析】

原告在举证期限内向本院提供欠条一份，要求证明到2010年2月13日止，被告欠原告石材款及辅料人工安装费合计210 000元。经质证，被告认可欠条是自己写的，但原告起诉的金额不属实。经审查，本院认为被告认可欠条是其出具的，对该证据真实性予以认定。

被告在举证期限内向本院提供收条一份，要求证明被告在2010年3月10日支付给原告50 000元的事实。经质证，原告认为不是收到50 000元，是减去50 000元。经审查，本院对收条的真实性予以认定。

经审理本院认定，2010年2月13日，被告马×出具欠条一份，载明："今欠王×大理石石材款及辅料人工安装费合计人民币贰拾壹万元整。"2010年3月10日，王×出具收条一份，载明："今收到马×石材款伍万元整（￥50 000.00元）。"上述50 000元系原、被告双方因质量问题协商后，原告同意补贴给被告的。

被告马×于2010年2月13日出具的欠条可以证明原、被告之间存在石材买卖关系，合计石材款及辅料人工安装费为210 000元。庭审中，原、被告都认可因质量问题，经双方协商后，原告同意补贴被告50 000元，并由原告出具了50 000元收条，故可以确认双方之间的石材款及辅料人工安装费实际变更为160 000元。现原告诉请被告支付160 000元，事实清楚，理由正当，本院予以支持。被告辩称因质量问题，导致其有20多万元的余款未收回，要求再次协商货款，本院认为双方就质量问题已经协商并达成一致意见，原告亦已减让50 000元货款，现被告就质量问题再次要求减让货款，缺乏依据，且原告亦不同意，故本院不予支持。

【审判结果】

依照《中华人民共和国合同法》第159条之规定，判决如下：

被告马×应支付给原告王×石材款及辅料人工安装费人民币160 000元，于本判决生效之日起30日内履行。

如未按本判决指定的期限履行给付金钱的义务，依照《中华人民共和国民事诉讼法》第229条之规定，应加倍支付迟延履行期间的债务利息。

【实验要求】

原告：完成委托代理程序；举证；尝试完成变更诉讼请求程序等诉讼活动。

被告：完成书写答辩状；举证等诉讼活动。

五、训练的组织过程

第一，学生口头阐述本阶段的诉讼流程，并且将其中涉及的法律文书的名称、作用、写作的注意事项等问题一并说明。

第二，老师作为课堂的主导人，随机抽取几名学生，让学生依次发表自己的程序见解。每位学生陈述时间限定在3分钟左右，陈述完毕后在下课的时候需要提交书面的意见陈述稿。

第三，老师根据学生准备的意见陈述内容和上机操作的情况，给学生的平时成绩打分，满分为10分。

这部分是本课程训练的重点，但是，主要的操作和指导过程都是通过电脑在校园的局域网上的“法律实务综合模拟平台”上进行的。

第四，在本部分程序训练结束之后，由老师针对学生的程序训练表现进行总结和点评，肯定同学们表现突出、操作正确的地方；同时指出同学们在程序操作过程中存在的问题、错误和不足，提醒大家在后面的训练中要注意纠正。

六、本阶段程序训练中的主要法律文书写作范本

（一）民事答辩状

民事答辩状

答辩人：（姓名、性别、出生年月、民族、文化程度、工作单位、职业、住址）。

被答辩人：（姓名、性别、出生年月、民族、文化程度、工作单位、职业、住址）。

答辩人因（案由）一案，进行答辩如下：

请求事项：（写明答辩所要达到的目的）。

事实和理由：（写明答辩的事实依据和法律依据，应针对原告、上诉人、申诉人，即被答辩人提出起诉、上诉、申诉所依据的事实、法律和所提出的主张陈述其不能成立的理由）。

此致

××人民法院

答辩人：××

××××年××月××日

（二）诉讼权利义务告知书

诉讼权利义务告知书

依照《中华人民共和国××诉讼法》及有关司法解释的规定，特告知当事人诉讼权利义务如下：

一、诉讼权利：

1、有就案件事实进行陈述与申辩的权利。

2、有委托代理人，收集、提供证据，进行辩论，请求调解，提出上诉，申请执行的权利。

3、原告有放弃、变更或补充诉讼请求的权利；被告可以承认或反驳诉讼请求的权利，有权提起反诉。

4、双方有随时提出和解请求的权利。

5、当事人对自己提出的主张有责任提供证据；有向证人、鉴定人提出发问，要求对证据和鉴定提出说明的权利。

6、经法庭准许，双方有查阅和复制庭审材料及法律文书的权利；认为法庭纪录有差错，有申请补正的权利。

7、认为合议庭成员、鉴定人、勘验人、翻译人、书记员与本案有直接利害关系或者其他关系可能影响对案件公正审理的，可以在提出事实和理由的基础上申请回避。

8、最后陈述的权利。

二、诉讼义务：

1、依法行使诉讼权利的义务。

2、听从法庭指挥，遵守法庭纪律的义务。

3、如实陈述事实的义务。

4、未经法庭许可，不得中途退庭。原告未经法庭许可而中途退庭的，则按撤诉处理；被告未经法庭许可而中途退庭的，则依法缺席判决。

5、履行发生法律效力的判决书、裁定书和调解书。

（三）当事人送达地址确认书

××人民法院

当事人送达地址确认书

案由		案号	（ ）字第 号
人民法院对当事人填写送达地址确认书的告知事项	一、被告拒不提供送达地址的，以其户籍登记、工商登记或者其他依法登记、备案的住所地为送达地址。 二、因当事人自己提供的送达地址不准确、地址变更后未及时告知人民法院，或者当事人拒不提供送达地址导致诉讼文书未能被当事人实际接收的，按下列方式处理： （一）邮寄送达的，邮件回执上注明的退回之日视为送达之日； （二）直接送达的，送达人当场在送达回证上记明情况之日视为送达之日。		
当事人提供的自己的送达地址	当事人（原告、被告或第三人）： 送达地址： 邮政编码： 收件人： 电话（移动电话）： 其他联系方式：		
当事人对自己的送达地址	我已经阅读了人民法院对当事人填写送达地址确认书的告知事项，并保证上述送达地址是准确、有效的。当事人签名或捺印： 年 月 日		
备注			
法院工作人员签名			

注：

1. 本样式供所有适用民事诉讼程序的案件使用。

2. 当事人填写本表前，应当仔细阅读表中第一栏内人民法院对当事人填写送达地址确认书的书面告知；当事人阅读有困难的，法院工作人员应当向其口头告知。

3. 本表中当事人的送达地址应当由当事人自己或当事人的代理人填写；当事人因文化水平限制不能书写，又没有代理人的，可以口述后由法院工作人员代为填写，并经两名以上法院工作人员宣读无误后由当事人签名或捺印确认。

4. 当事人的电话号码应当包括办公电话、住宅电话和移动电话。

5. 当事人拒绝提供自己送达地址的，应当在备考栏内注明。

（四）送达回证

××人民法院

送达回证

案由		案号	（　）字第　号
送达文书名称和件数			
受送达人			
送达地址			
受送达人签名或捺印	签名： 年　月　日		
代收人及代收理由	签名： 年　月　日		
备考			
填发人：　　送达人：			

（五）举证通知书

民事诉讼举证通知书

根据《最高人民法院关于民事诉讼证据的若干规定》及有关司法解释，现将当事人举证的有关事项，予以告知：

一、原告向人民法院起诉或者被告提出反诉，应当附有符合起诉条件的相应的证据材料。

被告应当在答辩期届满前提出书面答辩，阐明其对原告诉讼请求及所依据的事实和理由的意见

二、没有证据或者证据不足以证明当事人的事实主张的，由负有举证责任的当事人承担不利后果。

三、当事人举证范围包括以下内容：

1. 证明当事人诉讼主体资格的证据；

2. 证明民事法律关系据以发生、变更、消灭等事实的证据；

3. 当事人向法庭提供的证据应当具有真实性、合法性和关联性。

四、当事人应当对其提交的证据材料逐一分类编号，对证据材料的来源、证明对象和内容作简要说明，签名盖章，注明提交日期，并依照对方当事人人数提出副本。

人民法院收到当事人提交的证据材料原件，应当出具收据。

五、下列侵权诉讼，按照以下规定（举证责任倒置）承担举证责任：

1. 因新产品制造方法发明专利引起的专利侵权诉讼，由制造同样产品的单位或者个人对其产品制造方法不同于专利方法承担举证责任；

2. 高度危险作业致人损害的侵权诉讼，由加害人就受害人故意造成损害的事实承担举证责任；

3. 因环境污染引起的损害赔偿诉讼，由加害人就法律规定的免责事由及其行为与损害结果之间不存在因果关系承担举证责任；

4. 建筑物或者其他设施以及建筑物上的搁置物、悬挂物发生倒塌、脱落、坠落致人损害的侵权诉讼，由所有人或管理人对其无过错承担举证责任；

5. 饲养动物致人损害的侵权诉讼，由动物饲养人或者管理人就受害人有过错或者第三人有过错承担举证责任；

6. 因缺陷产品致人损害的侵权诉讼，由产品的生产者就法律规定的免责事由承担举证责任；

7. 因共同危险行为致人损害的侵权诉讼，由实施危险行为的人就其行为与损害结果之间不存在因果关系承担举证责任；

有关法律对侵权诉讼的举证责任有特殊规定的，从其规定。

六、合同纠纷案件中，主张合同关系成立并生效的一方当事人对合同订立和生效的事实承担举证责任；主张合同关系变更、解除、终止、撤销的一方当事人对引起合同关系变动的事实承担举证责任。

对合同是否履行发生争议的，由负有履行义务的当事人承担举证责任。

七、在劳动争议纠纷案件中，因用人单位作出开除、除名、辞退、解除劳动合同、减少劳动报酬、计算劳动者工作年限等决定而发生劳动争议的，由用人单位负举证责任。

八、在法律没有具体规定，依据有关司法解释无法确定举证责任承担时，人民法院可以根据公平原则和诚实信用原则，综合当事人举证能力等因素确定举证责任的承担。

九、当事人应当在一审开庭时（开庭 日前）提交证据材料。当事人在举证期限内不提交的，视为放弃举证权利。

对于当事人逾期提交的证据材料，人民法院审理时不组织质证。但对方当事人同意质证的除外。

当事人增加、变更诉讼请求或者提起反诉的，应当在举证期限届满前提出。

十、当事人在举证期限内提交证据材料确有困难的，应当在举证期限内向人民法院申请延期举证，经人民法院准许，可以适当延长举证期限。当事人在延长的举证期限内提交证据材料仍有困难的，可以再次提出延期申请，是否准许由人民法院决定。

十一、法院可以组织当事人在开庭审理前交换证据，或依当事人申请进行。

十二、当事人举证期限届满后提供的证据不是新的证据的，人民法院不予采纳。

一审程序中的新的证据是指：当事人在一审举证期限届满后新发现的证据；当事人确因客观原因无法在举证期限内提供，经人民法院准许，在延长的期限内仍无法提供的证据。

当事人经人民法院准许延期举证，但因客观原因未能在准许的期限内提供，且不审理该证据可能导致裁判明显不公的，其提供的证据可视为新的证据。

十三、符合下列条件之一的，当事人及其诉讼代理人可以申请人民法院调查收集证据：

1. 申请调查收集的证据属于国家有关部门保存并须人民法院法院依职权调取的档案材料；

2. 涉及国家秘密、商业秘密、个人隐私的材料；

3. 需要勘验、鉴定的；

4. 双方当事人提供的主要证据相互矛盾，经质证，无法认定其效力的；

5. 当事人及其诉讼代理人确因客观原因不能自行收集的其他材料。

十四、当事人及其诉讼代理人申请人民法院调查收集证据，不得迟于举证期限届满前七日，并应提交书面申请。

申请书应当载明被调查人的姓名或者单位名称、住所地等基本情况、所要调查收集的证据的内容、需要由人民法院调查收集证据的原因及其要证明的事实。

申请调查取证的线索不明确的，应当承担举证不能的法律后果。

十五、人民法院对调查取证申请不予准许的，应当向申请人送达通知书。申请人可以在收到通知书的次日起三日内向受理申请的人民法院书面申请复议一次。人民法院应当在收到复议申请之日起五日内作出答复。

十六、证人应当出庭作证，接受质询。证人因出庭作证而支出的合理费用，由提供证人的一方当事人先行支付，由败诉一方当事人承担。

十七、当事人提交证人证言，应当说明证人的基本情况及联系方式。证人无正当理由未出庭作证或不愿意接受当庭质询，其证言不能单独作为认定案件事实的依据。

十八、当事人申请证人出庭作证，应当在举证期限届满十日前向人民法院提出。

十九、对需要鉴定的事项负有举证责任的当事人，在人民法院指定的期限内无正当理由不提出鉴定申请或者不预交鉴定费用或者拒不提供相关材料，致使对案件争议的事实无法通过鉴定结论予以认定的，应当对该事实承担举证不能的法律后果。

二十、当事人对人民法院委托鉴定的结论有异议的，按《最高人民法院关于民事诉讼证据的若干规定》第二十七条处理。

二十一、有证据证明一方当事人持有证据无正当理由拒不提供，如果对方当事人主张该证据的内容不利于证据持有人，可以推定该主张成立。

二十二、当事人或其他诉讼参与人提供伪证或以暴力、胁迫、引诱等方法妨碍作证的，应承担法律责任。

（六）人民法院传票

××人民法院

传票

案号	（　　）字第　号
案由	
被传唤人	
送达地址	
传唤事由	
应到时间	
应到场所	

续表

注意事项： 1、被传唤人必须准时到达应到场所。 2、原告收到本传票后无正当理由拒不到庭，人民法院可以按撤诉处理；被告收到本传票后无正当理由拒不到庭，人民法院可以根据原告的诉讼请求及双方已经提交给法庭的证据材料缺席判决。 3、适用简易程序审理的民事案件可以当庭宣判。当庭宣判的，人民法院可以当庭送达裁判文书；当庭不能送达的，人民法院将告知当事人领取裁判文书的时间和地点，逾期不来领取的，不影响上诉期间的计算。 审判员 年 月 日

（七）应诉通知书（供通知被告和被上诉人使用）

××人民法院

应诉通知书

（ ） 字第 号

××：

本院已受理××诉你方（案由）纠纷一案，现发送×诉状副本一份，并将有关事项通知如下：

一、当事人在诉讼过程中，必须依法行使法律规定的诉讼权利，同时必须遵守诉讼秩序，履行诉讼义务。

二、你方应当在收到×诉状之日起十日内向本院提交答辩状一式×份。

三、法人或者其他组织参加诉讼的，应当提交法人或者其他组织资格证明以及法定代表人身份证明书或者负责人身份证明书。自然人参加诉讼的，应当提交身份证明。

四、需要委托代理人代为诉讼的，应当提交由委托人签名或者盖章的授权委托书，授权委托书应当按照法律的规定载明委托事项和权限。

××××年××月××日

七、"法律实务综合模拟平台"的操作演示

（一）庭前准备一

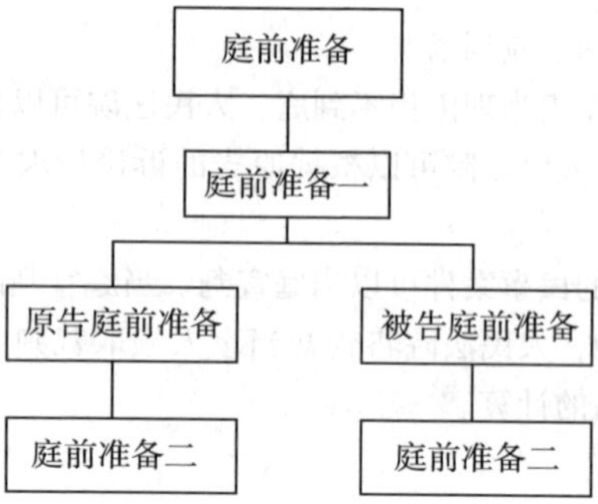

（二）庭前准备二

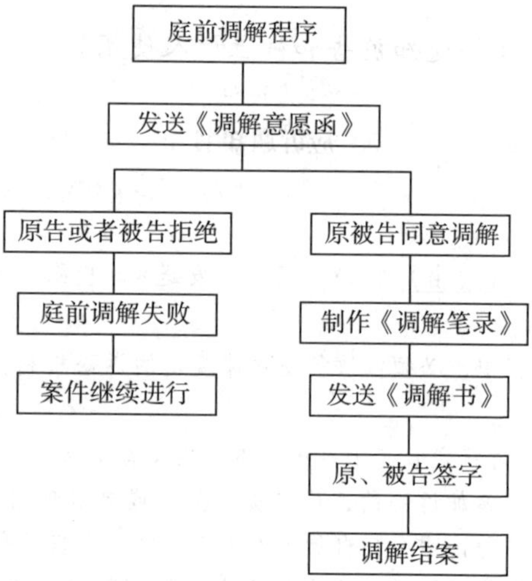

第三节 开庭审理和宣判程序训练

一、训练目标

第一，通过本节内容的训练，使学生模拟演练作为法官在开庭审理环节应当完成的任务，主要包括庭前准备、法庭调查、法庭辩论、合议庭评议、宣告判决的程序环节。掌握每一环节的主要内容、目的和任务。训练学生模拟法官主持和掌控庭审的能力。

第二，通过本节内容训练，使学生模拟演练作为原告在一审普通程序开庭审理期间的诉讼权利的行使和诉讼义务的承担，同时将行使自己诉讼权利的主要环节熟记于心。

第三，通过本节内容的训练，使学生模拟演练作为被告在一审普通程序开庭审理期间的诉讼权利和诉讼义务，熟悉自己在民事诉讼一审普通程序中的程序步骤、各个环节的主要内容。

第四，指导学生写作《民事判决书》《庭审笔录》等法律文书，训练学生使用法言法语，以给定的案件为例，写作相关的法律文书，并能够做到诉讼文书格式规范、表达清晰，观点明确、逻辑严谨。

二、训练前的准备

让学生再一次熟记民事诉讼一审普通程序的庭前准备环节的任务和开庭审理的各个环节的主要内容和主要任务。根据民事诉讼法的规定，开庭审理分为以下几个阶段：

（一）庭审准备

庭审准备是人民法院在正式对案件进行实体审理之前，为保证案件审理的顺利进行而进行的各项准备工作。根据民事诉讼法的规定，庭审准备的内容包括：

第一，传唤当事人，通知其他诉讼参与人出庭参加诉讼。人民法院应当在开庭3日前将传票送达当事人，将出庭通知书送达其他诉讼参与人，传票和通知书应当写明案由、开庭的时间和地点，以确保当事人和其他诉讼参与人为参加庭审做好准备。

第二，对公开审理的案件，人民法院应当在开庭3日前公告当事人的姓名、案由和开庭的时间、地点。公告可以在法院的公告栏张贴，巡回审理的可以在案发地或其他相关的地点张贴，也可以通过相关的网络发布。其目的是加强新闻媒体和社会公众对司法的参与，促进司法民主，同时加强群众对人民法院审判活动的了解和监督，确保案件审理的公开、公正。

第三，查明当事人及其他诉讼参与人是否到庭，宣布法庭纪律。正式开庭审理之前，由书记员查明原告、被告、诉讼第三人、诉讼代理人、证人、鉴定人、翻译人员等是否到庭，并向审判长报告。同时宣布法庭纪律，告知全体诉讼参与人和旁听人员必须遵守。

第四，开庭审理时，由审判长再次核对当事人，核对的顺序是原告、被告、诉讼第三人，核对的内容包括姓名、性别、年龄、民族、籍贯、工作单位、职业和住所。当事人是法人和其他组织的，核对其法定代表人和主要负责人的姓名、职务。对于诉讼代理人应当查明其代理资格和代理权限。核对完毕由审判长宣布案由，宣布审判人员、书记员名单，告知当事人有关的诉讼权利义务，询问当事人是否提出回避申请。

（二）法庭调查

法庭调查的主要任务是审判人员在法庭上全面调查案件事实，审查和核实各种证据，为正确认定案件事实和适用法律奠定基础。依照《民事诉讼法》和最高法院颁布的《民诉证据规定》，法庭调查主要包括两个内容：一是当事人陈述；二是出示证据和质证。

1. 当事人陈述

首先由原告口头陈述其诉讼请求及其所依据的事实、理由，然后由被告陈述案件事实及其所持的不同意见。被告提出反诉的，应陈述反诉的诉讼请求及其所依据的事实、理由。有诉讼第三人的，先由有独立请求权的第三人陈述诉讼请求及其所依据的事实、理由，再由无独立请求权的第三人针对原、被告的陈述提出承认或者否认的答辩意见。当事人有诉讼代理人的，可以由诉讼代理人陈述或答辩，也可以在当事人陈述或答辩完后，再由诉讼代理人补充。审判人员有权就案件事实进行询问，归纳本案争议焦点或者法庭调查重点，并征求当事人的意见。

2. 出示证据和质证

当事人陈述结束后，必须将案件的有关证据在法庭上展示，并由对方当事人进行质证。但是，当事人在庭前证据交换过程中认可并记录在卷的证据，经审判人员在庭审中说明后，作为认定案件事实的依据，不必在法庭上质证。

质证是我国民事诉讼证据制度的重要内容，也是民事诉讼开庭审理阶段的重要环节。它是指在法庭审理活动中，双方当事人在审判人员的组织下，围绕证据的真实性、关联性、合法性，针对证据证明力有无以及证明力大小，进行质疑、说明与辩驳的活动。《民事诉讼法》第 68 条规定：“证据应当在法庭上出示，并由当事人互相质证……”《民诉法解释》第 103 条规定：“证据应当在法庭上出示，由当事人互相质证。未经当事人质证的证据，不得作为认定案件事实的根据。当事人在审理前的准备阶段认可的证据，经审判人员在庭审中说明后，视为质证过的证据。涉及国家秘密、商业秘密、个人隐私或者法律规定应当保密的证据，不得公开质证。”根据《民诉证据规定》第 62 条的规定，当事人质证的顺序是：原告出示证据，被告、第三人与原告进行质证；被告出示证据，原告、第三人与被告进行质证；第三人出示证据，原告、被告与第三人进行质证。

根据民事诉讼法的规定，各类证据按以下顺序出示，由当事人进行质证：

（1）证人证言。证人经当事人申请，经人民法院许可的，应当出庭作证。作证前，审判人员应当对证人的身份进行确认，告知证人的权利义务，要求证人签署诚信保证书并在法庭上宣读保证书的内容，要求其客观真实地提供证言。出庭作证的证人应当客观陈述其亲身感知的事实并接受当事人的质询。证人为聋哑人的，可以通过其他表达方式作证。确有困难不能出庭的证人经人民法院许可，可以提交书面证言或者视听资料或者通过双向视听传输技术手段作证。证人作证时，不得使用猜测、推断或者评论性的语言。审判人员和当事人可以对证人进行询问。为了保证证人所提供的证言的真实性和客观性，证人不得旁听法庭审理；询问证人时，其他证人不得在场。人民法院认为有必要的，可以让证人进行对质。

（2）书证、物证和视听资料。在法庭出示的书证、物证和视听资料，包括当事人提供的证据，也包括人民法院调查收集的证据。人民法院依照当事人申请调查收集的证据，作为提出申请的一方当事人提供的证据。出示书证、物证应当由法警进行，出示视听资料时必须当庭播放演示，必要时由录制人员到庭说明录制过程和情况。对书证、物证、视听资料进行质证时，当事人有权要求出示证据的原件或者原物，但是出示原件或者原物确有困难并经人民法院准许出示复制件或者复制品的，或者原件、原物已不存在，但有证据证明复制件、复制品与原件或原物一致的，可以出示复制件、复制品。

（3）鉴定意见。当事人出庭时，由鉴定人或审判人员当庭宣读鉴定意见，并接受当事人质询。鉴定人确因特殊原因无法出庭的，由审判人员宣读鉴定意见，经人民法院准许，鉴定人可以书面答复当事人的质询。经法庭许可，当事人可以向出庭的鉴定人发问。当事人对鉴定意见不服的可以申请重新鉴定，是否准许，由法庭决定。当事人申请鉴定人出庭，鉴定人没有正当理由不出庭的，申请鉴定人可以要回鉴定费。

（4）勘验笔录。勘验笔录由勘验人或审判人员当庭宣读。经法庭许可，当事人可以向勘验人发问。当事人可以申请重新勘验，是否准许，由法庭决定。

经过庭审质证的证据，能够当即认定的，应当当即认定；当即不能认定的，可以休庭合议后再予以认定。

当事人在法庭上可以提出“新证据”。这里的“新证据”是指当事人在一审举证期限届满后新发现的证据和当事人确因客观原因无法在举证期限内提供，经人民法院准许，在延长的期限内仍无法提供的证据。当事人提出的新证据或经准许重新鉴定、勘验所得的结论，必须再次开庭质证。法庭决定再次开庭的，审判长对本次开庭情况应当进行小结，指出庭审已经确认的证据，并指明下次开庭调查的重点。第二次开庭审理时，只就未经调查的事项进行调查和审理，对已经调查、质证并已认定的证据不再重复审理。

法庭调查结束前，审判长应当就法庭调查认定的事实和当事人争议的问题进行归纳总结，并询问当事人的意见。

(三) 法庭辩论

法庭辩论是当事人及其诉讼代理人在合议庭或者独任法官的主持下，根据法庭调查阶段查明的事实和证据，阐明自己的观点和意见，相互进行言词辩驳的诉讼活动。法庭辩论是辩论原则最生动和最集中的体现。当事人及其诉讼代理人针对法庭调查阶段审核的事实和证据，围绕案件争执焦点，互相进行口头辩论，争取合议庭或者独任法官作出有利于自己的裁判。同时，通过辩论，审判人员能够掌握案件的关键所在，有助于查清案件事实，分清是非责任。

根据《民事诉讼法》第 141 条的规定，法庭辩论按照下列顺序进行：

1. 原告及其诉讼代理人发言

原告和诉讼代理人都出庭的情况下，一般先由原告发言，然后由诉讼代理人补充。发言主要是论证自己的观点和主张，驳斥被告在法庭调查中提出的事实和理由，而不是重复自己在法庭调查阶段所作的陈述内容。

2. 被告及其诉讼代理人答辩

被告及其诉讼代理人的答辩不是对自己在法庭调查阶段的陈述和答辩的简单重复，而是针对原告及其诉讼代理人的发言发表意见和辩解，以证明原告的诉讼请求是不合法的，不应得到法庭支持。

3. 第三人及其诉讼代理人发言或者答辩

有独立请求权的第三人认为原告和被告都侵犯了自己的合法权益，因而，其发言或答辩是对原告和被告所主张的事实、理由和请求进行辩驳，从而证明自己的合法权益应受到保护。无独立请求权的第三人，是参加到本诉讼与之有法律关系的一方当事人中来，他与该方当事人的关系既是对立的又是统一的。在针对对方当事人的时候，他们之间是统一的，无独立请求权的第三人辅助该方当事人对对方当事人主张的事实和请求进行回答和辩驳。当涉及参加之诉中权利的享有或责任的承担时，他们之间的关系是对立的，此时，无独立请求权的第三人可能针对与之有法律关系的当事人提出的事实、理由和请求进行回答和辩驳。

4. 互相辩论

审判人员应当引导当事人围绕争议焦点进行辩论。当事人及其诉讼代理人的发言与本案无关或者重复未被法庭认定的事实，审判人员应当予以制止。必要时，审判长可以根据案情限定当事人及其诉讼代理人每次发表意见的时间。一轮辩论结束后当事人要求继续辩论的，可以进行下一轮辩论，但不得重复第一轮辩论的内容。法庭辩论时，审判人员不得对案件性质、是非责任发表意见，不得与当事人辩论。在法庭辩论过程中，如果当事人及其诉讼代理人提出新的事实和证据，合议庭可以决定停止辩论，恢复法庭调查，查清后再继续辩论，如当庭难以查清，且对案件的裁判有重大影响的，可以延期审理。法庭辩论终结后，由审判长按照原告、被告、第三人的先后顺序征询各方最后意见。

法庭辩论结束后，如果案件事实清楚的，审判长应当询问当事人是否愿意调解。当事人愿意调解的，可以当庭或者休庭后进行调解。经过调解，双方当事人达成协议的，应当在调解协议上签字、盖章。人民法院应当根据双方当事人达成的调解协议制作调解书送达当事人。双方当事人达成协议后当即履行完毕，不要求发给调解书的，应当记入笔录，在双方当事人、合议庭成员、书记员签名或盖章后，即具有法律效力。如果调解不成的，合议庭应当及时判决。

（四）案件评议和宣告判决

这是开庭审理的最后阶段，是合议庭根据已经查明的事实和证据，依照法律和政策分清是非、明确责任，作出判决并宣告判决结果，从而解决当事人之间民事争议的阶段。

1. 合议庭评议

法庭辩论结束后，调解不成的，合议庭应当休庭，进入评议室进行评议。评议时合议庭应根据法庭调查和法庭辩论的情况，确定案件的性质，认定案件的事实，分清是非责任，正确地适用法律，对案件作出最后的处理。合议庭评议案件，由审判长主持，秘密进行，合议庭有不同意见时，实行少数服从多数的原则，但少数意见要如实记入笔录。评议笔录由书记员制作，经合议庭成员和书记员签名或盖章，归档备查，不得对外公开。评议结束后，应制作判决书，并由合议庭成员签名。

2. 宣告判决

宣告判决的内容包括：认定的事实、适用的法律、判决的结果和理由、诉讼费用的负担、当事人的上诉权利、上诉期限和上诉法院。

宣告判决有两种方式：一种是当庭宣判，即在合议庭评议后，由审判长宣布继续开庭并宣读裁判。宣判后，10 日内向有关人员发送判决书。另一种是定期宣判，即不能当庭宣判的，另定日期宣判。定期宣判后，应立即发给判决书。

无论是公开审理还是不公开审理的案件，宣告判决一律公开。宣告离婚判决时，应告知当事人在判决未生效前，不得另行结婚。

法条链接

《中华人民共和国民事诉讼法》

第一百三十六条　人民法院审理民事案件，应当在开庭三日前通知当事人和其他诉讼参与人。公开审理的，应当公告当事人姓名、案由和开庭的时间、地点。

第一百三十七条　开庭审理前，书记员应当查明当事人和其他诉讼参与人是否到庭，宣布法庭纪律。

开庭审理时，由审判长核对当事人，宣布案由，宣布审判人员、书记员名单，告知当事人有关的诉讼权利义务，询问当事人是否提出回避申请。

第一百三十八条　法庭调查按照下列顺序进行：

（一）当事人陈述；

（二）告知证人的权利义务，证人作证，宣读未到庭的证人证言；

（三）出示书证、物证、视听资料和电子数据；

（四）宣读鉴定意见；

（五）宣读勘验笔录。

第一百三十九条　当事人在法庭上可以提出新的证据。

当事人经法庭许可，可以向证人、鉴定人、勘验人发问。

当事人要求重新进行调查、鉴定或者勘验的，是否准许，由人民法院决定。

第一百四十条　原告增加诉讼请求，被告提出反诉，第三人提出与本案有关的诉讼请求，可以合并审理。

第一百四十一条　法庭辩论按照下列顺序进行：

（一）原告及其诉讼代理人发言；

（二）被告及其诉讼代理人答辩；

（三）第三人及其诉讼代理人发言或者答辩；

（四）互相辩论。

法庭辩论终结，由审判长按照原告、被告、第三人的先后顺序征询各方最后意见。

第一百四十二条　法庭辩论终结，应当依法作出判决。判决前能够调解的，还可以进行调解，调解不成的，应当及时判决。

《最高人民法院关于适用〈中华人民共和国民事诉讼法〉解释》

第二百二十八条　法庭审理应当围绕当事人争议的事实、证据和法律适用等焦点问题进行。

第二百二十九条　当事人在庭审中对其在审理前的准备阶段认可的事实和证据提出不同意见的，人民法院应当责令其说明理由。必要时，可以责令其提供相应证据。人民法院应当结合当事人的诉讼能力、证据和案件的具体情况进行审查。理由成立的，可以列入争议焦点进行审理。

第二百三十条　人民法院根据案件具体情况并征得当事人同意，可以将法庭调查和法庭辩论合并进行。

第二百三十一条　当事人在法庭上提出新的证据的，人民法院应当依照民事诉讼法第六十五条第二款规定和本解释相关规定处理。

第二百三十二条　在案件受理后，法庭辩论结束前，原告增加诉讼请求，被告提出反诉，第三人提出与本案有关的诉讼请求，可以合并审理的，人民法院应当合并审理。

《中华人民共和国合同法》

第九十四条　有下列情形之一的，当事人可以解除合同：

（一）因不可抗力致使不能实现合同目的；

（二）在履行期限届满之前，当事人一方明确表示或者以自己的行为表明不履行主要债务；

（三）当事人一方迟延履行主要债务，经催告后在合理期限内仍未履行；

（四）当事人一方迟延履行债务或者有其他违约行为致使不能实现合同目的；

（五）法律规定的其他情形。

第九十七条　合同解除后，尚未履行的，终止履行；已经履行的，根据履行情况和合同性质，当事人可以要求恢复原状、采取其他补救措施，并有权要求赔偿损失。

第一百三十九条　当事人没有约定标的物的交付期限或者约定不明确的，适用本法第六十一条、第六十二条第四项的规定。

三、训练的方法

一种训练方法是要求每位学生根据案例选择自己在该程序环节中的角色定位，一是原告，二是被告，三是法官；另外一种训练方法是学生全角色训练，即每一位学生可以同时模拟原告、被告和法官。

第一，学生们要在老师的引导下，对案件进行一个全面深入的分析，能够全面搜集与案件有关的法律和司法解释，结合案件的具体情况，进行原告、被告、法官的庭审活动。

第二，学生们需要掌握自己的角色阐述在该程序中自己应当做的程序性实务，包括书写的文书种类、内容和作用。学生应当了解在每个环节应当模拟和接触的主体；学生要阐述原告、被告、第三人等在诉讼中各环节中的主要任务；学生阐述法官在法庭调查和法庭辩论过程中的任务。举证、质证要求学生能够切中要害，围绕证据的三性和证明力的大小去辩驳。在法庭辩论过程中要求学生语言流畅，简明扼要、思路清晰、逻辑严谨，论证有力，直击对方的关键点。程序流程的线索在陈述完毕和训练之后能够牢固建立起来。

第三，在"实训模拟系统"上通过电脑和网络模拟平台进行诉讼流程的操作，具体通过山东政法学院局域网上的"法律实务综合模拟平台"软件系统进行开庭审理和宣告判决的模拟训练。

四、训练的素材

案件名称：原告俞××与被告黄××买卖合同纠纷一案

案由：买卖合同纠纷

诉讼类型：民事一审程序

【案情概述】

2008年10月22日，原告俞××与被告黄××签订《车辆买卖协议》一份，约定由被告将其拥有的一辆车卖给原告，原告向被告支付70万元的购车款，被告收到款项后向原告出具了收条一份。可是，至今被告没有向原告支付车辆，也没有退回购车款。原告为了维护自己的合法权益，向法院起诉。

原告：俞××，男，1974年7月10日出生，汉族，经商，住××街道××村 ××组，现住××村××区××幢××单元。

被告：黄××，男，1985年2月7日出生，汉族，经商，住××街道××村组。公民身份号码：××××。

原告俞××起诉称：2008年10月22日，原告俞××与被告黄××签订《车辆买卖协议》一份，约定由被告将其拥有的一辆车（车辆型号：卡雷拉牌；车牌号：××；发动机号：××；车身颜色：银色）卖给原告，原告向被告支付了700 000元的购车款，被告收到款项后向原告出具了收条一份，可是，至今被告没有向原告交付车辆，也未退回购车款。现原告起诉要求判令被告返还购车款700 000元及利息（从2008年10月22日按月利率10‰计算至实际归还之日止）。

被告黄××答辩称：原、被告双方在2008年10月22日有过借款协议，借款协议约定被告向原告借款700 000元人民币，月利率10‰。当时由于原被告关系比较好，所以为了债务的履行，将车辆抵押给原告，但是由于车辆在银行有按揭贷款，车辆已经抵押给银行，所以无法办理抵押登记，故原被告双方签署了这份车辆买卖协议，因此这份车辆买卖协议并不是双方真实意思的表示，双方真实意思表示是将车辆作为抵押物，而且在2008年10月22日借款协议签署当日原告仅向被告给付人民币630 000元，70 000元当做利息扣除了，被告实际只收到出借人民币630 000元，对于原告在本案中主张700 000元的购车款及利息，被告认为没有事实依据，原告所主张的700 000元购车款其原因行为是双方在2008年10月22日签订的借款协议，本案中诉争的车辆买卖事实并不真实存在，因此被告方认为原告所主张之两项诉讼请求不能得到法院的支持，请求法院驳回原告的诉讼请求。其实本案的购车款被告没有收到过，被告只是向原告借过款。

【案情焦点】

1. 本案是买卖合同纠纷还是借贷合同纠纷？

2. 本案的利息赔偿是否符合法律规定？

【案情问题】

（一）原告方的问题

1. 本案的请求权基础。

2. 本案的争议焦点。

3. 本案中原告方应该如何围绕争议焦点组织和选择证据？

4. 本案中原告方的行为举证责任是否完毕，是否需要进行结果举证责任？

5. 原告方各组证据所要证明的内容？

6. 上述证据，应该如何收集（从时间、难度、成本等因素上去考虑）？

7. 本案中原告方是否还有证据需要补充或者替换，若有该证据如何收集（从时间、人物、地点、难易程度、经济成本等因素上去考虑）？

8. 你认为本案中原告在举证期限内需要主张哪些诉讼权利来实现自己的实体权利，需要考虑主张的内容有哪些（如申请鉴定、申请回避、申请证人出庭作证等）。

举例：如在借款案件中，有承担连带责任的被告下落不明传票无法送达的情况下，有把握其他被告的财产可供执行的情况下，可采取对其中一个或几个被告撤诉，以规避公告送达造成的诉讼拖延，争取迅速结案和执行，争取当事人的利益最大化。

9. 本案可能会使用到的法条（包括实体法、程序法、行政法规、规章及司法解释等）。

10. 如果你是本案原告的律师你认为本案选择哪种结案方式对自己的当事人最有利，为什么（从法律与经济利益角度分析）？

11. 庭审中需要询问其他当事人的问题（包括被告、本方证人、对方证人、鉴定人、第三人等）？

12. 如果你是本案原告的律师，你认为该案件的胜诉率有多大，为什么；如果案件败诉应当如何进行上诉（把握上诉的时间、经济成本等）？

（二）被告方的问题

1. 本案中是否有反诉条件？

2. 本案的争议焦点。

3. 本案中被告方应该如何围绕争议焦点组织和选择证据？

4. 对本案中原告的证据如何质证，被告方的证据是否完备？

5. 被告方各组证据所要证明的内容是什么？

6. 上述证据，应该如何收集（从时间、难度、成本等因素上去考虑）？

7. 本案中被告方是否还有证据需要补充或者替换，若有该证据如何收集（从时间、人物、地点、难易程度、经济成本等因素上去考虑）？

8. 你认为本案中被告在举证期限内需要主张哪些诉讼权利来实现自己的实体权利（如申请鉴定、申请回避、申请证人、申请管辖异议出庭作证等）。

举例：在借款案件中，可采取公告送达、管辖权异议、上诉等诉讼程序来拖延诉讼时间。

9. 本案可能会使用到的法条（包括实体法、程序法、行政法规、规章及司法解释等）。

10. 如果你是本案被告的律师你认为本案选择哪种结案方式对自己的当事人最有利，为什么（从法律与经济利益角度分析）？

11. 庭审中需要询问其他当事人的问题（包括原告、本方证人、对方证人、鉴定人、第三人等）？

12. 如果你是本案被告的律师，你认为该案件的胜诉率有多大，为什么；如果案件败诉应当如何进行上诉（把握上诉的时间、经济成本等）？

（三）审判人员的问题

1. 诉讼当事人的行为举证是否完备，如果需要进一步进行结果意义上的举证，举证责任该如何分配？

2. 诉讼当事人的证据进行分析，认定及对证据名称的解释。

3. 本案的焦点归纳及判案理由。

4. 如果当事人对自己的诉讼权利作出处分时，应当如何合法处理？

5. 庭审中需要询问当事人哪些问题，若当事人沉默或者拒绝回答应当如何处理？

6. 若当事人超过了举证期限提交证据，应当如何处理？

7. 本案可能会使用到的法条（包括实体法、程序法、行政法规、规章及司法解释等)。

8. 案件的争议是否巨大？是否有调解或让当事人撤诉的可能性，阐述理由。

9. 案件是否需要追加当事人或者第三人？

10. 你认为本案的判决理由与结果是否合理，阐述理由。

11. 案件的诉讼费用应当如何计算？

【案情解析】

原告俞××为证明其主张，向本院提供如下证据：

1. 车辆买卖协议一份，证明原、被告车辆买卖的事实。

2. 收条一份，证明被告收到原告款项的事实。

3. 被告的行驶证复印件一份，证明确实发生车辆买卖的事实。

4. 本票申请书一份，证明原告付款的事实。

经质证，被告黄××认为：对证据 1 真实性没有异议，但车辆买卖的事实实际没有发生；对证据 2 真实性没有异议，但被告并未收到 700 000 元的购车款；对证据 3 没有异议；对证据 4 真实性没有异议，被告方认为恰能证明是由于双方借贷关系引起，是原告交付的 630 000 元借款。所以原告应该主张民间借贷而不应该主张买卖合同。

本院认为：被告黄××对证据 1、2 真实性无异议，本院对证据 1、2 的真实性予以确认。关于关联性，本院认为证据 1 约定了买卖合同的标的、价格、车辆过户手续等事项，且证据 2 明确表明是："收到购车款柒拾万"，证据 1、2 之间能相互印证。被告认为该买卖协议非被告真实意思表示，700 000 元购车款实际为借款，但未就自己的主张提供足够的反驳证据，应承担举证不能的责任，本院对上述证据的证明力予以确认。对证据 3、4 的真实性予以确认。

被告黄××未向本院提供证据。

根据上述认证意见，结合原、被告双方的庭审陈述，本院确认以下事实：

2008 年 10 月 22 日，原告俞××向被告黄××购买汽车一辆，并签订车辆买卖协议一份，约定被告将登记在其名下的机动车（车辆型号为卡雷拉牌，车牌号为××，发动机号为××，车辆识别号为××，车身颜色为银色）以 700 000 元的价格转让给原告；并约定被告在还清按揭贷款后，应该无条件在第一时间陪同原告办理过户手续，如被告反悔，则应赔偿原告本协议约定购车款 700 000 元的 3 倍；在本协议签订之时，被告已收到原告购车款 700 000 元。当日，原告俞××交付被告黄××700 000 元购车款。协议签订后，被告黄××未交付车辆。

本院认为，原告俞××与被告黄××之间的买卖合同合法有效，出卖人应该履行向买受人交付标的物或者交付提取标的物的单证、并转移标的物所有权的义务。虽然双方并未约定具体的交付期限，但签订协议至今，被告黄××未履行交付车辆的义务，致使买卖合同的目的无法得到实现，已构成根本违约，原告有权解除买卖合同。本院认为，自本院向被告送达相应的起诉状副本时，可以认定原告通过本院向被告通知解除买卖合同，同时被告亦无继续履行合同的意思表示，故本院确认双方的买卖合同解除。根据法律规定，合同解除后，尚未履行的，终止履行；已经履行的，按照履行情况和合同性质，当事人可以要求恢复原状、采取其他补救措施，并有权要求赔偿损失。因此，双方买卖合同解除后，原告俞××要求被告黄××返还已付贷款，并无不当。关于原告主张的利息损失，被告认为明显高于其实际经济损失，本院认为：双方关于违约损失赔偿额的约定明显高于造成的损失，本院酌情予以减少，违约的利息损失按照银行同期同类贷款利率计算。原告俞××诉讼请求的合理部分，本院予以支持。被告黄××关于买卖合同非其真实意思表示、所收到款项实际为借款的抗辩，证据不足，本院不予支持。

【案情结果】

依照《中华人民共和国合同法》第139条、第94条、第97条的规定，判决如下：

一、被告黄××于本判决生效后10日内返还原告俞××货款700 000元并赔偿利息损失（从2008年10月22日起按中国人民银行同期同类贷款基准利率计付至实际履行完毕之日止）。

二、驳回原告俞××的其他诉讼请求。

【实验要求】

原告：完成委托代理程序；庭审中对证据逐一举证；庭审中对被告的证据逐一质证（从证据的三性方面）；完成诉前财产保全流程，并思考该诉前财产保全对本案的作用（从案件的执行保障、避免双方矛盾激化，有利诉讼等因素考虑）。

被告：书写答辩状；庭审中对证据逐一举证；庭审中对原告的证据逐一质证（从证据的三性方面）。

审判人员：庭审中归纳辩论焦点。在庭审结束后，试着掌握双方的争议点、矛盾、情绪等，设计出折衷方案，本着大调解环境的原则，在尽可能公平、公正、合法的情况下对民事案件、刑事附带民事案件进行调解，但不得久调不判。

五、训练的组织过程

在开庭审理阶段主要由学生分别模拟原告、被告和法官，按照《民事诉讼法》规定的流程，并结合法律实务综合模拟平台进行训练。

在宣告判决阶段并没有特别重要的程序训练。

六、本阶段程序训练中的主要法律文书写作范本

（一）人民法院民事判决书

××市××区人民法院

民事判决书

（××××）××字第××号

原告××市××××开发公司（以下称开发公司），地址在本市××××。

法定代表人刘××，开发公司总经理。

委托代理人冯××，××市 ××律师事务所律师。

被告张×，男，1950 年 3 月 4 日生，汉族，××市××研究所工人，住本市××××。

原告开发公司与被告张×房屋迁让一案，本院受理后，依法组成合议庭，公开开庭进行了审理。原告开发公司的委托代理人冯××和被告张×到庭参加诉讼。本案现已审理终结。

原告开发公司诉称，1991 年对被告原住本市西街 10 号拆迁时，因被告无房过渡，遂将本市小园第 1、2 号过渡房安排给被告过渡，现被告早已搬入新居，故诉请被告立即腾让过渡房并赔偿损失费 15 万元。

被告张×辩称，现虽住进了安置房，但因安置房的产权证书和拆迁遗留问题未解决，故未腾让过渡房，原告将上述问题解决并赔偿损失 3 万元后，立即腾让过渡房。

经审理查明，1991 年原告下属×××指挥部对被告原住本市西街 20 号住房进行了拆迁并于 1992 年 5 月 4 日与被告订立拆迁补偿协议。嗣后，因被告无房过渡，该指挥部于 1992 年 5 月 10 日将本市小园第 1、2 号过渡房提供给被告过渡。1994 年被告的安置房交付使用后，因安置房的产权问题及被告的尚留有少量未拆迁住房的补偿未能解决等被告未能腾让过渡房。原告经催要未果遂诉请被告立即迁让过渡房并赔偿损失 15 万元。被告应诉后，要求原告先解决安置房的产权证及拆迁遗留问题并赔偿损失 3 万元。原、被告各执己见，不能达成一致意见。

上述事实，有双方当事人陈述及补偿安置协议书等书证证实。

本院认为，被告住进安置房后理应腾让过渡房，故原告要求被告腾让过渡房的请求应予支持。被告以未办理安置房的产权证等为由，不腾让过渡房的主张，不予支持。被告未腾让过渡房引起纠纷，应负主要责任，故其要求原告赔偿损失的请求不予支持；原告未及时解决与拆迁相关的问题，亦有一定的责任，故对其要求被告赔偿损失的请求亦不予支持。为此，依照《中华人民共和国民法通则》第 5 条之规定，判决如下：

被告张×应于本判决生效后 5 日内腾让本市小园第 1、2 号过渡房，交原告开

发公司。

本案受理费50元，其他诉讼费用100元，由张×负担。

如不服本判决，可在判决书送达之日起15日内向本院递交上诉状，并按对方当事人的人数提出副本，上诉于××省××市中级人民法院。

审判长：××
审判员：××
审判员：××
××××年×月×日

本件与原本核对无异

书记员：××

（二）庭审笔录

庭审笔录

案件当事人：____________
案由：__________时间：__________地点：__________
审判长：____________________
审判员：____________________
审判员：____________________
本案出庭律师：____________
记录人：____
笔录内容：____
____
____
____

附：本庭审笔录系第____次

（三）人民法院民事裁定书

××××人民法院

民事裁定书

（××××）××字第××号

原告（姓名或名称等基本情况）。

被告（姓名或名称等基本情况）。

（当事人姓名或名称和案由）一案，本院依法进行了审理，现已审理终结。

(简述原告起诉的理由和诉讼请求)。

本院认为，(写明驳回起诉的理由)。依照（写明裁定所依据的法律条款项）的规定，裁定如下：

驳回××的起诉。

(写明诉讼费用的负担)。

如不服本裁定，可在裁定书送达之日起十日内，向本院递交上诉状，并按对方当事人的人数提出副本，上诉于××人民法院。

审判长××

审判员××

审判员××

××××年××月××日

本件与原本核对无异

书记员××

七、“法律实务综合模拟平台”的操作演示

具体操作请参阅附录四，并且在老师的指导下训练。

第四节　一审中的反诉程序训练

一、训练目标

训练学生对一审程序集中反诉提起的相关诉讼流程。识记一审中反诉提起的条件，同时练习写作反诉中的民事起诉状和民事答辩状。

二、训练前的准备

温习民事反诉的理论，同时复习民事反诉的相关法律规定，主要是反诉的提起条件、管辖等方面的民事诉讼法和司法解释中的法条规定。

法条链接

《中华人民共和国民事诉讼法》

第一百一十九条　起诉必须符合下列条件：

（一）原告是与本案有直接利害关系的公民、法人和其他组织；

（二）有明确的被告；

（三）有具体的诉讼请求和事实、理由；

（四）属于人民法院受理民事诉讼的范围和受诉人民法院管辖。

《最高人民法院关于适用〈中华人民共和国民事诉讼法〉的解释》

第二百三十二条　在案件受理后，法庭辩论结束前，原告增加诉讼请求，被告提出反诉，第三人提出与本案有关的诉讼请求，可以合并审理的，人民法院应当合并审理。

第二百三十三条　反诉的当事人应当限于本诉的当事人的范围。

反诉与本诉的诉讼请求基于相同法律关系、诉讼请求之间具有因果关系，或者反诉与本诉的诉讼请求基于相同事实的，人民法院应当合并审理。

反诉应由其他人民法院专属管辖，或者与本诉的诉讼标的及诉讼请求所依据的事实、理由无关联的，裁定不予受理，告知另行起诉。

《中华人民共和国婚姻法》

第五条　结婚必须男女双方完全自愿，不许任何一方对他方加以强迫或任何第三者加以干涉。

第二十一条　父母对子女有抚养教育的义务；子女对父母有赡养扶助的义务。

父母不履行抚养义务时，未成年的或不能独立生活的子女，有要求父母付给抚养费的权利。

子女不履行赡养义务时，无劳动能力的或生活困难的父母，有要求子女付给赡养费的权利。

禁止溺婴、弃婴和其他残害婴儿的行为。

第二十五条　非婚生子女享有与婚生子女同等的权利，任何人不得加以危害和歧视。

不直接抚养非婚生子女的生父或生母，应当负担子女的生活费和教育费，直至子女能独立生活为止。

《中华人民共和国合同法》

第五十二条　有下列情形之一的，合同无效：

（一）一方以欺诈、胁迫的手段订立合同，损害国家利益；

（二）恶意串通，损害国家、集体或者第三人利益；

（三）以合法形式掩盖非法目的；

（四）损害社会公共利益；

（五）违反法律、行政法规的强制性规定。

三、训练的方法

采取学生全角色模拟的训练方法，即学生既要模拟本诉的原告和被告，又要模拟反诉的原告和被告。本诉讼程序是在一审普通程序训练的基础上的一种延伸训练，所以一审程序训练过的内容，老师可以安排学生比较简略地完成。

第一，同学们要在老师的引导下，对案件进行一个全面深入的分析，能够全面搜集与案件有关的法律和司法解释，并进行准确的分析和运用。

第二，同学们需要掌握自己的角色，阐述在该程序中自己应当做的程序性实务，包括书写的文书种类、内容和作用。学生应当了解在每个环节应当模拟和接触的主体，如模拟被告反诉时接触的法官。学生的诉讼文书写作，要求语言流畅，表达简明扼要、思路清晰、逻辑严谨、论证有力。

第三，通过电脑和网络模拟平台进行诉讼流程的操作。通过山东政法学院局域网上的“法律实务综合模拟平台”软件系统进行电脑上的模拟训练，使程序流程的线索在陈述完毕和训练之后能够牢固建立起来。

四、训练素材

案件名称：刘×甲、刘×乙与张××合同纠纷

案由：确认合同无效纠纷

诉讼类型：民事一审反诉程序

【案情焦点和问题】

1. 被告向两原告出具的证明有什么法律效力？

2. 被告的反诉请求能否得到法院支持？

【案情解析】

合法有效的合同受法律保护，违反法律强制性规定的合同属于无效合同。本案中，被告向两原告出具的证明使得原、被告形成合同关系，被告承诺对两原告负责任，否则支付20万元。从形式上看被告将自己对原告刘×乙所负有的抚养义务以合同形式进行约束，父母对孩子有抚养义务，非婚生子女享有与婚生子女同等的权利，“如果不负责任，支付20万元”以合同的方式排除其抚养义务违反了法律的强制性规定，故该条据无效。原告刘×乙可另案起诉主张抚养费。该证明对于原告刘×甲来说，是被告保证要同其结婚，但被告在庭审中明确表示不愿意同原告刘×甲结婚。我国《婚姻法》规定，结婚必须男女双方完全自愿，不许任何一方对他方加以强迫或任何第三者加以干涉，被告向原告刘×甲出具的证明中蕴含着如果被告不同原告结婚向原告支付20万元的条款，明显与我国的《婚姻法》中规定的自愿原则相背，该证明违反了法律强制性规定，且因原告刘×甲与被告张××均是有民事行为能力的成年人，双方自愿发生性关系并导致原告刘×乙

的出生，不存在侵权行为，被告对原告刘×甲没有赔偿义务。综上，被告所出具的“证明”因违反法律强制性规定无效，故对两原告要求被告支付20万元的诉讼请求，法院不予支持。对于被告提出撤销该“证明”的反诉请求，因该“证明”属于无效合同，自始无效，无须撤销，故对被告的反诉请求不予支持。

【案情结果】

依照《中华人民共和国婚姻法》第5条、第21条、第25条，《中华人民共和国合同法》第52条之规定，判决如下：

一、驳回原告（反诉被告）刘×甲、刘×乙的诉讼请求。

二、驳回被告（反诉原告）张××的反诉请求。

五、训练的组织过程

本训练要结合网络教学平台上的“法律实务综合模拟平台”，由于内容比较多，一次上课两节课内没法完成，至少需要六课时的时间才能全部完成。

第一，学生口头分析本案的本诉原告的诉讼请求、证据、事实和理由，同时就案件的如何判决提出建议，同时提出法律依据。

第二，老师作为课堂的主导人，随机抽取几名学生，让学生依次阐述民事诉讼法规定的反诉的条件，并结合本案分析被告反诉是否符合法律规定的条件，主要是从当事人、诉讼请求、反诉与本诉的牵连性等方面分析。

第三，老师根据学生陈述进行指导，同时，指导学生在网络平台上进行模拟训练。

第四，在本部分程序训练结束之后，由老师针对学生的程序训练表现进行总结和点评，肯定同学们表现突出、操作正确的地方；同时指出同学们在程序操作过程中存在的问题、错误和不足，提醒大家在后面的训练中要注意纠正。

六、本训练阶段的主要诉讼文书范本

民事反诉状

反诉人（本诉被告）：(姓名、性别、出生年月、住址)

委托代理人：(姓名、工作单位、住址)

被反诉人（本诉原告）：(姓名、性别、出生年月、住址)

反诉请求：

(写明反诉所需达到的目的)

事实和理由：

(写明反诉的事实依据和法律依据，应针对本诉原告，即被反诉人提出起诉所依据的事实、法律和所提出的主张陈述其不能成立的理由)

此致

××人民法院

反诉人：××

××××年××月××日

七、一审民事反诉全流程图

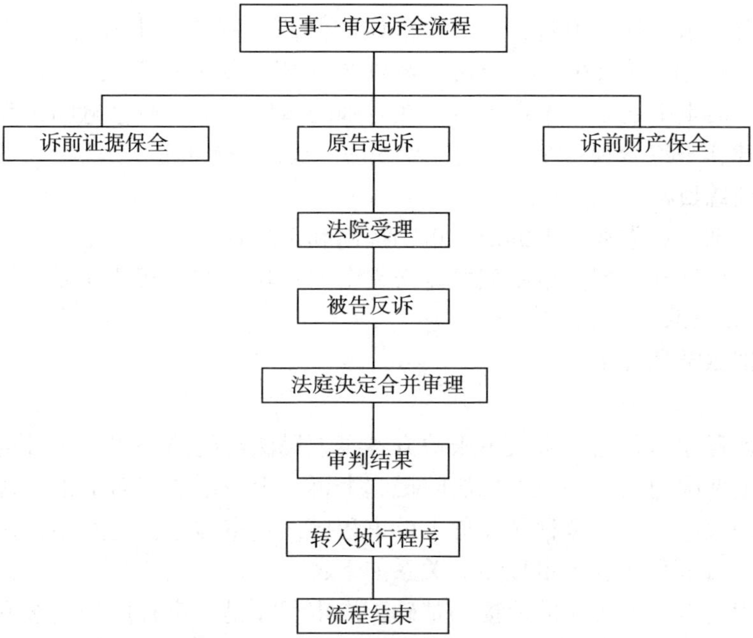

第二章　民事诉讼二审诉讼流程实训

英国哲学家培根曾说过："一次错误的判决，有甚于十次犯罪。"习近平主席表示："让人民群众在每一个司法案件中都感受到公平正义。"有错必纠是促成公平正义的重中之重。本章重点：在教师的指导下学生通过电脑，利用校园网上的"法律实务综合模拟平台"进行二审诉讼流程的训练。

一、训练目标

第一，训练和掌握民事诉讼二审的提起和审理程序。

第二，训练和掌握二审中相关诉讼文书的写作，如《民事上诉状》《民事答辩状》、二审《民事判决书》等。

二、训练前的准备

（一）一、二审的不同

第二审程序，是指当事人不服地方各级人民法院的第一审未生效的判决、裁定，在法定期限内向上一级人民法院提起上诉，上一级法院对上诉案件进行审理时所适用的程序。第二审程序又称上诉审程序或终审程序，它并不是民事诉讼的必经程序。二审程序和一审程序的关系如下：

一审程序是二审程序的前提和基础，二审程序是一审程序的继续和发展。二审程序没有规定的，需要参照一审普通程序的相关规定。两种程序的主要区别如下：①发生根据不同，一审程序基于当事人的起诉权和一审法院对案件的管辖权而发生；二审程序基于当事人的上诉权和二审法院在审判上的监督权而产生。②审理方式不同，适用一审程序审理的案件必须开庭审理；适用二审程序审理的某些上诉案件，可以径行裁判。③审判组织不同，一审程序审理案件，根据案件情况，有的可适用独任制，有的可适用合议制，而且适用合议制时，允许有陪审员参加；二审程序审理案件，只能采取合议制，并且不允许陪审员参加合议庭。④审理对象不同，一审程序审理对象是案件事实和当事人之间的民事法律关系，二审程序审理对象是一审法院未发生法律效力的裁判。⑤适用法院不同，一审程序是所有法院皆可适用，二审程序是除基层人民法院之外的其他法院可以适用。⑥审结期限不同，一审普通程序的审限通常为 6 个月，简易程序为 3 个月；二审程序对判决的审限是 3 个月，裁定是 30 日。⑦法律后果不同，一审程序所作出的裁判是未生效裁判，当事人可以上诉；二审程序所作出的裁判是生效裁判，当事人不得上诉。

（二）相关法条

主要阅读《民事诉讼法》及其司法解释中关于二审的相关法条。

（三）关于二审中的新证据

1. 新证据的界定

二审程序中的新证据与一审程序中的新证据是有区别的，应当注意到这种区别。二审的新证据有两种情况，第一种情况，“新发现的证据”从文字解释，又可分为：一审庭审结束前已经存在的证据和一审庭审结束后才产生的证据。对一审庭审结束后才产生的证据，作为新证据是没有争议的，也符合法理，当事人要善于发现并收集整理、及时提交，提交方式同一审举证，如并入上诉状时，应作新证据的特别提示，以免被当作一审超举证期限的证据，二审法院不予采纳。对一审庭审结束前已经存在的证据则较为复杂且双方争议很大，因这种新证据明显是超举证期限的证据，其为什么作为“新发现的证据”是需要举证方说明并期待法官采纳的。第二种情况，是当事人对一审中未被采纳的请求法院调取证据的请求在二审程序中重新提出。

2. 提出新证据的特别注意事项

①应当把握新的证据的提出时间，对一审未被采纳的调取证据请求，宜在上诉状中表明，并在二审立案后及时提交专门的调取证据的书面申请。②新的证据必须与已存在的证据有关联度、必须针对一审判决中认定事实错误和适用法律错误。③收集或整理证据应当有预备案，必须预防不利或者可能无证明力的新证据。④当事人未在举证时限内提供证据，是否存在故意或重大过失的情形。

法条链接

《中华人民共和国民事诉讼法》

第十四章 第二审程序

第一百六十四条　当事人不服地方人民法院第一审判决的，有权在判决书送达之日起十五日内向上一级人民法院提起上诉。

当事人不服地方人民法院第一审裁定的，有权在裁定书送达之日起十日内向上一级人民法院提起上诉。

第一百六十五条　上诉应当递交上诉状。上诉状的内容，应当包括当事人的姓名，法人的名称及其法定代表人的姓名或者其他组织的名称及其主要负责人的姓名；原审人民法院名称、案件的编号和案由；上诉的请求和理由。

第一百六十六条　上诉状应当通过原审人民法院提出，并按照对方当事人或者代表人的人数提出副本。

当事人直接向第二审人民法院上诉的，第二审人民法院应当在五日内将上诉状移交原审人民法院。

第一百六十七条　原审人民法院收到上诉状，应当在五日内将上诉状副本送达对方当事人，对方当事人在收到之日起十五日内提出答辩状。人民法院应当在收到答辩状之日起五日内将副本送达上诉人。对方当事人不提出答辩状的，不影响人民法院审理。原审人民法院收到上诉状、答辩状，应当在五日内连同全部案卷和证据，报送第二审人民法院。

第一百六十八条　第二审人民法院应当对上诉请求的有关事实和适用法律进行审查。

第一百六十九条　第二审人民法院对上诉案件，应当组成合议庭，开庭审理。经过阅卷、调查和询问当事人，对没有提出新的事实、证据或者理由，合议庭认为不需要开庭审理的，可以不开庭审理。

第二审人民法院审理上诉案件，可以在本院进行，也可以到案件发生地或者原审人民法院所在地进行。

第一百七十条　第二审人民法院对上诉案件，经过审理，按照下列情形，分别处理：

（一）原判决、裁定认定事实清楚，适用法律正确的，以判决、裁定方式驳回上诉，维持原判决、裁定；

（二）原判决、裁定认定事实错误或者适用法律错误的，以判决、裁定方式依法改判、撤销或者变更；

（三）原判决认定基本事实不清的，裁定撤销原判决，发回原审人民法院重审，或者查清事实后改判；

（四）原判决遗漏当事人或者违法缺席判决等严重违反法定程序的，裁定撤销原判决，发回原审人民法院重审。

原审人民法院对发回重审的案件作出判决后，当事人提起上诉的，第二审人民法院不得再次发回重审。

第一百七十一条　第二审人民法院对不服第一审人民法院裁定的上诉案件的处理，一律使用裁定。

第一百七十二条　第二审人民法院审理上诉案件，可以进行调解。调解达成协议，应当制作调解书，由审判人员、书记员署名，加盖人民法院印章。调解书送达后，原审人民法院的判决即视为撤销。

第一百七十三条 第二审人民法院判决宣告前，上诉人申请撤回上诉的，是否准许，由第二审人民法院裁定。

第一百七十四条 第二审人民法院审理上诉案件，除依照本章规定外，适用第一审普通程序。

第一百七十五条 第二审人民法院的判决、裁定，是终审的判决、裁定。

第一百七十六条 人民法院审理对判决的上诉案件，应当在第二审立案之日起三个月内审结。有特殊情况需要延长的，由本院院长批准。

人民法院审理对裁定的上诉案件，应当在第二审立案之日起三十日内作出终审裁定。

《最高人民法院关于适用〈中华人民共和国民事诉讼法〉的解释》

十六、第二审程序

第三百一十七条 双方当事人和第三人都提起上诉的，均列为上诉人。人民法院可以依职权确定第二审程序中当事人的诉讼地位。

第三百一十八条 民事诉讼法第一百六十六条、第一百六十七条规定的对方当事人包括被上诉人和原审其他当事人。

第三百一十九条 必要共同诉讼人的一人或者部分人提起上诉的，按下列情形分别处理：

（一）上诉仅对与对方当事人之间权利义务分担有意见，不涉及其他共同诉讼人利益的，对方当事人为被上诉人，未上诉的同一方当事人依原审诉讼地位列明；

（二）上诉仅对共同诉讼人之间权利义务分担有意见，不涉及对方当事人利益的，未上诉的同一方当事人为被上诉人，对方当事人依原审诉讼地位列明；

（三）上诉对双方当事人之间以及共同诉讼人之间权利义务承担有意见的，未提起上诉的其他当事人均为被上诉人。

第三百二十条 一审宣判时或者判决书、裁定书送达时，当事人口头表示上诉的，人民法院应告知其必须在法定上诉期间内递交上诉状。未在法定上诉期间内递交上诉状的，视为未提起上诉。虽递交上诉状，但未在指定的期限内交纳上诉费的，按自动撤回上诉处理。

第三百二十一条 无民事行为能力人、限制民事行为能力人的法定代理人，可以代理当事人提起上诉。

第三百二十二条 上诉案件的当事人死亡或者终止的，人民法院依法通知其权利义务承继者参加诉讼。

需要终结诉讼的，适用民事诉讼法第一百五十一条规定。

第三百二十三条　第二审人民法院应当围绕当事人的上诉请求进行审理。

当事人没有提出请求的，不予审理，但一审判决违反法律禁止性规定，或者损害国家利益、社会公共利益、他人合法权益的除外。

第三百二十四条　开庭审理的上诉案件，第二审人民法院可以依照民事诉讼法第一百三十三条第四项规定进行审理前的准备。

第三百二十五条　下列情形，可以认定为民事诉讼法第一百七十条第一款第四项规定的严重违反法定程序：

（一）审判组织的组成不合法的；

（二）应当回避的审判人员未回避的；

（三）无诉讼行为能力人未经法定代理人代为诉讼的；

（四）违法剥夺当事人辩论权利的。

第三百二十六条　对当事人在第一审程序中已经提出的诉讼请求，原审人民法院未作审理、判决的，第二审人民法院可以根据当事人自愿的原则进行调解；调解不成的，发回重审。

第三百二十七条　必须参加诉讼的当事人或者有独立请求权的第三人，在第一审程序中未参加诉讼，第二审人民法院可以根据当事人自愿的原则予以调解；调解不成的，发回重审。

第三百二十八条　在第二审程序中，原审原告增加独立的诉讼请求或者原审被告提出反诉的，第二审人民法院可以根据当事人自愿的原则就新增加的诉讼请求或者反诉进行调解；调解不成的，告知当事人另行起诉。

双方当事人同意由第二审人民法院一并审理的，第二审人民法院可以一并裁判。

第三百二十九条　一审判决不准离婚的案件，上诉后，第二审人民法院认为应当判决离婚的，可以根据当事人自愿的原则，与子女抚养、财产问题一并调解；调解不成的，发回重审。

双方当事人同意由第二审人民法院一并审理的，第二审人民法院可以一并裁判。

第三百三十条　人民法院依照第二审程序审理案件，认为依法不应由人民法院受理的，可以由第二审人民法院直接裁定撤销原裁判，驳回起诉。

第三百三十一条　人民法院依照第二审程序审理案件，认为第一审人民法院受理案件违反专属管辖规定的，应当裁定撤销原裁判并移送有管辖权的人民法院。

第三百三十二条　第二审人民法院查明第一审人民法院作出的不予受理裁定

有错误的，应当在撤销原裁定的同时，指令第一审人民法院立案受理；查明第一审人民法院作出的驳回起诉裁定有错误的，应当在撤销原裁定的同时，指令第一审人民法院审理。

第三百三十三条 第二审人民法院对下列上诉案件，依照民事诉讼法第一百六十九条规定可以不开庭审理：

（一）不服不予受理、管辖权异议和驳回起诉裁定的；

（二）当事人提出的上诉请求明显不能成立的；

（三）原判决、裁定认定事实清楚，但适用法律错误的；

（四）原判决严重违反法定程序，需要发回重审的。

第三百三十四条 原判决、裁定认定事实或者适用法律虽有瑕疵，但裁判结果正确的，第二审人民法院可以在判决、裁定中纠正瑕疵后，依照民事诉讼法第一百七十条第一款第一项规定予以维持。

第三百三十五条 民事诉讼法第一百七十条第一款第三项规定的基本事实，是指用以确定当事人主体资格、案件性质、民事权利义务等对原判决、裁定的结果有实质性影响的事实。

第三百三十六条 在第二审程序中，作为当事人的法人或者其他组织分立的，人民法院可以直接将分立后的法人或者其他组织列为共同诉讼人；合并的，将合并后的法人或者其他组织列为当事人。

第三百三十七条 在第二审程序中，当事人申请撤回上诉，人民法院经审查认为一审判决确有错误，或者当事人之间恶意串通损害国家利益、社会公共利益、他人合法权益的，不应准许。

第三百三十八条 在第二审程序中，原审原告申请撤回起诉，经其他当事人同意，且不损害国家利益、社会公共利益、他人合法权益的，人民法院可以准许。准许撤诉的，应当一并裁定撤销一审裁判。

原审原告在第二审程序中撤回起诉后重复起诉的，人民法院不予受理。

第三百三十九条 当事人在第二审程序中达成和解协议的，人民法院可以根据当事人的请求，对双方达成的和解协议进行审查并制作调解书送达当事人；因和解而申请撤诉，经审查符合撤诉条件的，人民法院应予准许。

第三百四十条 第二审人民法院宣告判决可以自行宣判，也可以委托原审人民法院或者当事人所在地人民法院代行宣判。

第三百四十一条 人民法院审理对裁定的上诉案件，应当在第二审立案之日起三十日内作出终审裁定。有特殊情况需要延长审限的，由本院院长批准。

第三百四十二条 当事人在第一审程序中实施的诉讼行为，在第二审程序中对该当事人仍具有拘束力。

当事人推翻其在第一审程序中实施的诉讼行为时，人民法院应当责令其说明理由。理由不成立的，不予支持。

三、二审程序训练的主要环节

（一）二审程序的启动——当事人上诉

二审程序的启动，只能依赖于当事人的上诉。提起上诉的条件为：

1. 合法的上诉人和被上诉人

一审中的原告、被告、有独立请求权第三人以及被判决承担责任的无独立请求权第三人都可成为上诉人。上述主体的法定代理人也可以提起上诉，但委托代理人代理上诉必须经过特别授权。

2. 上诉人与被上诉人的确定

双方当事人和第三人都提出上诉的，均为上诉人。

必要共同诉讼人中的一人或部分人提出上诉的，按下列情况处理：①该上诉是对与对方当事人之间权利义务分担有意见，不涉及其他共同诉讼人利益的，对方当事人为被上诉人，未上诉的同一方当事人依原审诉讼地位列明。②该上诉仅对共同诉讼人之间权利义务分担有意见，不涉及对方当事人利益的，未上诉的同一方当事人为被上诉人，对方当事人依原审诉讼地位列明。③该上诉对双方当事人之间以及共同诉讼人之间权利义务承担有意见的，未提出上诉的其他当事人均为被上诉人。

普通共同诉讼人中，部分当事人的上诉，效力不及于其他共同诉讼人。

3. 上诉客体

上诉客体，是指当事人依法行使上诉权，请求上一级法院予以纠正的判决、裁定。一审判决可以上诉，其中也包括二审法院发回重审后的判决和按照一审程序对案件再审后的判决。有些判决不能上诉，如最高人民法院一审判决、小额诉讼判决、确认婚姻效力判决、特别程序和公示催告程序的判决。个别裁定可以上诉，包括不予受理、驳回起诉、管辖权异议的裁定。调解不可以上诉。单独对法院关于诉讼费用的决定不可以上诉。

4. 合法的上诉期限

从裁判送达次日起计算，裁定为10日，判决为15日。一审裁判文书不能同时送达双方当事人的，上诉期从各自收到裁判文书的次日起分开计算，但最后的上诉期满后裁判方可生效。必要共同诉讼人的上诉期，以最后收到裁判文书的当事人的上诉期来计算；普通共同上诉人的上诉期，分别计算。

5. 合法的上诉方式

上诉必须提交上诉状。当事人口头表示上诉的，法院应当告知其必须在法定上诉期间内提出上诉状。未在法定期间内递交上诉状的，视为未提出上诉。根据《民事诉讼法》第165条之规定，上诉状的内容应当包括：①当事人的姓名、法人的名称及其法定代表人的姓名或者其他组织的名称及其主要负责人的姓名；②原审人民法院名称、案件的编号和案由；③上诉的请求和理由。

6. 合法的上诉途径

上诉状原则上应当通过原审人民法院提出，并按照对方当事人或者代表人的人数提出副本。法律也允许当事人直接向第二审人民法院上诉。当事人直接向第二审人民法院上诉的，第二审人民法院应当在5日内将上诉状移交原审人民法院。

（二）法院对上诉的受理

1. 上诉的受理

上诉的受理，是指第二审人民法院对上诉案件的受理，即第二审人民法院对当事人不服一审裁判的上诉案件依法审查，对符合法定条件的案件予以立案的行为。

原审法院收到当事人的上诉状及其副本后，对于可以上诉的裁判，应当在5日内将上诉状副本送达对方当事人，对方当事人在收到之日起15日内提出答辩状。法院应当在收到答辩状之日起5日内将副本送达上诉人。对方当事人不提出答辩状的，不影响法院审理。原审法院收到上诉状、答辩状，应当在5日内连同全部案卷和证据，报送第二审人民法院。

2. 二审中的撤回上诉

（1）二审法院对撤回上诉要进行干预，二审法院判决宣告前，上诉人可以申请撤回上诉，由二审法院裁定是否准许。法院经审查认为一审判决确有错误，或双方当事人串通损害国家、集体利益、社会公共利益及他人合法权益的，不应准许撤回上诉。

（2）撤回上诉的法律后果。上诉人在上诉期届满前撤回上诉的，立法对此种情况并无明确规定。我们认为，此时一审裁判并未生效，上诉人撤回上诉后，只要上诉期尚未届满，上诉人还可再次提起上诉。撤回上诉的上诉人承担二审程序的上诉费用，减半收取。

3. 二审中的撤回起诉

二审程序中，原审原告申请撤回起诉，经其他当事人同意，且不损害国家利益、社会公共利益、他人合法权益的，法院可以准许。准许撤诉的，裁定一并撤销一审判决。原审原告在二审程序中撤回起诉后不得再次起诉。

（三）二审程序的审理

1. 审理范围

原则上，二审法院应对上诉请求的有关事实和适用法律进行审查。如果发现在上诉请求以外原判确有错误的（原判违反法律禁止性规定、侵害社会公共利益或他人利益的），应予以纠正。被上诉人在答辩中要求变更或补充一审判决内容的，二审法院可以不予审查。这是因为，被上诉人如果需要变更或补充一审判决内容，可以作为上诉人提起上诉，而他已经放弃了上诉权。

2. 审判组织

二审程序只能适用合议制，而且只能由审判员组成合议庭，人民陪审员不得参加。

3. 审理方式

原则上开庭审理，例外情况下可不开庭。可以不开庭审理而径行裁判的案件有：①不服不予受理、管辖权异议和驳回起诉裁定的。②当事人提出的上诉请求明显不能成立的。③原审裁判认定事实清楚、但适用法律错误的。④原判决严重违反法定程序，需要发回重审的。

（四）上诉案件的调解与和解

1. 原则规定

二审法院审理上诉案件，可以进行调解。调解达成协议，应当制作调解书（不适用调解笔录结案），由审判人员、书记员署名，加盖人民法院印章。调解书送达后，原审法院的判决即视为撤销。

上诉案件可以和解。在二审中当事人可以进行和解，达成和解协议的，有以下两种选择。请求法院对双方达成的和解协议进行审查并制作调解书。申请撤诉。经审查符合撤诉条件的，法院应予准许。

2. 特殊情形及相应处理

（1）调解不成发回重审的情形。对当事人在一审中已经提出的诉讼请求，原审法院未作审理、判决的，二审法院可以进行调解，调解不成的发回重审。必须参加诉讼的当事人或者有独立请求权的第三人在一审中未参加诉讼，二审法院对其可以予以调解，调解不成的发回重审。一审判决不准离婚的案件，上诉后二审法院认为应当判决离婚的，可以根据当事人自愿原则，与子女抚养、财产问题一并调解，调解不成的发回重审。经双方当事人同意由第二审法院一并审理的，二审法院可一并进行审理。

（2）调解不成告知另行起诉的情形。二审中原审原告增加独立的诉讼请求或原审被告提出反诉的，二审法院可以就新增加的诉讼请求或反诉进行调解，调解不成的告知当事人另行起诉。经双方当事人同意由第二审法院一并审理的，二审法院可一并进行审理。

（五）二审程序的裁判

1. 对一审判决的处理

（1）驳回上诉，维持原判。适用于判决，原判认定事实清楚，适用法律正确的，判决驳回上诉，维持原判决。

（2）依法改判。适用于判决，原判认定事实错误或者适用法律错误的，依法改判；原判基本认定事实不清的，可以在查清事实后改判。

（3）撤销原判，发回重审。适用于裁定，原判基本认定事实不清的，可以裁定撤销原判，发回重审，重审后可上诉；原判严重违反法定程序的，裁定撤销原判，发回重审，重申后可上诉。严重违反法定程序的情形包括：①遗漏当事人；②违法缺席判决；③审判组织的组成不合法；④应当回避的审判人员未回避；⑤无诉讼行为能力人未经法定代理人代为诉讼；⑥违法剥夺当事人辩论权利。

（4）撤销原判，驳回起诉。适用于裁定，法院依照二审程序审理的案件，认为依法不应由法院受理的，可以由二审法院直接裁定撤销原判，驳回起诉。

（5）撤销原判，移送管辖。适用于裁定，法院依照二审程序审理的案件，认为一审法院作出的裁判违反专属管辖规定的，应当裁定撤销原裁判并移送有管辖权的法院审理。

2. 对一审裁定的处理

二审法院对不服一审法院裁定的上诉案件的处理，一律适用裁定。对于原裁定认定事实清楚、适用法律正确的，裁定驳回上诉，维持原裁定。原裁定认定事实错误或者适用法律错误的，以裁定方式撤销或者变更原裁定。具体有下列规定：二审法院查明一审法院作出的不予受理裁定有错误的，应撤销原裁定并指令一审法院立案受理；查明一审法院作出的驳回起诉裁定有错误的，应撤销原裁定并指令一审法院进行审理。

二审裁判的效力：不得对裁判再行上诉；不得就同一诉讼标的，以同一事实和理由重新起诉；具有强制执行的效力。

四、二审程序训练中的律师代理

（一）当事人进入二审的方式

当事人进入二审程序有主动和被动之分，相当一部分的当事人会在一审结果对其不利时，选择通过上诉来为自己争取有利的终审判决。而另外一部分当事人，会由于对方已经提起上诉，而被动地进入到二审程序，以固定自己一方在一审判决中的既得利益。二审判决为终审判决，因此当事人无论是在法律文书的制作还是法律焦点问题、新证据等方面，都必须全力以赴。

（二）二审代理中的主要工作

1. 代理上诉

（1）上诉状和答辩状的撰写和审查。民事上诉状和民事答辩状的具体格式要求见国家司法考试教材，其撰写区别于一审的起诉状和答辩状：围绕一审的诉讼请求和证据；认真分析一审判决的正确与错误；不能补充或变更一审诉讼请求，只有发现一审判决认定事实不清，适用法律不当的，可以要求发回法院重审。需要注意的是，在上诉人或被上诉人第一次称谓时用括号注明当事人的一审诉讼地位，便于第三者阅读。

撰写上诉状，是当事人不服一审判决而委托律师起草法律文书。代理律师首要的工作是解读一审判决，按法律程序、事实认定、适用法律诸环节去发现一审判决的错误所在，在此基础上撰写上诉状。需要特别注意的是：首先，第二审案件的审理仅围绕当事人上诉请求的范围进行，当事人没有提出请求的，二审法院不予审查，除非一审判决违反法律禁止性规定、侵害社会公共利益或者他人利益。其次，应分析双方的举证和判决的事实认定。最后，应分析一审判决的法律适用（包括实体和程序）。其他撰写要求同民事起诉状。

审查上诉状需要特别注意的是：首先，格式上是否符合要求；其次，内容上是否发现一审判决的错误，上诉请求是否清晰；最后，是否有新的证据。

（2）二审代理的工作规程：①签订委托代理合同。②向一审法院或径直向二审法院递交上诉状（或答辩状）和全部证据材料及诉讼代理文书（律师事务所函、当事人的授权委托书）。应注意到，二审法院是依上诉请求全面审查案件，其卷宗是独立的，不能因已经向一审法院提交了证据而懈怠于向二审法院提交。③查询二审法院立案时间和合议庭组成。④决定是否申请回避，并查询二审合议庭对本案是不开庭审理还是开庭审理及具体安排。⑤对书面审理的，及时提交代理词；对二审法院通知询问的，及时准备好举证并在询问时提交或强调，同一审一样准备代理大纲。

（3）二审代理中应把握好的问题：①若一审法院收到上诉状时未出具收据，也无代收上诉诉讼费用的通知，查明当事人在一审宣判时是否明确上诉，或在法院的裁判文书送达回证上是否明确要上诉，收集与递交上诉状相关的其他初步证据材料。②及时提醒当事人依法院通知要求的时间、地点、金额交纳二审诉讼费用，并取得收据。③及时提交委托代理文书。④及时提交新的证据或申请调查取证的申请书。

五、训练素材

案件名称：唐×诉唐×乙、李××法定继承纠纷案

案由：继承纠纷

诉讼类型：民事二审程序

【争议焦点】

《分居协议书》的效力及性质；《婚姻法》与《物权法》的适用问题；婚内财产分割协议及财产在夫妻之间的归属问题，是否以公示作为物权变动要件。

【案情简介】

唐×诉唐×乙、李××法定继承纠纷一案，由北京市中喆律师事务所田×律师代理被告李××、唐×乙参加诉讼，取得了二审改判的结果。

唐×甲于2011年9月16日在外地出差期间猝死，未留下遗嘱。名下财产有位于北京市朝阳区东三环北路×××号××中心某房屋（以下简称某房屋）等多处房产、银行存款、轿车等。唐×甲的继承人是配偶李××及子女唐×、唐×乙。双方争议焦点为某房屋的权属。

2010年10月2日，唐×甲与被告李××签订《分居协议书》，双方约定："××中心和×××园的房子归李××拥有。李××可以任何方式处置这些房产，唐×甲不得阻挠和反对，并有义务协办相关事务。"

2002年12月16日，唐×乙作为买受人签订了《商品房买卖合同》，截至唐×甲去世时间点，该房屋仍登记在唐×甲名下，尚欠银行贷款877 125.88元未偿还。

【一审判决】

依据《中华人民共和国继承法》第2条、第3条、第5条、第10条、第13条之规定，判决如下：

1. 被继承人唐×甲遗产，车牌号为"京××12××"北京现代牌轿车由被告李××继承，归被告李××所有，被告李××于本判决生效后10日内向原告唐×支付折价款16 666.67元。

2. 被继承人唐×甲遗产，位于北京市××区×××街2号院第1栋1层104号房屋归被告李××所有，被告李××于本判决生效后10日内向原告唐×支付折价款180万元。

3. 被继承人唐×甲遗产，位于北京市朝阳区东三环北路某房屋归被告李××所有，并由李××偿还剩余贷款，被告李××于本判决生效后10日内向原告唐×支付折价款885 180.69元。

4. 被告李××于本判决生效后10日内向原告唐×支付被继承人唐×甲遗产家属一次性抚恤金18 366.67元。

5. 被告李××于本判决生效后10日内向原告唐×支付被继承人唐×甲遗产工会发放的家属生活补助费5366.67元。

6. 驳回原告唐×其他诉讼请求。

如果未按本判决指定的期间履行给付金钱义务，应当依照《中华人民共和国民事诉讼法》第253条之规定，加倍支付迟延履行期间的债务利息。

鉴定评估费67 908元，由原告唐×负担47 908元（已交纳），由被告唐×乙、李××负担2万元（原告唐×已交纳，被告唐×乙、李××于本判决生效后7日内支付给原告唐×）。

案件受理费3808元，由原告唐×负担2808元（已交纳），由被告唐×乙、李××负担1000元（原告唐×已交纳，被告唐×乙、李××于本判决生效后7日内支付给原告唐×）。

如不服本判决，双方可于本判决书送达之日起15日内向本院递交上诉状，按双方当事人的人数提出副本，并交纳上诉案件受理费，上诉于北京市××中级人民法院。如在上诉期满后7日内仍未交纳上诉案件受理费的，按自动撤回上诉处理。

【二审判决】

一审判决认为，唐×甲与李××虽然在《分居协议书》中约定了某房屋归李××拥有，但直至唐×甲去世，该房屋仍登记在唐×甲名下。故该协议书并未实际履行，因此应根据物权登记主义原则，确认该房屋属于唐×甲与李××夫妻共同财产。

田×律师作为李××、唐×乙的代理人在二审时提出以下观点：

第一，《分居协议书》是夫妻双方之间的财产协议，而不是离婚协议，其是双方通过订立契约对采取何种夫妻财产制所作的约定。

第二，本案优先适用《婚姻法》第19条的规定，而非《物权法》第9条的规定。

第三，涉案房屋虽未变更到李××名下，但并不影响《分居协议书》的合法有效。涉案房屋在该协议书双方签字后便已归属于李××。

二审法院采纳田×律师的主张依法对一审判决进行改判，判定某房屋归李××所有。

【办案总结】

第一，《分居协议书》是婚内财产分割协议，而非离婚财产分割协议。首先，双方是在婚姻关系存续的基础上选择以分居作为解决方式并对共同财产予以分割，并非以离婚为目的而达成财产分割协议；其次，从文义解释出发，二人所签《分居协议书》是以该协议书来规避离婚这一法律事实；最后，分居协议中，唐×甲与李××一致表示“对财产作如下分割”，系双方不以离婚为目的对婚姻关系存续期间所得财产作出的分割，应认定为婚内财产分割协议，是双方通过订立契约对采取何种夫妻财产制所作的约定。

第二，本案优先适用《婚姻法》第 19 条之规定，而非《物权法》。在调整夫妻财产关系领域，《物权法》应保持谦抑性，对《婚姻法》的适用空间和规制功能予以尊重，尤其是夫妻之间关于具体财产制度的约定不宜由《物权法》过度调整，应由《婚姻法》去规范评价。《分居协议书》关于涉案房屋的分割，属夫妻内部对财产的约定，不涉及家庭外部关系，应优先和主要适用《婚姻法》。

第三，婚内财产分割协议只涉及财产在夫妻之间的归属问题，依双方约定即可确定，无须以公示作为物权变动要件。《分居协议书》已确定涉案房屋归李××所有，虽仍登记在唐×甲名下，并不影响双方对房屋内部处分的效力。《物权法》以登记作为不动产物权变动的法定公示要件。但由于法律例外规定、错误登记的存在、法律行为的效力变动、当事人的真实意思保留以及对交易习惯的遵从等原因，实践中存在大量欠缺登记外观形式，但依法、依情、依理应给予法律保护的事实物权。《婚姻法》及其司法解释规定的相关情形亦应包括在内。

结婚作为客观事实，已具备公示特征，无须另外再为公告。夫妻约定财产制是双方通过书面形式对婚后共同财产归属作出的明确约定，系意思自治的结果，应受法律尊重和保护。故不宜以产权登记作为确认不动产权属的唯一依据，只要有充分证据确定不动产权属状况，且不涉及第三人利益，就应尊重夫妻之间的真实意思表示，按照婚内财产分割协议履行，优先保护事实物权人。《分居协议书》系唐×甲与李××基于夫妻关系作出的内部约定，是在平等自愿的前提下对家庭财产分配的结果，不涉及第三人利益，具有民事合同性质，对双方具有约束力。涉案房屋并未进入市场交易流转，所有权归属的确定亦不涉及交易秩序与流转安全。唐×作为唐×甲的子女并非物权法意义上的第三人。因此，涉案房屋应认定为李××的个人财产，而非唐×甲之遗产。

六、本训练环节的主要法律文书写作范本

（一）民事上诉状

民事上诉状

上诉人（原审被告）：<u>（姓名、性别、出生年月、民族、住址、身份证号）</u>

被上诉人（原审原告）：<u>（姓名、性别、出生年月、民族、住址、身份证号）</u>

上诉人因（案由）一案不服××人民法院作出的（××××）××字第××号判决，现提出上诉。

上诉请求：（写明上诉所需达到的目的）

事实及理由：

（写明上诉的事实依据和法律依据，应针对被上诉人或一审法院所依据的事实、法律和主张陈述其不能成立的理由）

此致

××人民法院

上诉人：××

××××年××月××日

（二）上诉代理词

二审上诉代理词

尊敬的审判长、审判员：

我作为李××、唐×乙上诉唐×法定继承纠纷一案中李××、唐×乙的代理人，就上诉请求发表如下代理意见：

本案一审判决中对被继承人唐×甲与李××签订的《分居协议书》中对位于北京市××区×路××号××中心×座×单元×号房屋的约定存在认定错误。

唐×甲与李××签订的分居协议书约定北京市××区×路××号××中心×座×单元×号房屋归李××所有。该协议为唐×甲与李××真实意思表示，且不违反相关法律法规，应为有效。

一、我方认为唐×甲与李××签订的《分居协议书》实质上是夫妻双方之间的财产协议，而不是离婚协议。

第一，《婚姻法》第19条规定："夫妻可以约定婚姻关系存续期间所得的财产以及婚前财产归各自所有、共同所有或部分各自所有、部分共同所有。约定应当采用书面形式。没有约定或约定不明确的，适用本法第17条、第18条的规定。夫妻对婚姻关系存续期间所得的财产以及婚前财产的约定，对双方具有约束力。"该条规定明确了夫妻双方之间的财产协议的合法性。

第二，从该协议文字上看，《分居协议书》包括以下内容："唐×甲、李××的感情已经破裂。我们决定分居，双方财产作如下分割：现在××中心和×××园的房屋归李××拥有。李××可以任何方式处置这些房产，唐×甲不得阻挠和反对，并有义务协办相关事务。××街和××地的房产归唐×甲所有。唐×甲可以任何方式处置这些房产，李××不得阻挠和反对，并有义务协办相关事务。儿子唐×乙归李××所有。唐×乙承担监护、抚养、教育之责。李××每月付生活费5000元。双方采取离异不离家的方式解决感情破裂的问题。为了更好地达到效果，双方均不得干涉对方的私生活和属于个人的事务。”以上文字反映了三个方面的内容：①感情已经破裂。唐×甲与李××决定分居，双方采取离异不离家的方式解决感情破裂的问题。为了更好地达到效果，双方均不得干涉对方的私生活和属于个人的事务。②对四套房产进行分割，李××每月支付生活费 5000 元。③孩子唐×乙归李××所有，唐×甲承担监护、抚养、教育之责。上述内容中，关于内容①，可以看出是双方分割财产的原因；内容②是该协议的重点，是对财产的分割；内容③是孩子的教育问题。整个协议，重点是财产的分配，没有任何双方要何时或以何种方式去办理离婚手续的内容。相反，双方为解决感情问题采用的是“离异不离家”的方式。

夫妻双方因缔结婚姻关系而组成了家庭，本协议中不离家的含义恰恰是双方维持婚姻关系意愿的表述。

离婚是夫妻双方生存期间依照法定的条件和程序解除婚姻关系的法律行为。根据我国《婚姻法》的规定，离婚的方式有两类，协议离婚与诉讼离婚。协议离婚又称双方自愿离婚，是指夫妻双方自愿离异，并就离婚的法律后果达成协议，经过有关部门认可即可解除婚姻关系。我国《婚姻法》第 31 条规定：“男女双方自愿离婚的，准予离婚。双方必须到婚姻登记机关申请离婚。婚姻登记机关查明双方确实是自愿并对子女和财产问题已有适当处理时，发给离婚证。”以上是我国《婚姻法》关于离婚的规定。对于协议离婚的条件及具体程序，《婚姻登记条例》作出了更为明确具体的规定。诉讼离婚是指夫妻双方对待离婚或离婚后子女抚养或财产分割问题不能达成协议，由一方向人民法院提起诉讼，经人民法院审理，通过调解或判决的一种离婚制度。《婚姻法》第 32 条第 1 款规定：“男女一方要求离婚的，可由有关部门进行调解或直接向人民法院提出离婚诉讼。”

婚姻关系是根据法律结成夫妻的关系，未经法律程序，任何单位、个人或夫妻双方都无权解除夫妻关系。所以，离婚协议中必须有双方要依法解除婚姻关系的条款，这是确定是否是离婚协议的必要要件。而《分居协议书》中没有只言片语谈到双方要办理离婚手续，该协议的一方李××也明确否认该协议是离婚协议，主张这只是双方的财产协议。所以，我们可以明确地认为该协议是名为分居协议实为双方的财产协议，协议中对于婚姻关系的陈述仅是对达成该协议原因的解释。

第三，该协议达成时，没有侵害其他第三方的合法权益，对夫妻双方是有效的。在其中一方死亡后，必然按照对双方有效的协议的约定，分割死亡方的财产。

所以，《分居协议书》是夫妻之间签订的财产协议，是真实有效的。

二、一审法院虽认定《分居协议书》有效但认为因唐×甲去世时仍未变更房产登记，该协议书未实际履行，故判决该房产为夫妻共同财产。该认定存在适用法律错误。

一审法院认为因唐×甲去世时仍未变更房产登记，该协议书未实际履行，依据的是《物权法》第9条规定，即“不动产物权的设立、变更、转让和消灭，经依法登记，发生效力；未经登记，不发生效力，但法律另有规定的除外。”但是，在本案中适用《物权法》的相关规定是错误的。

（一）本案关于婚内财产归属的确定应依据《婚姻法》的相关规定

《物权法》的法律适用是因物的归属和利用而产生的民事关系。而本案中对于夫妻关系存续期间取得的财产的归属，应适用《婚姻法》的规定。这就是属于《物权法》第9条“法律另有规定的除外”的情形。例如，根据《物权法》第6条、第9条“不动产物权的设立、变更、转让和消灭，应当依照法律规定登记”和“不动产物权的设立、变更、转让和消灭，经依法登记，发生效力”的规定，即根据物权法的登记主义原则，夫妻双方的房产登记在谁的名下就归谁所有，那么，该房屋应属于唐×甲个人所有财产，而不是共同财产，但是，根据《婚姻法》第17条及相关司法解释的规定，婚姻关系存续期间取得的财产原则上应为夫妻共同财产，但遗嘱或者赠与合同中明确只归一方所有的除外。夫妻关系存续期间取得的不动产，除非受继承、赠与而明确只归一方所有，否则属于共同财产。婚姻存续关系期间取得的不动产不因登记在一方名下而成为个人财产。这就是在处理婚姻关系存续期间双方所取得的财产时应依据《婚姻法》而不是《物权法》的原因。

（二）婚内财产约定的生效无须办理登记

《婚姻法》第19条规定：“夫妻可以约定婚姻关系存续期间所得的财产以及婚前财产归各自所有、共同所有或部分各自所有、部分共同所有。约定应当采用书面形式。没有约定或约定不明确的，适用本法第17条、第18条的规定。夫妻对婚姻关系存续期间所得的财产以及婚前财产的约定，对双方具有约束力。”

根据《婚姻法》上述法律规定，婚内财产约定，是基于婚姻关系而发生的法律行为，只要双方作出书面约定，即可改变约定财产的归属，而无须借助物权法上的赠与、互换、转让、登记等行为。婚内财产约定只涉及财产在夫妻双方之间的归属，仅凭约定即可确定，无须以公示作为物权变动的要件，无论是否登记，都不影响婚内财产权属的效力。无论《婚姻法》还是《物权法》都没有任何关于婚内财产协议需要办理过户方为有效的说法。

同时，《物权法》第 15 条明确规定：“当事人之间订立有关设立、变更、转让和消灭不动产物权的合同，除法律另有规定或者合同另有约定外，自合同成立时生效；未办理物权登记的，不影响合同效力。”

所以，一审判决中所谓需要办理变更登记才是实际履行的说法没有事实和法律依据。无论是否办理变更登记，即一审法院所称的实际履行，分居协议都是有效的。

（三）一审判决认定合同有效，但认为由于一方去世未办理过户（即未履行），就应按照共同财产进行认定分割的推论实际上是否认了合同的有效，其推论不合逻辑，是错误的。

首先，按照一审判决的逻辑，协议是否履行成了协议有效与否或解除的条件。

根据《合同法》第 52 条规定的合同无效的条件，可知合同履行与否不是合同是否有效的条件。根据《合同法》第 91 条、第 94 条的规定均可知合同履行与否也不是合同解除的条件。法院不能因合同没履行就判决解除。

其次，有效的合同不因合同一方的死亡就导致合同的无效或解除。

《合同法》第 52 条、第 54 条规定了合同无效和可撤销的条件，《合同法》第 94 条规定了合同可解除的条件，上述条款均未规定合同一方的死亡就导致合同的无效或解除。依照《合同法》的规定，协议在有效的情况下，合同权利与义务的终止，仅为第 91 条规定的 7 种情况，即使合同一方去世或作为法人的当事人订立合同后合并或分立的也应由其权利义务的继承人继续履行，合同之债并未消灭。法院不能因一方的死亡而解除合同，协议是否有效或继续履行不以合同一方是否死亡为条件。

综上，本案××中心房屋虽未变更到李××名下，但并不影响《分居协议书》的合法有效。××中心房屋在该协议书双方签字后便已归属于李××。因此，该房屋不属于唐×甲与李××的共同财产，不属于遗产继承范围。一审法院的相关判决无事实及法律依据，属于适用法律错误，根据《民事诉讼法》的相关规定，请求二审法院依法撤销，改判位于北京市××区×路××号××中心×座×单元×号房屋为上诉人李××个人所有，不属于遗产继承范围。

三、××中心房屋作为李××个人所有后，因该房屋使用夫妻共同收入偿还贷款，现对贷款中属于唐×甲个人财产部分计算如下：根据提供房屋贷款的××银行还贷计划一览表，2003 年 3 月唐×甲贷款 126 万元，本息合计：8343.31×240＝22 002 394.40 元。4 月 20 日首次还贷，至《分居协议书》签订之日 2010 年 10

月2日，双方共还贷款90个月，即8343.31×90=750 897.90元；从《分居协议书》签订后至唐×甲去世之日（2011年9月16日），双方共还贷款11个月（2010年10月20日至2011年8月20日），此期间共还贷款本息8343.31×11=91 776.41元，至唐×甲去世时未还清贷款本息合计1 159 720.09元。从《分居协议书》签订后至唐×甲去世之日所还贷款的款项为唐×甲、李××共同财产，其中属于唐×甲的款为91 776.41÷2=45 888.20元，对于这部分款项我方同意按照法定继承方式予以分割。45 888.2÷3=15 296.06元归被上诉人。

四、因被上诉人所申请评估的房产全部不是遗产范围，故应由被上诉人承担全部鉴定评估费。

此致

北京市第×中级人民法院

上诉代理人：田×

2014年8月13日

（三）二审民事判决书

××人民法院

民事判决书

（××××）××字第××号

上诉人（原审被告）：金利达货运代理（北京）有限公司，住所地北京市朝阳区黑庄户乡大鲁店一村村委会东200米。

法定代表人：杨×全，经理。

委托代理人：雷×云，男，出生年月（略），汉族，金利达货运代理（北京）有限公司法律顾问，住金利达货运代理（北京）有限公司宿舍。

委托代理人：杨×林，北京市东元律师事务所律师。

被上诉人（原审原告）：刘×利，男，年月出生（略），汉族，住址（略）。

委托代理人：金×，北京市大成律师事务所律师。

上诉人金利达货运代理（北京）有限公司（以下简称金利达公司）因与被上诉人刘×利运输合同纠纷一案，不服北京市××区人民法院（2011）××初字第××号民事判决，向本院提起上诉。本院于2011年8月8日受理后，依法组成由法官孙××担任审判长，法官李×、郑××参加的合议庭进行了审理。本案现已审理终结。

刘×利在一审中起诉称：刘×利分别在2007年12月23日和2008年4月13日通过金利达公司向俄罗斯发货2票，合计61包，总计17.146立方米。截至2009年12月9日，刘×利只在2008年11月26日收到2008年4月13日发的货5

包（其中1包少6件），其余56包均未收到（已丢失）。按照约定，金利达公司应向刘×利赔偿货值7909.25美元，退还运费148.78美元，合计8058.03美元。刘×利于2009年12月9日向金利达公司发出《货物丢失索赔申请》，要求金利达公司向其赔偿8058.03美元。金利达公司的法定代表人杨×全于2010年5月14日在该申请单上签字并表明上述赔偿总计8058.03美元，并承诺在2010年8月给付一部分，余下的在9月末全部付清。但直到诉讼时，仍未支付。故诉至法院，请求法院判令金利达公司赔偿7909.25美元，退还运费148.78美元，总计8058.03美元（按立案之日，1美元折合人民币6.6元计算，折合人民币53 182元），并承担本案的诉讼费用。

金利达公司在一审中答辩称：杨×全所写的内容并不表明金利达公司对《货物丢失索赔申请》的确认，不能证明杨×全的行为系金利达公司的行为，也不能证明刘×利委托金利达公司运输了涉案物品。

一审法院审理查明：2007年12月24日，刘×江代表刘×利委托金利达公司运送货物至圣彼得堡，货号为TY0205-23-44，货物为马甲、裤子、风衣、牛仔马甲，共计44包，体积为12.347立方米，运费为9631美元。2008年4月16日，孟×荣代表刘×利委托金利达公司运送货物至俄罗斯，货号为TY0205-13-17，货物为男士马甲，共计17包，体积为4.799立方米，运费为5519美元。

后上述货物均未交付给收货人刘×利。

2009年12月9日，刘×利向金利达公司提交《货物丢失索赔申请》，内容为：对于运单号为TY0205-23-44票货，金利达公司应赔偿货值6173.50美元；对于运单号为TY0205-13-17票货，金利达公司应赔偿货值1735.75美元，退还运费148.78美元，合计1884.53美元；对于上述两票货，金利达公司应赔偿货值7909.25美元，退还未到货收取运费148.78美元，合计8058.03美元。2010年5月14日，杨×全代表金利达公司在该申请上签字，并注明："我8月份付您一部分（8058.03美元），9月末和姐的一起付齐。"

金利达公司至今未支付上述款项。

一审法院判决认定：刘×利与金利达公司之间形成的运输合同，系双方当事人的真实意思表示，内容不违反法律、行政法规的强制性规定，属合法有效。双方均应依据《中华人民共和国合同法》的规定和合同的约定行使权利，履行义务。金利达公司未按合同约定履行交付货物的义务，应当退还运费，并赔偿货物价值，杨×全亦代表金利达公司承诺于2010年9月末付清。现金利达公司未能履行上述承诺，刘×利有权请求其履行上述承诺。故对于刘×利要求金利达公司赔偿货物价值和运费的诉讼请求，于法有据，证据充分，法院予以支持。刘×利要求按立案之日的汇率计算，本案立案于2011年4月19日，当日的汇率为1美元折合人民币6.5346元，法院按照查明的汇率进行计算。对于金利达公司的抗辩意见，缺乏事实与法律依据，法院不予采纳。综上，依照《中华人民共和国合同法》第113条第1款、第312条之规定，判决：一、金利达货运代理（北京）有限公司于判决生效后10日内向刘×利支付52 656元；二、驳回原告刘×利的其他诉讼请求。如果未按判决指定的期间履行给付金钱义务，应当依照《中华人民共和国民事诉讼法》第229条之规定，加倍支付迟延履行期间的债务利息。

金利达公司不服一审法院上述民事判决，向本院提起上诉，其主要上诉理由是：一审法院判决认定事实不清，适用法律错误。一、刘×利提交《货物丢失索赔申请》，没有向金利达公司提交，《货物丢失索赔申请》上仅有杨×全经理个人的签字，事实不清；二、金利达公司收取客户货物，应当给刘×利出具收货清单，而刘×利没有提交上述单据。货物是否在杨×全在《货物丢失索赔申请》上签字后又被刘×利领取，货物是否真正丢失，该事实不清。故金利达公司请求二审法院撤销一审法院判决，依法改判驳回刘×利的诉讼请求，并由刘×利承担一、二审诉讼费用。

刘×利服从一审法院上述民事判决。

本院经审理查明的事实与一审法院查明的事实一致。

上述事实，有刘×利提交的《货物丢失索赔申请》、运单、收货单和当事人陈述意见在案佐证。

本院认为：金利达公司收取刘×利货物代为运输，金利达公司即与刘×利之间建立了运输合同关系，该运输合同关系系双方当事人的真实意思表示，形式和内容不违反法律、行政法规的强制性规定，应为有效。双方均应依约履行己方义务。金利达公司未按合同约定履行交付货物的义务，应当退还运费，并赔偿刘×利的经济损失。杨×全作为金利达公司的法定代表人既代表金利达公司承诺于2010年9月末付清赔款，金利达公司就应按照其承诺的时间和金额赔偿刘×利上述损失。现金利达公司未能履行上述承诺，刘×利有权请求其支付赔偿款。金利达公司上诉认为，货物是否在杨×全在《货物丢失索赔申请》上签字后又被刘×利领取，货物是否真正丢失，该事实不清，但其并未对此提供证据，故金利达公司的上诉理由不能成立，本院对其上诉请求不予支持。刘×利要求金利达公司赔偿货值和运费，事实清楚，证据充分，理由正当，本院予以支持。综上，一审法院判决认定事实清楚，适用法律正确，处理并无不当，本院应予维持。依照《中华人民共和国民事诉讼法》第153条第1款第1项之规定，判决如下：

驳回上诉，维持原判。

一审案件受理费565元，由刘×利负担7元（已交纳），由金利达货运代理（北京）有限公司负担558元（于本判决生效后7日内交至一审法院）。

二审案件受理费1116元，由金利达货运代理（北京）有限公司负担（已交纳）。

本判决为终审判决。

审判长　孙××
代理审判员　李　×
代理审判员　郑××
××××年××月××日
书记员　宋××

七、"法律实务综合模拟平台"的操作指导

在教师的指导下学生通过电脑，利用校园网上的"法律实务综合模拟平台"进行训练。这是本课程最具特点和最重要的训练方式，要求老师、学生积极配合，并且在课堂教学时间不够的情况下能够利用课下的时间在有电脑和能上网的地方通过互联网平台训练，才能达到应有的训练效果。这种训练也突破了传统教学对时空的依赖。

第三章 民事诉讼再审诉讼流程实训

一、训练目标

第一，通过训练，熟悉和掌握民事再审的启动程序。民事再审的启动方式主要有三种：当事人申请再审、法院自己纠错启动再审、检察院通过抗诉或者提出检察建议而启动再审。

第二，通过训练，熟悉和掌握对民事再审申请的审查程序，再审审查程序主要有三种：法院对当事人再审申请的审查，检察院对当事人申请抗诉或者申请提出检察建议的审查，以及法院对检察院检察建议和抗诉的审查。

第三，学习再审程序中的各种诉讼文书的写作，如《再审申请书》《检察建议书》《抗诉书》等。

二、训练前的准备

（一）关于再审的几个重要程序知识点

再审程序，又称审判监督程序，是指人民法院对已经发生法律效力的判决、裁定或调解书，发现确有错误，依法对案件再行审理所适用的程序。审判监督程序是一种特殊的纠错程序，不是民事诉讼必经程序，也不是独立审级。民事再审程序是相对复杂的程序。

再审程序与一审程序、二审程序的区别：①提起诉讼的主体方面，提起审判监督程序的主体，包括各级人民法院院长和审判委员会、上级人民法院、最高人民法院、最高人民检察院、上级检察院或者由当事人申请再审等。而一审程序只能由原告提起，二审程序则由上诉人提起。②审理的对象方面，审判监督程序的审理对象是已经生效但确有错误的判决、裁定或调解书。而一审程序的审理对象则是当事人之间发生纠纷的权利义务关系。二审程序审理对象是各级人民法院尚未生效的裁判。③提起诉讼的原因方面，提起审判监督程序是因为发现已生效的判决、裁定或调解确有错误，或符合当事人申请再审的条件，为了纠正错误而提起。提起一审程序是因为民事权益受到侵犯或与他人发生争议，二审程序则是由于当事人不服一审判决或裁定。④提起诉讼的时间方面，提起再审程序，对有权提出再审的人民法院和人民检察院，无法定时间限制。但当事人申请再审，通常情况下应在判决、裁定发生法律效力后6个月内提出。提起一审程序无此时间限制。提起二审程序，受法定上诉期限的限制，不服判决的上诉期限为15日，不服裁定的上诉期限为 10 日。⑤审理的法院方面，审理再审案件的法院可以是原审法院，也可以是原审法院的上级法院，即各级人民法院均可审理。审理第一审案件，只能依法由有管辖权的人民法院审理。审理第二审案件，由原审人民法院的上一级人民法院进行。

适用的程序方面，审判监督没有独立的程序，再审案件要根据审判对象的不同来确定是适用一审程序还是二审程序。而第一审程序和第二审程序，是民事诉讼的两个审级，属于正常的审判程序。

（二）再审部分的程序设计繁复、精致

关于再审程序的设计，可以仔细研读《民事诉讼法》及相关的司法解释中对于民事再审的程序规定，在此不再赘述。

法条链接

《中华人民共和国民事诉讼法》

第十六章　审判监督程序

第一百九十八条　各级人民法院院长对本院已经发生法律效力的判决、裁定、调解书，发现确有错误，认为需要再审的，应当提交审判委员会讨论决定。

最高人民法院对地方各级人民法院已经发生法律效力的判决、裁定、调解书，上级人民法院对下级人民法院已经发生法律效力的判决、裁定、调解书，发现确有错误的，有权提审或者指令下级人民法院再审。

第一百九十九条　当事人对已经发生法律效力的判决、裁定，认为有错误的，可以向上一级人民法院申请再审；当事人一方人数众多或者当事人双方为公民的案件，也可以向原审人民法院申请再审。当事人申请再审的，不停止判决、裁定的执行。

第二百条　当事人的申请符合下列情形之一的，人民法院应当再审：

（一）有新的证据，足以推翻原判决、裁定的；

（二）原判决、裁定认定的基本事实缺乏证据证明的；

（三）原判决、裁定认定事实的主要证据是伪造的；

（四）原判决、裁定认定事实的主要证据未经质证的；

（五）对审理案件需要的主要证据，当事人因客观原因不能自行收集，书面申请人民法院调查收集，人民法院未调查收集的；

（六）原判决、裁定适用法律确有错误的；

（七）审判组织的组成不合法或者依法应当回避的审判人员没有回避的；

（八）无诉讼行为能力人未经法定代理人代为诉讼或者应当参加诉讼的当事人，因不能归责于本人或者其诉讼代理人的事由，未参加诉讼的；

（九）违反法律规定，剥夺当事人辩论权利的；

（十）未经传票传唤，缺席判决的；

（十一）原判决、裁定遗漏或者超出诉讼请求的；

（十二）据以作出原判决、裁定的法律文书被撤销或者变更的；

（十三）审判人员审理该案件时有贪污受贿，徇私舞弊，枉法裁判行为的。

第二百零一条　当事人对已经发生法律效力的调解书，提出证据证明调解违反自愿原则或者调解协议的内容违反法律的，可以申请再审。经人民法院审查属实的，应当再审。

第二百零二条　当事人对已经发生法律效力的解除婚姻关系的判决、调解书，不得申请再审。

第二百零三条　当事人申请再审的，应当提交再审申请书等材料。人民法院应当自收到再审申请书之日起五日内将再审申请书副本发送对方当事人。对方当事人应当自收到再审申请书副本之日起十五日内提交书面意见；不提交书面意见的，不影响人民法院审查。人民法院可以要求申请人和对方当事人补充有关材料，询问有关事项。

第二百零四条　人民法院应当自收到再审申请书之日起三个月内审查，符合本法规定的，裁定再审；不符合本法规定的，裁定驳回申请。有特殊情况需要延长的，由本院院长批准。

因当事人申请裁定再审的案件由中级人民法院以上的人民法院审理，但当事人依照本法第一百九十九条的规定选择向基层人民法院申请再审的除外。最高人民法院、高级人民法院裁定再审的案件，由本院再审或者交其他人民法院再审，也可以交原审人民法院再审。

第二百零五条　当事人申请再审，应当在判决、裁定发生法律效力后六个月内提出；有本法第二百条第一项、第三项、第十二项、第十三项规定情形的，自知道或者应当知道之日起六个月内提出。

第二百零六条　按照审判监督程序决定再审的案件，裁定中止原判决、裁定、调解书的执行，但追索赡养费、扶养费、抚育费、抚恤金、医疗费用、劳动报酬等案件，可以不中止执行。

第二百零七条　人民法院按照审判监督程序再审的案件，发生法律效力的判决、裁定是由第一审法院作出的，按照第一审程序审理，所作的判决、裁定，当事人可以上诉；发生法律效力的判决、裁定是由第二审法院作出的，按照第二审程序审理，所作的判决、裁定，是发生法律效力的判决、裁定；上级人民法院按照审判监督程序提审的，按照第二审程序审理，所作的判决、裁定是发生法律效力的判决、裁定。

人民法院审理再审案件，应当另行组成合议庭。

第二百零八条　最高人民检察院对各级人民法院已经发生法律效力的判决、裁定，上级人民检察院对下级人民法院已经发生法律效力的判决、裁定，发现有本法第二百条规定情形之一的，或者发现调解书损害国家利益、社会公共利益的，应当提出抗诉。

地方各级人民检察院对同级人民法院已经发生法律效力的判决、裁定，发现有本法第二百条规定情形之一的，或者发现调解书损害国家利益、社会公共利益的，可以向同级人民法院提出检察建议，并报上级人民检察院备案；也可以提请上级人民检察院向同级人民法院提出抗诉。

各级人民检察院对审判监督程序以外的其他审判程序中审判人员的违法行为，有权向同级人民法院提出检察建议。

第二百零九条　有下列情形之一的，当事人可以向人民检察院申请检察建议或者抗诉：

（一）人民法院驳回再审申请的；

（二）人民法院逾期未对再审申请作出裁定的；

（三）再审判决、裁定有明显错误的。

人民检察院对当事人的申请应当在三个月内进行审查，作出提出或者不予提出检察建议或者抗诉的决定。当事人不得再次向人民检察院申请检察建议或者抗诉。

第二百一十条　人民检察院因履行法律监督职责提出检察建议或者抗诉的需要，可以向当事人或者案外人调查核实有关情况。

第二百一十一条　人民检察院提出抗诉的案件，接受抗诉的人民法院应当自收到抗诉书之日起三十日内作出再审的裁定；有本法第二百条第一项至第五项规定情形之一的，可以交下一级人民法院再审，但经该下一级人民法院再审的除外。

第二百一十二条　人民检察院决定对人民法院的判决、裁定、调解书提出抗诉的，应当制作抗诉书。

第二百一十三条　人民检察院提出抗诉的案件，人民法院再审时，应当通知人民检察院派员出席法庭。

三、再审训练的主要环节

(一) 再审的启动方式之一：法院启动再审

1. 人民法院提起再审的条件

(1) 原审的生效裁判、调解确有错误，法院发现原生效裁判、调解书确有错误，认为需要再审的，符合法定条件并经过法定程序审查后可启动再审。最高人民法院《关于适用〈中华人民共和国民事诉讼法〉审判监督程序若干问题的解释》第30条规定，当事人未申请再审、人民检察院未抗诉的案件，人民法院发现原判决、裁定、调解协议有损害国家利益、社会公共利益等确有错误情形的，应当提起再审。

(2) 法定的相关法院有权启动再审（下文将述及）。

(3) 提起再审的对象是法院制作的生效判决书、裁定书和调解书。人民法院对生效的判决书和调解书皆可提起再审。

(4) 原则上，错误的生效裁定皆可再审，包括不予受理的裁定、驳回起诉的裁定、保全的裁定和先予执行的裁定等。但是，管辖权异议裁定、撤销仲裁裁决的裁定和不予执行仲裁裁决的裁定不可再审。

2. 人民法院提起再审的程序

(1) 本院再审，各级法院院长对本院已生效的判决、裁定、调解书，发现确有错误，认为需要再审的，应当提交审判委员会讨论决定是否再审。

(2) 提审和指定再审，最高人民法院对地方各级法院已生效的判决、裁定、调解书，上级法院对下级法院已生效的判决、裁定、调解书，发现确有错误的，有权提审或指令下级法院再审。其中，由二审法院判决、裁定的案件，上级法院需要指令再审的，应当指令二审法院再审。

(二) 再审的启动方式之二：检察院启动再审

1. 抗诉的对象

人民检察院针对三种情况可提出抗诉：①生效判决；②生效裁定；③损害国家利益、社会公共利益的生效调解书。

2. 抗诉的事由

生效的判决或者裁定有下述事由之一的，人民检察院可以提出抗诉（法律规定总共13种事由，此处归纳为6大类）。

(1) 证据违法的事由。有新的证据，足以推翻原判决、裁定的；原判决、裁定认定的基本事实缺乏证据证实的；原判决、裁定认定事实的主要证据是伪造的；原判决、裁定认定事实的主要证据未经质证的；对审理案件需要的主要证据，当事人因为客观原因不能自行收集，书面申请法院调查收集，人民法院未调查收集的。

（2）法律适用的事由。原判决、裁定适用法律确有错误的，人民检察院可以提起抗诉。其法定情形包括：适用的法律与案件性质明显不符的；确定民事责任明显违背当事人约定或者法律规定的；适用已经失效或尚未施行的法律的；违反法律溯及力规定的；违反法律适用规则的；明显违背立法本意的。

（3）程序违法的事由。审判组织的组成不合法或者依法应当回避的审判人员没有回避的；无诉讼行为能力当事人未经法定代理人代为诉讼或者应当参加诉讼的当事人，因不能归责于本人或者其诉讼代理人的事由，未参加诉讼的；违反法律规定，剥夺当事人辩论权利的；未经传票传唤，缺席判决的。其中，剥夺当事人辩论权利，是指原审庭审过程中审判人员不允许当事人行使辩论权利，或者以不送达起诉状副本或上诉状副本等其他方式，致使当事人无法行使辩论权利。但是，依法缺席审理，依法径行判决、裁定的除外。

（4）诉讼请求的事由。原判决、裁定遗漏或者超出诉讼请求的，人民检察院可以提起抗诉。

（5）裁判依据的事由。据以作出原判决、裁定的法律文书被撤销或者变更的，人民检察院可以提出抗诉。

（6）法官职业道德的事由。审判人员在审理该案件时有贪污受贿、徇私舞弊、枉法裁判行为的，人民检察院可以提起抗诉，法院应当再审。

（三）再审的启动方式之三：当事人申请启动再审

1. 当事人申请再审的条件

（1）申请再审的主体。有权提出再审的主体包括原告、被告、上诉人、被上诉人、有独立请求权的第三人、判决承担民事责任的无独立请求权的第三人。无民事行为能力人、限制民事行为能力人的法定代理人，可以代理当事人提出再审的申请。另外相关司法解释还规定：案外人对原判决、裁定、调解书确定的执行标的物主张权利，且无法提出新的诉讼解决争议的，可以申请再审。

（2）申请再审的对象。已经生效的错误判决和违反自愿、合法原则的调解，都可申请再审。一般认为，下列生效裁定若有错误也可以适用再审程序：不予受理裁定、驳回起诉裁定。不得申请再审的案件有：按特别程序、督促程序、公示催告程序、破产程序审理的案件。根据《民诉法解释》第 283、401 条之规定，这些救济途径用尽的案件不能申请再审，具体包括：①再审申请被驳回后再次提出申请的（已驳回）；②对再审判决、裁定提出申请的（已再审）；③在人民检察院对当事人的申请作出不予提出再审检察建议或者抗诉决定后又提出申请的（已检察）；④再审申请人撤回再审申请或者法院撤回再审申请处理后，再次提出再审申请的（已撤回），但是有《民事诉讼法》第 200 条第 1 项、第 3 项、第 12 项、第 13 项规定情形，自知道或者应当知道之日起 6 个月内提出的除外。已经生效的解除婚姻关系的判决、调解书，不得申请再审。但对于其中的财产分割问题，如果涉及判决中已分割的财产，可申请再审；如果涉及判决中未作处理的夫妻共同财产，当事人应当另行起诉。对法院的决定不可申请再审，对法院裁定、决定进行复议后的结果也不可申请再审。

2. 申请再审的事由

对于判决和裁定，当事人申请再审的事由与前述抗诉事由完全相同，即符合《民事诉讼法》第 200 条及相关司法解释的规定。可申请再审的调解，要有证据证明生效的调解书违反自愿原则或者协议的内容违反法律的规定。

3. 申请再审的期限

（1）当事人申请再审，应当在判决、裁定发生法律效力后 6 个月内提出。有下列情形之一的，自知道或者应当知道之日起 6 个月内提出：①有新的证据，足以推翻原判决、裁定的；②原判决、裁定认定事实的主要证据是伪造的；③据以作出原判决、裁定的法律文书被撤销或者变更的；④审判人员审理该案件时有贪污受贿、徇私舞弊、枉法裁判行为的。

（2）申请再审期间不适用诉讼时效的中止、中断和延长的规定。

4. 申请再审的管辖法院

当事人对已经发生法律效力的判决、裁定，认为有错误的，可以向原审人民法院的上一级人民法院申请再审；当事人一方人数众多或者当事人双方为公民的案件，也可以向原审人民法院申请再审。当事人申请再审的，不停止判决、裁定的执行。

5. 申请再审的方式

当事人应当以书面方式申请再审，应当提交再审申请书及其副本、已生效的判决书、裁定书或调解书、身份证明、相关证据等材料。

（四）法院对当事人申请再审的审查程序

1. 一般处理

法院接到当事人的再审申请后，在 3 个月内进行审查，有特殊情况需要延长的，由本院院长批准。经审查认为当事人的再审申请不合法的，裁定驳回其再审申请；认为当事人的再审申请符合法定情形的，裁定再审。

2. 特殊处理

在法院审查再审申请期间，检察院又依职权对该案提起抗诉的，法院应当终结对再审申请的审查，直接作出再审裁定。在法院审查再审申请期间，对方当事人也提出再审申请的，法院应当将双方当事人都列为申请再审人一并审查。

（五）检察院抗诉和检察建议的启动程序

1. 抗诉与检察建议的程序

检察院提起民事抗诉或者提出检察建议，是人民检察院进行民事诉讼监督的两种基本方式。

2. 检察院与法院的对应关系

最高人民检察院与上级人民检察院的抗诉。最高人民检察院对各级法院已生效的判决、裁定，发现符合抗诉情形的，应当向最高人民法院提出抗诉。上级检察院对下级法院已生效的判决、裁定，发现符合抗诉情形的，应当向同级法院提出抗诉。

同级人民检察院的检察监督。地方各级检察院对同级法院生效的判决、裁定，发现符合抗诉情形的，可以向同级法院提出检察建议或者提请其上级检察院提出抗诉。

3. 抗诉与检察建议的方式

检察院提出抗诉与检察建议没有时间限制，且必须采用书面形式，即提交抗诉书或者检察建议书。

4. 检察监督的相关制度

人民检察院的调查核实权。检察院因履行法律监督职责提出检察建议或者抗诉的需要，可以向当事人或者案外人调查核实有关情况。调查核实的情况在再审中应当予以出示并说明，由双方当事人进行质证。

听证制度。人民检察院审查民事诉讼监督案件，认为确有必要的，可以组织有关当事人听证。

其他制度。人民检察院审查民事诉讼监督案件时，适用回避制度、诉讼代理制度和当事人和解制度等。

（六）当事人申请抗诉或检察建议启动程序

1. 当事人的申请

（1）当事人可以向检察院申请抗诉或检察建议的情形有：①法院驳回再审申请的；②法院逾期未对再审申请作出裁定的；③再审判决、裁定有明显错误的。

（2）检察院对当事人的申请应当在3个月内进行审查，作出提出或者不予提出检察建议或者抗诉的决定。

（3）当事人向检察院的申请检察建议或抗诉权，只得行使一次。

2. 检察院的管辖

（1）当事人基于再审问题向人民检察院申请检察建议或者抗诉，由作出生效判决、裁定、调解书的人民法院所在地的同级人民检察院受理。

（2）当事人认为民事审判程序中审判人员存在违法行为或者民事执行活动存在违法情形，向人民检察院申请监督的，由审理、执行案件的人民法院所在地同级人民检察院受理。

（七）法院对检察院抗诉或者检察院检察建议的处理

注意：法院对检察院抗诉或者检察院检察建议的处理分为两种情况，一是直接受理；二是审查后决定是否受理。其区别是，法院对于检察院依职权的抗诉或者依据监察委员会的讨论决定的再审检察建议应当直接受理；对于检察院依据当事人申请向同级法院提出的检察建议，法院应当审查，符合条件的应予受理。

第一，对于人民检察院依据职权提出抗诉的案件，接受抗诉的法院应当自收到抗诉书之日起 30 日内作出再审的裁定。对于检察院的抗诉，只要符合形式要件，法院必须再审，不得作出驳回的裁定。

第二，依据《民诉法解释》第 416 条，法院对检察院依据当事人的申请向人民法院提出的检察建议应当审查，符合条件的应予受理，不符合条件的可以建议人民检察院予以补正或者撤回；不予补正或者撤回的，应当函告检察院不予受理。具体规定如下：

“地方各级人民检察院依当事人的申请对生效判决、裁定向同级人民法院提出再审检察建议，符合下列条件的，应予受理：①再审检察建议书和原审当事人申请书及相关证据材料已经提交；②建议再审的对象为依照民事诉讼法和本解释规定可以进行再审的判决、裁定；③再审检察建议书列明该判决、裁定有民事诉讼法第 208 条第 2 款规定情形；④符合民事诉讼法第 209 条第 1 款第 1 项、第 2 项规定情形；⑤再审检察建议经该人民检察院检察委员会讨论决定。不符合前款规定的，人民法院可以建议人民检察院予以补正或者撤回；不予补正或者撤回的，应当函告人民检察院不予受理。”

第三，人民检察院依法对损害国家利益、社会公共利益的发生法律效力的判决、裁定、调解书提出抗诉，或者经人民检察院检察委员会讨论决定提出再审检察建议的，人民法院应予受理（参见《民诉法解释》第 413 条的规定）。

第四，人民检察院依照《民事诉讼法》第 209 条第 1 款第 3 项规定对有明显错误的再审判决、裁定提出抗诉或者再审检察建议的，人民法院应予受理。

（八）再审案件的审判程序

1. 再审法院的确定

法院启动再审的案件，由决定再审的法院、提审法院或被指令再审的法院进行再审。

当事人申请再审的案件，因当事人申请裁定再审的案件由中级人民法院以上的法院审理。但是，针对当事人一方人数众多或者当事人双方为公民的案件，当事人选择向作为原审的基层人民法院申请再审的，由基层人民法院进行审理。最高人民法院、高级人民法院裁定再审的案件，由本院再审或者交其他法院再审，也可以交原审法院再审，但都应当是中级以上的人民法院审理。

检察院抗诉的案件，由接受抗诉的人民法院进行再审。属于《民事诉讼法》第200条规定的第1~5项抗诉情形的（即涉及证据违法的五种情形），可以交下一级法院再审，但已经经过该下一级法院再审的案件除外。

2. 再审程序的开始

（1）启动再审文书的样式。法院系统自行启动再审的，适用决定；因当事人申请再审和检察院抗诉引发再审的，适用裁定。

（2）再审导致执行中止。法院正式裁定或决定再审的，原生效裁判执行中止。但是，追索赡养费、扶养费、抚育费、抚恤金、医疗费用、劳动报酬等案件，可以不中止执行。

3. 撤回抗诉、撤回再审申请与撤回起诉的情况处理

（1）撤回抗诉。人民检察院撤回抗诉的，法院应当准许。再审过程中，申请抗诉的当事人经传票传唤，无正当理由拒不到庭的，或者未经法庭许可中途退庭的，如果不涉及国家利益、社会公共利益或第三人利益，法院应当裁定终结再审程序。

（2）撤回再审申请。再审过程中，申请人撤回再审申请的，是否准许由法院裁定，裁定准许的应当终结再审程序。申请人经传票传唤，无正当理由拒不接受询问的，可裁定按撤回再审申请处理。

（3）撤回起诉。一审原告在再审审理中申请撤回起诉，经其他当事人同意，且不损害国家利益、社会公共利益、他人合法权益的，法院可以准许。裁定准许撤诉的，应当一并撤销原判决。在再审程序中，原告撤诉后不得再次起诉。

4. 再审审理的程序

（1）一审或二审程序的选择。再审程序没有独立的程序设置，原来是一审的，按一审程序审理，所作裁判可以上诉；原来是二审或者上级法院提审的，按二审程序审理，所作裁判是终审，不可上诉。

（2）审判组织。审理再审案件必须适用合议制，且另行组成合议庭，原合议庭成员不得参加。

（3）审理方式。法院审理再审案件应当开庭审理，符合缺席审理条件的，可以缺席审理。但按照二审程序审理的，有特殊情况或者双方当事人已经通过其他方式充分表达意见且书面同意不公开审理的除外。对于人民检察院抗诉的再审案件，再审时检察院应当派员出席法庭。

5. 再审后的处理

（1）一般处理。按审判监督程序进行再审后的案件，由再审的人民法院在作出新的判决、裁定中确定是否撤销、改变或者维持原判决、裁定。

（2）再审的审理范围。法院审理再审案件应当围绕再审申请人有关事实和适用法律等主张进行审理。当事人的再审请求超出原审诉讼请求的，不予审理；符合另案诉讼条件的，告知当事人可以另行起诉。

（3）再审调解。再审程序中可以适用调解，调解结案后原裁判即视为撤销。

（4）特殊情况的处理。人民法院提审或按照第二审程序再审的案件，在审理中发现原一、二审判决违反法定程序的，可分情况处理：

认为不符合《民事诉讼法》规定的受理案件的，裁定撤销一、二审判决，驳回起诉。具有违反法定程序的情况，可能影响案件正确判决、裁定的，裁定撤销一、二审判决，发回原审法院重审。

必须共同进行诉讼的当事人有证据证明因不能归责于本人或者其诉讼代理人的事由未参加诉讼的，可以申请再审。按照一审程序再审的，应当追加其为当事人，作出新判决；按照二审程序再审，经调解不能达成协议的，应当撤销原判，发回重审，重审时应追加其为当事人。

四、训练素材

案件名称：原告Z公司诉被告S公司、被告N公司买卖合同纠纷案

案由：买卖合同纠纷

诉讼类型：民事再审程序

【争议焦点】

一方在合同上加盖公司公章并指定了收货人，是否可以将其认定为合同实际履行人。

【案情简介】

2011年4月28日，S公司受N公司副总经理赵×请求，在卖方名称为Z公司、买方名称为D公司的《采购合同》（以下简称A合同）之买方落款处加盖公章。A合同约定：货物总计为988㎡，总金额为160万元，收货联系人为N公司

员工袁×，交货地点为N公司施工现场。

2011年5月及6月，Z公司4次发货合计770㎡，货均由袁×签收。

2011年5月27日，N公司职员杨×代表赵×给S公司写下《承诺函》，承诺凡S公司因A合同需要承担的一切责任与义务，都由N公司承担。

2011年6月11日，N公司通过传真方式与Z公司签订《补充协议》，但Z公司只持有该协议传真件。

2011年8月5日和9月23日，N公司共支付Z公司货款40万元，之后Z公司未再收到款项。

Z公司多次追偿未果遂诉至呼和浩特市××区人民法院。

【一审判决】

诉讼中，N公司对赵×请求S公司盖章的事实，对《承诺函》、对杨×员工身份、对《补充协议》均不认可。

一审法院判决：①S公司、N公司给付Z公司欠款×元，支付违约金×元；②驳回Z公司其他诉讼请求。

【二审判决】

S公司、N公司向呼和浩特市中级人民法院上诉。

二审中，N公司提供了其与Z公司签订于2011年7月26日的《采购合同》（以下简称B合同），约定N公司向Z公司购买货物（该货物与A合同货物种类相同），金额为40万元。N公司称：40万元是S公司要求垫付的，两合同货物虽用在同一工程，但B合同已经付清了货款，与本案的诉讼标的无关。

二审判决：①S公司给付Z公司欠款×元并支付违约金×元；②驳回Z公司对N公司的诉讼请求；③驳回Z公司其他诉讼请求。

【再审申请】

二审判决作出后，律师程×代理S公司向内蒙古自治区高级人民法院申请再审。

听证程序中，N公司承认：①其所支付的40万元即A合同所约定的货款；②N公司自愿支付A合同所约定的货款；③因为N公司不是A合同记载的当事人，为了在符合财务规则的情况下履行A合同，N公司于是签订B合同。

内蒙古高级人民法院遂作出裁定，指令呼和浩特市中级人民法院再审本案。

【再审】

呼和浩特市中级人民法院再审程序中，Z公司亦称：B合同并非N公司与Z公司签订的真实供货合同。

再审中，律师程×提交了新证据，并精心设计代理思路。

再审法院认为：本院二审判决认定事实不清，适用法律不当。原一审法院判决认定事实清楚，适用法律正确。S公司的再审申请理由部分成立。

再审判决：①撤销原二审判决；②维持一审判决。

【办案总结】

对案件事实、细节的详细准确了解，对合同标的物所涉专业领域有关知识相当程度的把握，对案件代理工作至关重要。本案中，律师程×基于对案情、细节的熟练掌握，并通过对所涉货物专业背景知识的补充了解，在再审听证及再审审理过程中，及时、准确地发现并指出了对方当事人虚假陈述的不实和矛盾之处，通过精心应对，使得对方当事人不得不在一定程度上自认了案件实情。

不辞辛苦、穷尽一切可能进行细致入微的调查取证，对案件代理至关重要。本案中，律师程×及时奔赴多地寻找本案所涉交易的知情人，获取还原案件事实、有利于本方当事人的证人证言，并通过多种合法途径调查对方当事人的信息，获得与本案有关的对方当事人相应的自认情节，并及时进行固定，还原了案件事实真相，否定了对方当事人的虚假陈述。

再审中，程×根据新证据指出：

第一，依据N公司事后在其网站上所作陈述，N公司已经自认其为2011年4月28日《采购合同》所涉工程的承包人、施工人，因此，N公司是2011年4月28日《采购合同》的实际履行方及施工方，应当独自承担给付款Z公司欠款及违约金的责任。

第二，N公司在履行2011年4月28日《采购合同》及施工过程中，作为合同当事人自主终止了该合同，变换工程材料，直接与其他供货商另行订立合同，说明对于2011年4月28日《采购合同》来说，N公司是掌握主动权、控制权的真正合同当事人。

第三，N公司再审听证中自认其所自愿支付的40万元即2011年4月28日《采购合同》所约定的货款，其与Z公司签署2011年7月26日《采购合同》恰恰公开书面确认N公司系《采购合同》的真正当事人。

第四，N公司职员杨×受赵×指示，作为2011年4月28日《采购合同》所涉项目中N公司签约事宜的实际经办人，杨×完全具有代理、代表N公司的权限。N公司的员工杨×作为N公司的员工和代理人，其代表N公司向S公司出具《承诺函》的行为应是真实、合法、有效的。根据《承诺函》中N公司所作承诺，N公司自认其为该合同的真正买方和权利义务承担人，S公司并非该合同的当事人。

通过以上工作，本案中不利于当事人S公司的原二审判决，经再审程序得以纠正。

五、训练的方法和组织过程

再审部分的程序繁杂，为了避免与一二审程序的重复，主要训练再审申请程序和再审审查程序。再审申请程序，主要训练当事人申请再审以及当事人申请检察院抗诉或者提出检察建议的程序。再审审查程序，主要训练法院对当事人申请再审的审查程序，以及检察院对当事人申请抗诉或者检察建议的审查程序，还有法院对检察院的抗诉或者再审检察建议书的审查程序。程序的训练要求在学生熟悉案情的基础上，以当事人、检察院或者法院的角色模拟训练。可以先有同学们口头讨论，之后形成书面的程序流程的设计，最后结合学院的“法律实务综合模拟平台”进行训练。程序训练中可以明显显示出来的节点主要是各种诉讼文书，教师要指导学生写好各种诉讼文书，要在格式和内容以及使用的法言法语等方面严格要求。

六、本环节训练的主要诉讼文书范本

（一）民事再审申请书

民事再审申请书

再审申请人（一审被告、二审上诉人）：S公司，住所地：××××××××××××××。

法定代表人：马×，S公司总经理。

再审被申请人（一审原告、二审被上诉人）：Z公司，住所地：××××××××××××××。

法定代表人：崔×，Z公司董事长。

再审被申请人（一审被告、二审上诉人）：N公司，住所地：××××××××××××××。

法定代表人：曾×，N公司董事长。

再审申请人S公司与被申请人Z公司、N公司买卖合同纠纷一案，不服××中级人民法院作出的××××呼商终字第××号民事判决书（以下简称二审判决），特向贵院提出再审申请。

再审请求：

1. 对本案予以再审。

2. 请求贵院依法撤销××中级人民法院××××呼商终字第××号民事判决书。

3. 请求贵院查清事实后依法改判申请人无须给付被申请人Z公司欠款×××××元，及违约金××元。

4. 请求贵院判决一审、二审、再审的费用由二被申请人承担。

申请再审所依据的法定情形：

依据《中华人民共和国民事诉讼法》第200条第1款第1项“有新的证据，足以推翻原判决、裁定的”、第2项“原判决、裁定认定的基本事实缺乏证据证明的”、第6项“原判决、裁定适用法律确有错误的”申请再审。具体事实、理由如下：

1. 二审法院以被申请人N公司二审中提供的签订时间为2011年7月26日《采购合同》作为认定事实的依据，违反了法定程序，属于适用法律确有错误。

根据《最高人民法院关于民事诉讼证据的若干规定》的相关规定，新证据包括一审庭审结束后新发现的证据；当事人在一审举证期限届满前申请人民法院调查取证未获准许，二审法院经审查认定应当准许并依当事人申请调取的证据。

但在本案二审中，被申请人N公司为证明其主张在二审中提交了其与被申请人Z公司签订的时间为2011年7月26日的《采购合同》，但该证据明显不符合二审新证据的条件，被申请人N公司也未就逾期提交上述证据作出合理的解释，上述证据又不足以充分有效地证明其主张，因此该证据不应予以采纳。然而，二审法院却将该证据作为认定事实的主要依据，并且以此作出了终审判决，显然违反了法定程序、适用法律确有错误。

2. 二审判决认定的基本事实缺乏证据证明

如上所述，本案二审中被申请人N公司提交签订时间为2011年7月26日的《采购合同》不应当作为认定事实的依据，因此，二审判决认定的“N公司与Z公司之间还存在另外的合同关系且该合同的金额也是40万元”便缺乏证据证明。从而，被申请人Z公司于一、二审程序中提供的付款凭证及增值税发票足以证明被申请人N公司向其支付的40万元是履行2011年4月8日的《采购合同》。二审法院在缺乏其他合法、有效证据的情况下，推翻一审法院认定的法律事实，违法作出了错误的改判。

3. 有新的证据，足以推翻二审判决的认定

本案一审、二审程序中，申请人均向法院提供了被申请人N公司的员工杨×代被申请人N公司向申请人出具的《承诺函》，以证明申请人所需承担的一切责任及义务均应由被申请人N公司承担。同时，二审判决中所述“一审认定N公司是2011年4月8日的《采购合同》的真正履行方并判决N公司给付货款的义务缺乏事实及法律依据”，与实际情况严重不符。

申请人现有充分事实、理由和新的书面证据，足以证明杨×确系被申请人N公司的员工，证明杨×完全具有代理N公司的权限。

申请人认为，杨×作为被申请人N公司的员工和代理人，其代被申请人N公司向申请人出具《承诺函》的行为应是合法有效的。退一步讲，杨×出具《承诺

函》的行为亦构成表见代理，其出具的《承诺函》产生的权利义务必须由被申请人N公司承担。

基于被申请人N公司的代理人杨×按照该公司领导授意、代该公司所出具的《承诺函》，以及一审法院认定的诸多事实，可以认定被申请人N公司是《采购合同》的真正当事人、履行方，应当独自承担给付被申请人Z公司欠款的责任；申请人并非《采购合同》的当事人，不应承担给付被申请人Z公司欠款及违约金的责任。

综上所述，申请人认为二审判决适用法律确有错误、认定的基本事实缺乏证据证明，最终导致错判。并且，申请人有新的证据足以推翻二审判决。因此，申请人不服二审判决，依法提起再审，恳请贵院支持申请人的再审请求。

此致

××高级人民法院

再审申请人：S公司

2014年9月28日

（二）民事再审裁定书

××人民法院

民事裁定书

（××××）××字第××号

再审申请人（一审被告、二审上诉人）：________________

法定代表人：________________

委托代理人：________________

被申请人（一审被告、二审上诉人）：________________

法定代表人：________________

委托代理人：________________

再审申请人××与被申请人××（案由）一案，不服××人民法院××字第××号民事判决，向本院申请再审。本院依法组成合议庭对本案进行了审查，现已审查终结。

本院认为，________________，裁定如下：

____

____

审判长：××
审判员：××
审判员：××
××××年××月××日
书记员：××

（三）民事再审代理人词

代理意见

尊敬的审判长及合议庭：

S公司因与Z公司、N公司买卖合同纠纷案件，已由内蒙古自治区高级人民法院指定××市中级人民法院再审，北京市中闻律师事务所接受了S公司的委托，指派律师程×作为S公司在本案件再审程序中的代理人依法参与诉讼活动。

代理人接受委托后向S公司询问了案件相关情况，进行了调查取证、庭审调查等程序，现发表如下代理意见：

首先，关于二审判决所称："二审中，N公司提供了一份《采购合同》，甲方为N公司，乙方为Z公司，约定甲方向乙方购买非晶硅BIPV组件，合同金额为40万元，合同签订时间为2011年7月26日。"（见二审判决第7页第2段）

1.《最高人民法院关于民事诉讼证据的若干规定》第41条规定，二审程序中的新的证据包括一审庭审结束后新发现的证据；当事人在一审举证期限届满前申请人民法院调查取证未获准许，二审法院经审查认定应当准许并依当事人申请调取的证据。即使N公司在二审程序中提供了所谓"新"的《采购合同》，但是根据前述规定，该材料明显不符合二审新证据的条件，N公司也未就逾期提交上述材料作出合理的解释，上述材料又不足以充分有效地证明其主张，因此该材料不应作为证据予以采纳。然而，二审法院却将该材料作为认定事实的主要依据，并且以此作出了终审判决，显然违反了法定程序，适用法律确有错误。

2.即使N公司在二审程序中提供了所谓"新"的《采购合同》，根据现有证据，其既未证明该合同的真实性，也未证明该合同已经实际履行，尤其该"合同"所约定的标的物名称、规格型号、单价、收货人等个性化内容均与4月28日《采购合同》相同，更不用说该合同的结构、其他内容均与4月28日《采购合同》保持高度一致。两份合同对应的应是同一个货物买卖事实，N公司自始至终未证明该2011年7月26日《采购合同》所约定的货物已经实际交付，便无法证明其所付40万元的款项系履行该合同。

总之，N公司在二审程序中所提供的《采购合同》不符合二审新证据的条件，不应作为证据予以采纳；即使N公司在二审程序中提供了所谓“新”的《采购合同》，该文件也不应作为认定事实的依据，二审判决认定的“N公司与Z公司之间还存在另外所谓合同关系且该合同的金额也是40万元”便缺乏证据证明。从而，付款凭证及增值税发票足以证明N公司向Z公司支付的40万元是履行2011年4月28日的《采购合同》。二审法院在缺乏其他合法、有效证据的情况下，推翻一审法院认定的法律事实，违法作出了错误的改判。

其次，有新的证据，足以推翻二审判决的认定。

1. 根据S公司提供的证据，现有证据足可以证明：赵×系N公司的副总经理，袁×系N公司的项目经理，杨×系N公司的业务经理；同时，杨×受N公司赵×指示，作为2011年4月28日《采购合同》所涉项目中N公司签约事宜的实际经办人，杨×完全具有代理、代表N公司的权限。

2. 现有证据还可以证明：

(1)（依据袁×的证言以及杨×、袁×、赵×的名片）N公司的员工杨×作为N公司的员工和代理人，其代表N公司向S公司出具《承诺函》的行为应是真实、合法、有效的。

(2) 根据《承诺函》中N公司所作承诺，S公司在2011年4月28日《采购合同》所涉项目中所需承担的一切责任及义务均应由N公司承担，也就是说，N公司自认其为该合同的真正买方和权利义务承担人，S公司并非该合同的当事人。而承诺函也并非担保性质的文件，而是对“N公司系2011年4月28日的《采购合同》的真正买方当事人”这一事实的确认。

(3) 二审判决中所述“一审认定N公司是2011年4月28日的《采购合同》的真正履行方并判决N公司与S公司共同承担向Z公司给付货款的义务缺乏事实及法律依据”，与实际情况严重不符。

3. 依据N公司在其网站上所作陈述，N公司已经自认其为2011年4月28日《采购合同》所涉“内蒙古×××××工程”的承包人、施工人；同时，Z公司依据2011年4月28日《采购合同》所发货物的签收人系N公司的项目经理袁×。因此，N公司是2011年4月28日《采购合同》的实际履行方及施工方，应当独自承担给付Z公司欠款及违约金的责任。

4. 在本案再审申请审查阶段内蒙古高级人民法院询问程序中，N公司承认（再审申请询问笔录第3页）：

(1) N公司所支付的40万元即2011年4月28日的《采购合同》所约定的货款。

(2) N公司自愿支付2011年4月28日的《采购合同》所约定的货款。

(3) 因为N公司不是2011年4月28日的《采购合同》书面记载的合同当

事人，N公司为了在符合财务规则的情况下履行2011年4月28日的《采购合同》，于是与Z公司签署了2011年7月26日《采购合同》，即所谓的2011年7月26日《采购合同》是N公司为了在符合财务规则的要求下履行2011年4月28日的《采购合同》而与Z公司签署的虚假合同。

2011年7月26日《采购合同》对应的并非N公司与Z公司新的货物买卖事实，而是对“N公司系2011年4月28日的《采购合同》真正买方当事人”这一事实的确认。

5. 本案二审笔录中N公司所作陈述（《开庭笔录》第11页第6行）及袁×的证言（《录音材料文字整理记录》第5页最下面一段）可以证明：N公司在履行2011年4月28日《采购合同》及施工过程中，自主终止了该合同，变换工程材料，直接与其他供货商另行订立合同，说明N公司对工程所需材料的采购享有充分自主的控制权，该公司系2011年4月28日《采购合同》的真正买方当事人。

最后，2011年4月28日《采购合同》的买方已由S公司变更为N公司。

对于2011年4月28日的《采购合同》：

1. 合同记载的甲方（买方）系“S公司”，合同虽由S公司盖章，但这是应N公司的请求所为，S公司并未参与要约、承诺及合同内容的商定。

2. 自合同盖章之后，S公司并未行使合同所约定的权利，未履行过合同约定的义务，该状况一直得到合同相关主体的默认。

3. 实际上合同约定的买方权利义务一直由N公司行使和履行，履行过程中的沟通行为一直是在N公司与Z公司之间进行，N公司与Z公司未就合同履行事宜与S公司做过沟通或提出过主张。

4. N公司明确向S公司承诺，2011年4月28日的《采购合同》项下买方的责任、义务均由N公司承担，即N公司向S公司认可其为2011年4月28日的《采购合同》的当事人，而这一情形已为Z公司通过实际行为予以认可。

5. N公司与Z公司已经通过2011年7月26日《采购合同》对“N公司系2011年4月28日的《采购合同》真正买方当事人”这一事实进行了确认。

6. N公司在履行2011年4月28日《采购合同》及施工过程中，自主终止了该合同，变换工程材料，直接与其他供货商另行订立合同，说明N公司对工程所需材料的采购享有充分自主的控制权。

可以说，本案各方当事人在该合同履行过程中，已经通过实际的履行行为将2011年4月28日的《采购合同》的买方变更为N公司，且该变更并不为法律禁止，应当予以认定。

N公司是2011年4月28日《采购合同》的真正当事人（买方）、履行方，应当独自承担给付Z公司欠款的责任；S公司并非《采购合同》的当事人，不应承担给付Z公司欠款及违约金的责任。

综上所述，S公司认为二审判决适用法律确有错误、认定的基本事实缺乏证据证明，最终导致错判。并且有新的证据足以推翻二审判决。恳请贵院依法撤销二审判决，支持S公司的诉讼请求。

代理人：程×

2011年5月31日

（四）民事再审判决书

××市中级人民法院

民事判决书

（××××）×民再字第××号

再审申请人（一审被告、二审上诉人）：S公司，住所地××××。

法定代表人：马××，S公司总经理。

委托代理人：程×，北京市君泰律师事务所律师。

委托代理人：陶×，北京市君泰律师事务所律师。

被申请人（一审被告、二审上诉人）：N公司，住所地××××。

法定代表人：曾×，N公司董事长。

委托代理人：杨×，N公司法务经理。

委托代理人：吕×，N公司法务专员。

被申请人（一审原告、二审被上诉人）：Z公司，住所地××××。

法定代表人：崔×，Z公司董事长。

委托代理人：尚×，山东××律师事务所律师。

委托代理人：董×，Z公司总经办主任。

一审原告Z公司与一审被告S公司、一审被告N公司买卖合同纠纷一案，××市某基层人民法院于2014年3月10日作出××××新商初字第××号民事判决，宣判后，S公司与N公司均不服，向本院提起上诉。本院于2014年9月16日作出××××呼商字第××号民事判决。该判决已经发生法律效力。S公司仍不服，向内蒙古自治区高级人民法院申请再审，内蒙古自治区高级人民法院于2015年1月6日以（××××）内民申字第××号民事裁定，指令本院再审本案。本院受理后，依法另行组成合议庭，公开开庭进行了审理，再审申请人S公司的委托代理人程×、陶×，被申请人N公司的委托代理人杨×、吕×，被申请人Z公司的委托代理人尚×到庭参加了诉讼。本案现已审理终结。

一审法院判决及查明部分（略）。

本院××××呼商终字第××号民事判决认定的事实及判决结果：上诉人S公司不服原审判决，向本院上诉称：1. 一审存在认定事实错误及认定事实不清的情况。上诉人与被上诉人Z公司并不存在采购合同关系。一审法院认定的加盖上诉人公司公章的合同书，并非经过要约承诺并意思达成一致所签订的，自始至终是另一被上诉人N公司在进行建设施工并包括购买一切工程所需货物、材料，上诉人并未参与任何工程建设，根本没有向被上诉人购买货物的必要及可能性。至于合同中所加盖的上诉人公章，是因为N公司代表赵×找到上诉人称要上诉人为其作担保否则Z公司不发货，上诉人也怕影响工程建设施工进度后自己会承担责任（因为该工程是上诉人介绍的），所以在N公司承诺“所加盖公章的合同中凡是由上诉人承担的一切责任和义务，都由N公司承担”的情况下，上诉人才在该合同上加盖了公章。2. 一审适用法律错误。一审适用《中华人民共和国合同法》第60条、第107条判定上诉人承担责任属适用法律错误，以上法律条文都是规定合同当事人应该如何履行合同义务以及不履行合同义务应承担什么样的法律责任，而上诉人并非真正意义上的合同当事人，一审适用以上法律条文作出判决属适用法律错误。综上，请求二审法院依法撤销原判，发回重审或依法改判。N公司答辩称，S公司的上诉理由不真实，合同上加盖公章是事实，就应承担责任。上诉人N公司不服原审判决，向本院上诉称：1. 上诉人与Z公司没有合同关系，S公司要求Z公司向上诉人的员工交付货物，并不能据此推定上诉人是购买货物的买家；2. 上诉人向Z公司支付的40万元，是上诉人与Z公司签署的一个合同额为40万元的采购合同项下的货款，与本案无关。综上，请求撤销原审判决，判令上诉人无须向Z公司支付任何款项，一、二审诉讼费由被上诉人承担。S公司答辩称，N公司称其与Z公司有另外的合同与事实不符，也与本案无关，该案所涉标的确定，其仅仅采购40万元货物根本不能完成工程。被上诉人作为卖方主张的货款已经将40万元作为已付货款，视为其是履行合同的真正当事人，应当承担相应的义务。被上诉人Z公司针对二上诉人的上诉请求及理由答辩称：1. 2011年4月28日的采购合同虽然是答辩人与上诉人S公司所签订，但实际履行接收货物的是上诉人N公司，而且该货物也是由N公司使用；2. 答辩人已按合同的约定全面履行了供货等义务，且不存在违约情形，相反，二上诉人已明显违约。综上，一审认定事实准确，适用法律正确，请求依法驳回二上诉人的上诉请求，维持原判。

二审法院判决查明及认定部分（略）。

再审申请人S公司再审理由称：1. 对本案予以再审；2. 请求贵院依法撤销

××市中级人民法院××呼商终字第××号民事判决书；3. 请求贵院查清事实后依法改判申请人无须给付被申请人Z公司欠款916 930.6元及违约金45 846.5元；4. 请求贵院判决一审、二审、再审的费用由二被申请人承担。申请再审所依据的法定情形：依据《中华人民共和国民事诉讼法》第200条第1项"有新的证据，足以推翻原判决、裁定的"、第2项"原判决、裁定认定的基本事实缺乏证据证明的"、第6项"原判决、裁定适用法律确有错误的"申请再审。具体事实、理由如下：二审法院以被申请人N公司二审中提供的签订时间为2011年7月26日《采购合同》作为认定事实的依据，违反了法定程序、属于适用法律确有错误。根据《最高人民法院关于民事诉讼证据的若干规定》的相关规定，新证据包括：一审庭审结束后新发现的证据；当事人在一审举证期限届满前申请人民法院调查取证未获准许，二审法院经审查认定应当准许并依当事人申请调取的证据。但在本案二审中，被申请人N公司为证明其主张在二审中提交了其与被申请人Z公司签订的时间为2011年7月26日的《采购合同》，但该证据明显不符合二审新证据的条件，被申请人N公司也未就逾期提交上述证据作出合理的解释，上述证据又不足以充分有效的证明其主张，因此该证据不应予以采纳。然而，二审法院却将该证据作为认定事实的主要依据，并且以此作出了终审判决，显然违反了法定程序、适用法律确有错误。

二审判决认定的基本事实缺乏证据证明。如上所述，本案二审中被申请人N公司提交签订时间为2011年7月26日的《采购合同》不应当作为认定事实的依据，因此，二审判决认定的"N公司与Z公司之间还存在另外的合同关系且该合同的金额也是40万元"便缺乏证据证明。从而，被申请人Z公司于一、二审程序中提供的付款凭证及增值税发票足以证明被申请人N公司向其支付的40万元是履行2011年4月8日的《采购合同》，二审法院在缺乏其他合法、有效证据的情况下，推翻一审法院认定的法律事实，违法作出了错误的改判。

有新的证据，足以推翻二审判决的认定。本案一审、二审程序中，申请人均向法院提供了被申请人N公司的员工杨×代被申请人N公司向申请人出具的《承诺函》，以证明申请人所需承担的一切责任及义务均应由被申请人N公司承担。同时，二审判决中所述"一审认定N公司是2011年4月8日的《采购合同》的真正履行方并判决N公司与S公司共同承担向Z公司给付货款的义务缺乏事实及法律依据"，与实际情况严重不符。申请人现有充分事实、理由和新的书面证据，足以证明杨×确系被申请人N公司的员工，证明杨×完全具有代理N公司的权限。申请人认为，杨×作为被申请人N公司的员工和代理人，其代被申请人N公司向申请人出具《承诺函》的行为应是合法有效的。退一步讲，杨×出具《承诺函》

的行为亦构成表见代理，其出具的《承诺函》产生的权利义务必须由被申请人N公司承担。基于被申请人N公司的代理人杨×按照该公司领导授意、代该公司所出具的《承诺函》，以及一审法院认定的诸多事实，可以认定被申请人N公司是《采购合同》的真正当事人、履行方，应当独自承担给付被申请人Z公司欠款的责任；申请人并非《采购合同》的当事人，不应承担给付被申请人Z公司欠款及违约金的责任。综上所述，申请人认为二审判决适用法律确有错误、认定的基本事实缺乏证据证明，最终导致错判。并且，申请人有新的证据足以推翻二审判决。因此，被申请人不服二审判决，依法提起再审，恳请贵院支持申请人的再审请求。

被申请人N公司答辩称：1. 围绕再审与二审法庭归纳的争议焦点，N公司不是2011年4月28日《采购合同》的主体，不应该承担该《采购合同》的付款义务。2011年4月28日签订的《采购合同》双方签订主体分别是Z公司与S公司。根据合同相对性原则：合同关系只能发生在特定的主体之间，只有合同的当事方才能够基于合同关系向另一方当事人提出请求或提起诉讼即为主体的相对性：也只有基于合同当事人才能享有某个合同所规定的权利，并承担该合同规定的义务及责任，合同关系以外的其他人不应负合同责任。N公司作为一个独立的公司与该采购合同的两个签约主体完全属于不同的个体。N公司不是《采购合同》的相对方，不是本案适格的主体，因此不应当承担该《采购合同》的付款义务。2. S公司是《采购合同 》买方，应该承担该合同的付款义务。公司公章是法人权利的象征，依法刻制的公章是法人行使管理本单位事务，对外承担法律义务的标记。公司公章的适用就等同于公司的签名，公司的公章可以确认公司的民事法律行为。S公司在《采购合同》上加盖公司公章印鉴，表明其愿意接受《采购合同》内容的约束，是对其愿意享有合同权利并承担合同义务的承诺，该承诺一经作出即具有法律效力，就应当遵守，否则就应当承担相应的法律后果。3. 袁×的收货行为，不能据以认定袁×所在的公司即N公司就是2011年4月28日《采购合同》的买方。按照2011年4月28日《采购合同》约定，收货地址：内蒙古××××市××医院；收货联系人：袁×。袁×收取货物正是基于《采购合同》买卖双方共同的指定，同时袁×是施工现场的负责人，在施工现场签收工程物资也符合常理和惯例。所以袁×对货物的接收应视为S公司的收到货物，不能依据袁×收取货物就推定北京N公司是实际的买货人。4. 申请人《承诺函》及《补充协议》中无法辨认印章，传真件无法证明发送人信息，其真实性无法认定，不能作为认定事实的依据；其次，从《承诺函》及《补充协议》的内容上看，两份文件对外都具有担保性质，根据《最高人民法院关于适用〈中华人民共和国担保法〉若干问题的解释》（法释［2004］44号）第18条：企业法人的职能部门提供保证的，保证合同无效。债权人知道或者应当知道保证人为企业法人的职能部门的，因此造成的损失由债权人自行承担。S公司是合法成立的法人单位，理应知道我国《担保法》规定公司对外担保的限制条件及规定。S公司在交易环节中未尽商业交易中作为商人的合理审慎义务，理应对自行的行为承担责任。N公司与Z公司于2011年7月26日签订的《采购合同》合法有效。该40万元采购合同，是在N公司同意垫付160万元的采购合同当中的40万元货款后才签订的。N公司也如约垫付了40万元，正因为如此，Z公司才将实际发货的总金额减去了40万元作为本案的诉讼标的。不能因为N公司垫付了40万元，就据此推定N公司仍然要垫付剩余的货款。综上所述，二审法院认定的事实清楚，权利义务关系明确。S公司作为涉案合同的买方理应履行合同的付款义务。请求再审法院采纳N公司的代理意见，维持二审判决。

被申请人Z公司答辩称：第一，申请人与被申请人N公司应连带偿还其96万余元的债务。从合同的形式上看，采购合同上有申请人的签章，也就是说，申请人对合同的内容是接受和认可的，同时货物又是由施工方N公司指派的职员袁×而收取，故袁×的行为应属于N公司的行为，所以从形式上看，申请人和N公司属于共同经营或合伙经营。第二，从本案的全过程来看，申请人与N公司虽然分别属于两个法人，但是却有着密不可分的利益关系，对此正像N公司在原二审的陈述“我们与S公司属于分包关系，但是当时我们没有签订相关的合同”，足以说明二者是有共同的利益关系。第三，从2011年7月26日的采购合同以及随后的N公司付40万元货款上看，该采购合同约定的买卖40万元货物的约定纯属虚拟，该合同完全是N公司为了兑现其担保承诺而编造的一个付40万元货款的理由。试想，按该合同第2条第2款约定，只有当Z公司全部交付了约定的货物，并经N公司验收合格后，N公司才能向Z公司支付40万元的货款。那么Z公司还没有发货，甚至到了今天还不知道N公司什么时候要货，那为什么N公司一反常态不符合常理地将40万元打入Z公司的账户？这如何解释？其实，答案正如N公司在原二审陈述中“40万元是S公司要求垫付的，付款不到位会导致工程延迟”，可见，该采购合同并非是N公司与Z公司签订的真实供货合同。综上，2011年4月28日采购合同是Z公司与S公司和N公司共同签订的，而货物实际上是由N公司收取和使用，而且N公司也实际支付了40万元的货款，可见申请人和N公司是本案合同的实际相对方。所以，二单位应共同连带承担偿还Z公司的债务962 777元。

本院再审查明的事实与原一、二审查明的事实一致。

另查明，N公司在二审庭审笔录中陈述："40万元是S公司要求垫付的，货物虽用在同一工程，但该部分已经付清了货款，与本案的诉讼标的无关。付款不到位，会导致工程延迟。"Z公司在再审中辩称，N公司与Z公司签订的2011年7月26日《采购合同》并非是N公司与Z公司签订的真实供货合同。

本院再审认为，本案是一起买卖合同纠纷案。本案的争议焦点为S公司与N公司谁应承担Z公司的还款责任。

Z公司与S公司签订的《采购合同》属有效协议，不违反法律强制性规定，应受法律保护，双方应当按照协议的约定履行各自的权利和义务。S公司虽然只是在合同上加盖了公章，但加盖公章的行为，视为对合同内容的接受与认可，作为合同的相对方，应当按照合同的约定履行给付欠款的责任，不履行或不完全履行均构成违约，故其应当承担给付欠款或违约的责任。

Z公司依约将货物交付合同约定的收货人袁×，而袁×系N公司的员工，一审庭审中，N公司也承认袁×收到Z公司所发的货物，加之工程施工方也是N公司，支付Z公司货款40万元的也是N公司，N公司是《采购合同》的真正履行方，也应当承担给付Z公司欠款和违约的责任。N公司提供了其与Z公司2011年7月26日签订的《采购合同》，用以证明其支付的40万元货款属于另一合同关系的证据不足，本院不予支持。

综上所述，本院二审判决认定事实不清，适用法律不当。原一审法院判决认定事实清楚，适用法律正确。再审申请人S公司的再审申请理由部分成立，依照《中华人民共和国民事诉讼法》第207条、《最高人民法院关于适用〈中华人民共和国民事诉讼法〉的解释》第407条第2款之规定，判决如下：

1. 撤销本院××××呼商终字第××号民事判决；

2. 维持××××市××人民法院×××××商初字第×××号民事判决。

二审案件受理费36 904元，由再审申请人S公司承担18 452元，由被申请人N公司承担18 452元。（其中，S公司已预交18 452元，N公司已预交18 452元。）

本判决为终审判决。

审判长　××

审判员　××

审判员　××

××××年××月××日

书记员　××

七、"法律实务综合模拟平台"的操作指导

在教师的指导下学生通过电脑，利用校园网上的"法律实务综合模拟平台"进行训练。这是本课程最具特点和最重要的训练方式，要求老师、学生积极配合，并且在课堂教学时间不够的情况下能够利用课下的时间在有电脑和能上网的地方通过互联网平台训练，才能达到应有的训练效果。这种训练也突破了传统教学对时空的依赖。

第四章　民事非诉讼程序实训

第一节　督促程序实训

督促程序是法院根据债权人的申请，以支付令的形式催促债务人限期履行金钱债务的程序。债务人如果在法定期间内对支付令不提出异议或者异议被驳回，则支付令具有强制执行力。因此，督促程序又被称为“支付令程序”。督促程序是一种督促债务人偿还债务的简捷程序，其主要目的是简便快捷地督促债务人偿还金钱债务，以实现债权人的金钱债权。

一、训练目标

（一）通过校园局域网上的“法律实务综合模拟平台”软件系统进行电脑上的模拟训练，让学生熟练操作督促程序的整个过程。

（二）让学生通过训练进一步熟悉督促程序的适用条件，训练学生写作相关法律文书如《支付令》等。

二、训练前的准备

熟悉相应的法条，主要有《民事诉讼法》第十七章，《海事诉讼特别程序法》第99条，《民诉法解释》第427条至第443条，《劳动合同法》第30条。

法条链接

《中华人民共和国劳动合同法》

第三十条　用人单位应当按照劳动合同约定和国家规定，向劳动者及时足额支付劳动报酬。

用人单位拖欠或者未足额支付劳动报酬的，劳动者可以依法向当地人民法院申请支付令，人民法院应当依法发出支付令。

《中华人民共和国民事诉讼法》

第二百一十四条　债权人请求债务人给付金钱、有价证券，符合下列条件的，可以向有管辖权的基层人民法院申请支付令：

（一）债权人与债务人没有其他债务纠纷的；

（二）支付令能够送达债务人的。

申请书应当写明请求给付金钱或者有价证券的数量和所根据的事实、证据。

第二百一十五条　债权人提出申请后，人民法院应当在五日内通知债权人是否受理。

第二百一十六条人民法院受理申请后，经审查债权人提供的事实、证据，对债权债务关系明确、合法的，应当在受理之日起十五日内向债务人发出支付令；申请不成立的，裁定予以驳回。

债务人应当自收到支付令之日起十五日内清偿债务，或者向人民法院提出书面异议。

债务人在前款规定的期间不提出异议又不履行支付令的，债权人可以向人民法院申请执行。

第二百一十七条　人民法院收到债务人提出的书面异议后，经审查，异议成立的，应当裁定终结督促程序，支付令自行失效。

支付令失效的，转入诉讼程序，但申请支付令的一方当事人不同意提起诉讼的除外。

《最高人民法院关于适用〈中华人民共和国民事诉讼法〉的解释》

第四百二十七条　两个以上人民法院都有管辖权的，债权人可以向其中一个基层人民法院申请支付令。

债权人向两个以上有管辖权的基层人民法院申请支付令的，由最先立案的人民法院管辖。

第四百二十八条　人民法院收到债权人的支付令申请书后，认为申请书不符合要求的，可以通知债权人限期补正。人民法院应当自收到补正材料之日起五日内通知债权人是否受理。

第四百二十九条　债权人申请支付令，符合下列条件的，基层人民法院应当受理，并在收到支付令申请书后五日内通知债权人：

（一）请求给付金钱或者汇票、本票、支票、股票、债券、国库券、可转让的存款单等有价证券；

（二）请求给付的金钱或者有价证券已到期且数额确定，并写明了请求所根据的事实、证据；

（三）债权人没有对待给付义务；

（四）债务人在我国境内且未下落不明；

（五）支付令能够送达债务人；

（六）收到申请书的人民法院有管辖权；

（七）债权人未向人民法院申请诉前保全。

不符合前款规定的，人民法院应当在收到支付令申请书后五日内通知债权人不予受理。

基层人民法院受理申请支付令案件，不受债权金额的限制。

第四百三十条　人民法院受理申请后，由审判员一人进行审查。经审查，有下列情形之一的，裁定驳回申请：

（一）申请人不具备当事人资格的；

（二）给付金钱或者有价证券的证明文件没有约定逾期给付利息或者违约金、赔偿金，债权人坚持要求给付利息或者违约金、赔偿金的；

（三）要求给付的金钱或者有价证券属于违法所得的；

（四）要求给付的金钱或者有价证券尚未到期或者数额不确定的。

人民法院受理支付令申请后，发现不符合本解释规定的受理条件的，应当在受理之日起十五日内裁定驳回申请。

第四百三十一条　向债务人本人送达支付令，债务人拒绝接收的，人民法院可以留置送达。

第四百三十二条　有下列情形之一的，人民法院应当裁定终结督促程序，已发出支付令的，支付令自行失效：

（一）人民法院受理支付令申请后，债权人就同一债权债务关系又提起诉讼的；

（二）人民法院发出支付令之日起三十日内无法送达债务人的；

（三）债务人收到支付令前，债权人撤回申请的。

第四百三十三条　债务人在收到支付令后，未在法定期间提出书面异议，而向其他人民法院起诉的，不影响支付令的效力。

债务人超过法定期间提出异议的，视为未提出异议。

第四百三十四条　债权人基于同一债权债务关系，在同一支付令申请中向债务人提出多项支付请求，债务人仅就其中一项或者几项请求提出异议的，不影响其他各项请求的效力。

第四百三十五条　债权人基于同一债权债务关系，就可分之债向多个债务人提出支付请求，多个债务人中的一人或者几人提出异议的，不影响其他请求的效力。

第四百三十六条　对设有担保的债务的主债务人发出的支付令，对担保人没有拘束力。

债权人就担保关系单独提起诉讼的，支付令自人民法院受理案件之日起失效。

第四百三十七条　经形式审查，债务人提出的书面异议有下列情形之一的，应当认定异议成立，裁定终结督促程序，支付令自行失效：

（一）本解释规定的不予受理申请情形的；

（二）本解释规定的裁定驳回申请情形的；

（三）本解释规定的应当裁定终结督促程序情形的；

（四）人民法院对是否符合发出支付令条件产生合理怀疑的。

第四百三十八条　债务人对债务本身没有异议，只是提出缺乏清偿能力、延缓债务清偿期限、变更债务清偿方式等异议的，不影响支付令的效力。

人民法院经审查认为异议不成立的，裁定驳回。

债务人的口头异议无效。

第四百三十九条　人民法院作出终结督促程序或者驳回异议裁定前，债务人请求撤回异议的，应当裁定准许。

债务人对撤回异议反悔的，人民法院不予支持。

第四百四十条　支付令失效后，申请支付令的一方当事人不同意提起诉讼的，应当自收到终结督促程序裁定之日起七日内向受理申请的人民法院提出。

申请支付令的一方当事人不同意提起诉讼的，不影响其向其他有管辖权的人民法院提起诉讼。

第四百四十一条　支付令失效后，申请支付令的一方当事人自收到终结督促程序裁定之日起七日内未向受理申请的人民法院表明不同意提起诉讼的，视为向受理申请的人民法院起诉。

债权人提出支付令申请的时间，即为向人民法院起诉的时间。

第四百四十二条　债权人向人民法院申请执行支付令的期间，适用民事诉讼法第二百三十九条的规定。

第四百四十三条　人民法院院长发现本院已经发生法律效力的支付令确有错误，认为需要撤销的，应当提交本院审判委员会讨论决定后，裁定撤销支付令，驳回债权人的申请。

《中华人民共和国海事诉讼特别程序法》

第九十九条　债权人基于海事事由请求债务人给付金钱或者有价证券，符合

《中华人民共和国民事诉讼法》有关规定的，可以向有管辖权的海事法院申请支付令。

债务人是外国人、无国籍人、外国企业或者组织，但在中华人民共和国领域内有住所、代表机构或者分支机构并能够送达支付令的，债权人可以向有管辖权的海事法院申请支付令。

三、督促程序的具体流程

（一）债权人申请

督促程序的启动方式是债权人向人民法院提出合法的申请，即“申请支付令”，根据法律和相关司法解释，申请条件或者受理条件如下：

督促程序的适用范围是请求债务人给付金钱、有价证券的案件。基层人民法院受理申请支付令案件不受债权金额的限制。这里的金钱是指作为流通手段的货币，如我国的人民币等；这里的有价证券包括汇票、本票、支票、股票、债券、国库券、可转让的存款单等。

2008 年 5 月 1 日起施行的《劳动争议调解仲裁法》第 16 条规定，因支付拖欠的劳动报酬、工伤医疗费、经济补偿或者赔偿金事项达成调解协议，用人单位在协议约定的期限内不履行的，劳动者可以持调解协议书依法向人民法院申请支付令。人民法院应当依法发出支付令。

2009 年《关于建立健全诉讼与非诉讼相衔接的矛盾纠纷解决机制的若干意见》第 13 条规定，对于具有合同效力和给付内容的调解协议，债权人可以向有管辖权的基层人民法院申请支付令。

督促程序的适用，要求债权人请求给付的金钱和有价证券已经到期，即债务已到履行期，并且债权人和债务人没有其他债务纠纷。

督促程序的适用要符合支付令送达的条件，即支付令能够送达债务人，就是说要求债务人在我国境内且未下落不明。同时要求债权人没有向人民法院就本案申请诉前保全。因为，如果债权人申请诉前保全，根据《民事诉讼法》第 101 条的规定，应当在人民法院采取保全措施后 30 日内依法提起诉讼或者申请仲裁，否则，人民法院解除保全。就是说在支付令和诉讼有可能发生竞合的时候，诉讼优先。

申请支付令案件由债务人住所地基层人民法院管辖。

（二）法院受理

债权人提出申请后，人民法院应当在 5 日内通知债权人是否受理。债权人申请支付令，符合法律条件的人民法院应当受理，并在收到支付令申请书后 5 日内通知债权人。

管辖不合法的，法院通知债权人向有管辖权的法院申请，若法院已经受理，应当移送管辖。如果申请人不预交申请费，就按照撤回申请处理，但是获准缓交、减交或者免交的除外。

受理阶段法院的审查主要是从形式上审核申请书是否具备申请条件。因为是否符合督促程序的适用范围和关于债务的条件，需要审理终结时才能确定。

在债务人收到支付令之前，申请人可以撤回支付令，人民法院应当终结督促程序，已经发出的支付令自行失效。

（三）法院审理

人民法院由审判员一人进行审查，法官通常对债权人提供的事实和证据进行书面审查。为了查明案件事实，法院可以口头或者言辞的方式询问债权人和证人，债权人应当口头陈述，证人应当口头作证。人民法院发现不符合受理条件或者申请条件的，应当在受理之日其 15 日内裁定驳回申请。

（四）法院发出支付令

人民法院受理申请后经过审查债权人提供的事实、证据，对债权、债务关系明确、合法的，应当在受理之日起 15 日内向债务人发出支付令。支付令的内容主要有：债权人、债务人的基本情况；债务人应当支付的金钱、有价证券的种类、数量等；债务人清偿债务或者提出异议的期限；债务人在法定期间不提出异议的法律后果等。

支付令具有羁束力、督促力、确定力和执行力等法律效力。羁束力是对法院而言，支付令一经宣告，人民法院就不能任意撤销或者变更支付令。它有督促债务人在法定期间履行债务的效力。支付令一经宣告就具有形式确定力，不得提起上诉。支付令产生既判力和执行力的法定条件是“债务人自收到支付令之日起 15 日内不提出书面异议或者异议被驳回”。

（五）支付令异议和法院审查

如果债务人对支付令提出异议，应当在收到支付令之日起 15 日内以书面形式提出。债务人只能对其债务本身或者债权人的债权提出异议。如果仅仅是提出缺乏清偿能力、请求延缓债务清偿期限、变更债务清偿方式等异议的，不影响支付令的效力。

法院收到债务人的异议后审查异议是否成立。法院无须审查支付令是否有实体理由，仅仅需要审查支付令异议是否具备成立要件。经过形式审查，债务人异议成立的，应当裁定终结督促程序，支付令失效；认为不具备异议成立条件的，裁定驳回异议，对此裁定债务人不得提出异议。

（六）关于支付令的救济程序和纠正程序

发生既判力的支付令，如果有证据证明其错误，可以由法院院长提请审判委员会讨论决定后，裁定撤销支付令，驳回债权人的申请。

四、训练的素材

【基本信息】

案件名称：周先生申请支付令案

案由：申请支付令

程序类型：民事非讼特别程序：督促程序

【案情概述】

某房地产公司拖欠周先生工资人民币20万元，有书面欠条为证，周先生能否不经诉讼程序，直接要回被欠的工资？

【案情焦点与问题】

现年63岁的周先生是湖南人，2000年进入上海市一家房地产开发集团公司工作，并且一直担任主管行政的副总经理一职。孰料，随着房市持续波动，公司内部管理不善，经营举步维艰，公司一直处于入不敷出的状态。身为副总的周先生也未能幸免，由于公司不能正常支付工资，一年只发放二三千元生活费，导致周先生难以度日。

2012年3月，已拖欠周先生工资2年有余的公司，在周先生的要求下写了一份承诺书，承诺在2012年4月4日前支付拖欠周先生的工资共计20万元。可等了多日，周先生发现公司始终无意支付，眼看着自己打拼多年的心血要打水漂，他再也坐不住了，怎么办？

【案情解析】

律师建议本案有两种处理方法：

第一，周先生起诉追讨欠薪。

第二，本案可以使用民事诉讼法的非诉讼程序，由周先生直接向法院申请支付令。

【案情结果】

2012年4月14日，周先生向徐汇区法院提出支付令申请。

法院认为，本案是涉及新《劳动合同法》有关劳动报酬支付令及2012年4月1日起正式实施的新修订《民事诉讼法》的案件，据此劳动者无需经过劳动争议仲裁前置程序，可直接向法院申请支付令。为保护劳动者的合法权益，徐汇区法院在立案后第4天即发出支付令。徐汇区法院对周先生所在单位发出支付令：自收到支付令之日起15日内，支付周先生2005年11月至2008年3月的工资共计人民币20万元及相关诉讼费用。

五、训练的组织过程

结合“法律实务综合模拟平台”，让学生全角色模拟申请人、被申请人和法官。任课老师现场指导。

六、本阶段程序训练中的主要法律文书写作范本

（一）支付令申请书

支付令申请书（范本）

申请人：________________

被申请人：________________

请求事项：____

事实与理由：____

此致

××人民法院

申请人：××

××××年××月××日

附：

1. 债权文书复印件__________件；

2. 物证（名称、数量）；

3. 书证（名称、数量）；

注：

①本申请书供申请支付令时使用，用钢笔、毛笔书写或印刷。

②“申请人”、“被申请人”栏，如系公民的，应写明姓名、性别、民族、籍贯、职业、工作单位和职务、住址等；如系法人或其他组织的，应写明名称、住所、法定代表人或主要负责人的姓名和职务。

③“申请人”署名栏，如系法人或其他组织的，应写明全称，由法定代表人或主要负责人签名，加盖单位公章。

（二）支付令异议书

支付令异议书（范本）

异议人：××

异议事项：裁定终止支付令效力，终结督促程序。

事实与理由：

____

基于上述事实，异议人与申请人间根本不存在债务关系，故根据《中华人民共和国民事诉讼法》有关规定，对××人民法院发出的 ××字×× 号支付令提出异议，请依法裁断，终止支付令效力，终结督促程序。

此致

××人民法院

异议人：××

××××年××月××日

（三）终结督促程序裁定书

××人民法院

民事裁定书

（××××）××民督字第××号

申请人：(姓名等基本情况)

被申请人：(姓名等基本情况)

本院受理申请人______的支付令申请后，于______年______月______日发出（______）______民督字第______号支付令，限令被申请人______在收到支付令之日起十五日内清偿债务，或者向本院提出书面异议。被申请人______已在规定期间提出书面异议。本院依照《中华人民共和国民事诉讼法》第一百九十二条的规定，裁定如下：

终结本案的督促程序。

本院______年______月______日（______）______民督字第______号支付令自行失效，申请人可以依法起诉。

本案受理费______元，由申请人______承担。

审判员：××

××××年××月××日

本件与原本核对无异

书记员：××

（四）驳回支付令执行异议裁定书

××人民法院

民事裁定书

（××××）××民督××号

异议人（被申请人）：（姓名或名称等基本信息）

申请人××与被申请人××申请支付令一案，本院于××××年××月××日立案后，于××××年××月××日发出（××××）××民督××号支付令，限令被申请人××在收到支付令之日起十五日内清偿债务，或者向本院提出书面异议。

被申请人××于××××年××月××日向本院提出支付令异议，认为，（写明异议的事实根据与理由）。

本院经审查认为，（写明异议不成立的理由）。

依照《中华人民共和国民事诉讼法》第一百五十四条第一款第十一项、《最高人民法院关于适用〈中华人民共和国民事诉讼法〉的解释》第四百三十八条规定，裁定如下：

驳回××的支付令异议。

审判员 ××

××××年××月××日

书记员 ××

【说明】

1. 本样式根据《最高人民法院关于适用〈中华人民共和国民事诉讼法〉的解释》第四百三十八条制定，供基层人民法院在发出支付令后，债务人提出书面异议但不成立的，裁定驳回异议用。

2. 债务人对债务本身没有异议，只是提出缺乏清偿能力、延缓债务清偿期限、变更债务清偿方式等异议的，不影响支付令的效力。人民法院经审查认为异议不成立的，裁定驳回。债务人的口头异议无效。

七、网络实训平台的操作指导

学生根据“法律实务综合模拟平台”的提示，在教师的指导下，进行网络上的模拟训练。

第二节 公示催告程序实训

一、训练目标

通过结合软件程序的训练让学生能够熟练操作公示催告督促程序的整个过程。让学生通过训练进一步熟悉公示催告程序的适用条件，训练学生写作本程序中相关的主要法律文书，如《申请书》和《除权判决》等。

二、训练前的准备

熟悉相应的法条，主要有《民事诉讼法》第十八章第 218 条至第 223 条，2015 年《民诉法解释》第 444 条至第 461 条，《海事诉讼特别程序法》第 100 条。

法条链接

《中华人民共和国海事诉讼特别程序法》

第一百条　提单等提货凭证持有人，因提货凭证失控或者灭失，可以向货物所在地海事法院申请公示催告。

《中华人民共和国民事诉讼法》

第二百一十八条　按照规定可以背书转让的票据持有人，因票据被盗、遗失或者灭失，可以向票据支付地的基层人民法院申请公示催告。依照法律规定可以申请公示催告的其他事项，适用本章规定。

申请人应当向人民法院递交申请书，写明票面金额、发票人、持票人、背书人等票据主要内容和申请的理由、事实。

第二百一十九条　人民法院决定受理申请，应当同时通知支付人停止支付，并在三日内发出公告，催促利害关系人申报权利。公示催告的期间，由人民法院根据情况决定，但不得少于六十日。

第二百二十条　支付人收到人民法院停止支付的通知，应当停止支付，至公示催告程序终结。

公示催告期间，转让票据权利的行为无效。

第二百二十一条　利害关系人应当在公示催告期间向人民法院申报。

人民法院收到利害关系人的申报后，应当裁定终结公示催告程序，并通知申请人和支付人。

申请人或者申报人可以向人民法院起诉。

第二百二十二条　没有人申报的，人民法院应当根据申请人的申请，作出判决，宣告票据无效。判决应当公告，并通知支付人。自判决公告之日起，申请人有权向支付人请求支付。

第二百二十三条　利害关系人因正当理由不能在判决前向人民法院申报的，自知道或者应当知道判决公告之日起一年内，可以向作出判决的人民法院起诉。

《最高人民法院关于适用〈中华人民共和国民事诉讼法〉的解释》

第四百四十四条　民事诉讼法第二百一十八条规定的票据持有人，是指票据被盗、遗失或者灭失前的最后持有人。

第四百四十五条　人民法院收到公示催告的申请后，应当立即审查，并决定是否受理。经审查认为符合受理条件的，通知予以受理，并同时通知支付人停止支付；认为不符合受理条件的，七日内裁定驳回申请。

第四百四十六条　因票据丧失，申请公示催告的，人民法院应结合票据存根、丧失票据的复印件、出票人关于签发票据的证明、申请人合法取得票据的证明、银行挂失止付通知书、报案证明等证据，决定是否受理。

第四百四十七条　人民法院依照民事诉讼法第二百一十九条规定发出的受理申请的公告，应当写明下列内容：

（一）公示催告申请人的姓名或者名称；

（二）票据的种类、号码、票面金额、出票人、背书人、持票人、付款期限等事项以及其他可以申请公示催告的权利凭证的种类、号码、权利范围、权利人、义务人、行权日期等事项；

（三）申报权利的期间；

（四）在公示催告期间转让票据等权利凭证，利害关系人不申报的法律后果。

第四百四十八条　公告应当在有关报纸或者其他媒体上刊登，并于同日公布于人民法院公告栏内。人民法院所在地有证券交易所的，还应当同日在该交易所公布。

第四百四十九条　公告期间不得少于六十日，且公示催告期间届满日不得早于票据付款日后十五日。

第四百五十条　在申报期届满后、判决作出之前，利害关系人申报权利的，应当适用民事诉讼法第二百二十一条第二款、第三款规定处理。

第四百五十一条　利害关系人申报权利，人民法院应当通知其向法院出示票据，并通知公示催告申请人在指定的期间查看该票据。公示催告申请人申请公示催告的票据与利害关系人出示的票据不一致的，应当裁定驳回利害关系人的申报。

第四百五十二条　在申报权利的期间无人申报权利，或者申报被驳回的，申请人应当自公示催告期间届满之日起一个月内申请作出判决。逾期不申请判决的，终结公示催告程序。

裁定终结公示催告程序的，应当通知申请人和支付人。

第四百五十三条　判决公告之日起，公示催告申请人有权依据判决向付款人请求付款。

付款人拒绝付款，申请人向人民法院起诉，符合民事诉讼法第一百一十九条规定的起诉条件的，人民法院应予受理。

第四百五十四条　适用公示催告程序审理案件，可由审判员一人独任审理；判决宣告票据无效的，应当组成合议庭审理。

第四百五十五条　公示催告申请人撤回申请，应在公示催告前提出；公示催告期间申请撤回的，人民法院可以径行裁定终结公示催告程序。

第四百五十六条　人民法院依照民事诉讼法第二百二十条规定通知支付人停止支付，应当符合有关财产保全的规定。支付人收到停止支付通知后拒不止付的，除可依照民事诉讼法第一百一十一条、第一百一十四条规定采取强制措施外，在判决后，支付人仍应承担付款义务。

第四百五十七条　人民法院依照民事诉讼法第二百二十一条规定终结公示催告程序后，公示催告申请人或者申报人向人民法院提起诉讼，因票据权利纠纷提起的，由票据支付地或者被告住所地人民法院管辖；因非票据权利纠纷提起的，由被告住所地人民法院管辖。

第四百五十八条　依照民事诉讼法第二百二十一条规定制作的终结公示催告程序的裁定书，由审判员、书记员署名，加盖人民法院印章。

第四百五十九条　依照民事诉讼法第二百二十三条的规定，利害关系人向人民法院起诉的，人民法院可按票据纠纷适用普通程序审理。

第四百六十条　民事诉讼法第二百二十三条规定的正当理由，包括：

（一）因发生意外事件或者不可抗力致使利害关系人无法知道公告事实的；

（二）利害关系人因被限制人身自由而无法知道公告事实，或者虽然知道公告事实，但无法自己或者委托他人代为申报权利的；

（三）不属于法定申请公示催告情形的；

（四）未予公告或者未按法定方式公告的；

（五）其他导致利害关系人在判决作出前未能向人民法院申报权利的客观事由。

第四百六十一条　根据民事诉讼法第二百二十三条的规定，利害关系人请求人民法院撤销除权判决的，应当将申请人列为被告。

利害关系人仅诉请确认其为合法持票人的，人民法院应当在裁判文书中写明，确认利害关系人为票据权利人的判决作出后，除权判决即被撤销。

三、公示催告程序的具体流程

可以背书转让的票据的最后持有人，因为票据被盗、遗失、灭失请求人民法院以公示的方式催告不明的利害关系人在一定期间内申报该票据权利，若无人申报或申报被驳回，则人民法院根据最后持票人的申请作出除权判决的制度。

（一）申请与受理

符合法定条件的最终持票人向有管辖权的人民法院申请公示催告，申请人要交纳申请费 100 元（《诉讼费用交纳办法》第 14 条）。

因票据丧失，申请公示催告的，人民法院应当结合票据存根、丧失票据的复印件、出票人关于签发票据的证明、申请人合法取得票据的证明、银行挂失止付通知书、报案证明等证据，决定是否受理。认为不符合受理条件的，7 日内裁定驳回申请。

公示催告申请人撤回申请，应当在公示催告前提出；公示催告期间申请撤回的，人民法院可以径行终结公示催告程序。

失票人需持下列材料到票据支付地基层人民法院立案庭申请立案：①主体证明：单位经年检的营业执照复印件、组织机构代码证复印件、法定代表人身份证复印件、法定代表人身份证明原件（加盖公章证明其是该单位法定代表人）、法定代表人授权委托书，如果经办人是单位职工，则还需职工身份证复印件、职工是本单位员工的证明原件（加盖公章）；如果经办人是律师，则还需律师证复印件、律师事务所所函原件；如果申请人是自然人也需要相应的证明自己身份的材料。②丢失票据的复印件，如有粘单，粘单的复印件也要提供。③公示催告申请书。④失票人与最近的上一手之间票据流转的基础法律关系证明（如买卖合同）。⑤如票据有背书人，所有背书人的书面说明。⑥出票行或付款行出具的挂失止付通知书（有的法院要求，可去出票行或者付款行直接办理）。

（二）法院通知止付和发出公告

人民法院决定受理申请人的申请，应当同时通知支付人停止支付，并在 3 日内发出公告，催促利害关系人申报权利。根据《民事诉讼法》的相关规定，公示期间不能少于 60 日，且不能早于票据付款日后 15 日。根据《最高人民法院关于审理票据纠纷案件若干问题的规定》第 33 条的规定，公示催告期间，国内票据自公告发布之日起 60 日，涉外票据可根据具体情况适当延长，但是最长不得超过 90 日。

（三）利害关系人申报权利

法律规定以公告和申报权利的方式，来查明公示催告申请人的申请事由是否真实，并以此来维护利害关系人的合法利益。

利害关系人申报权利的条件是：在公示催告期间向受理申请公示催告的人民法院以书面形式申报。在公示催告期间，以公示催告的票据质押、贴现，因为质押、贴现而接受票据的持票人主张票据权利的，人民法院不予支持。但是公示催告期间届满之后人民法院作出除权判决之前取得票据的除外。

（四）除权判决

公示催告期满，无人申报权利或者申报被驳回的，根据公示催告申请人的申请，人民法院作出该票据或者其他事项不再具有法律效力的判决。人民法院应当组成合议庭审理是否具备作出除权判决申请的条件。人民法院经过审理，认为不具备作出除权判决的申请条件的，应当裁定驳回除权判决申请。作出除权判决的要公告，同时通知支付人。该公告方式不同于公示催告。

（五）撤销除权判决之诉

利害关系人因为正当理由不能在除权判决前向人民法院申报的，自知道或者应当知道除权判决公告之日起1年内，可以向作出判决的人民法院起诉。

四、训练的素材

【基本信息】

案件名称：华能电力器材设备有限公司申请公示催告案

案由：申请公示催告

程序类型：民事非讼特别程序：公示催告程序

【案情概述】

申请人：华能电力器材设备有限公司

请求事项：请求申请公示催告。

事实与理由：申请人所持有的浦东发展银行股份有限公司S支行于2010年11月12日签发的编号为××的银行承兑汇票被盗，票面金额为5万元整。

出票人：华海氨纶有限公司

收款人：华海合力科技股份有限公司

最后持票人：为申请人，出票行浦东发展银行股份有限公司S支行。

该汇票已经背书转让给申请人。

【案情焦点与问题】

本案并无争议焦点。

问题：

1. 申请人需要对申请请求提供哪些证据？证据如何收集？
2. 公示催告的公告期限。
3. 若案件在公告期间，案外人对该票据主张权利，案件应当如何审理？
4. 本案证据的背书是否连贯完整？

【案情结果】

申请人华能电力器材设备有限公司申请宣告票据无效一案，本院受理后依法于2011年5月15日发出公告，催促利害关系人在60日内申报权利。现公示催告期间已满，无人向本院提出申报。依照《中华人民共和国民事诉讼法》第197条的规定，判决如下：一、宣告华能电力器材设备有限公司所持有的浦东发展银行××支行于2010年11月12日签发的编号为××号的银行承兑汇票，票面金额五万元，出票人华海氨纶有限公司，支付人为浦东发展银行××支行银行的银行承兑汇票无效；二、自本判决公告之日起，申请人华能电力器材设备有限公司有权向支付人请求支付。

【证据】

1. 证明

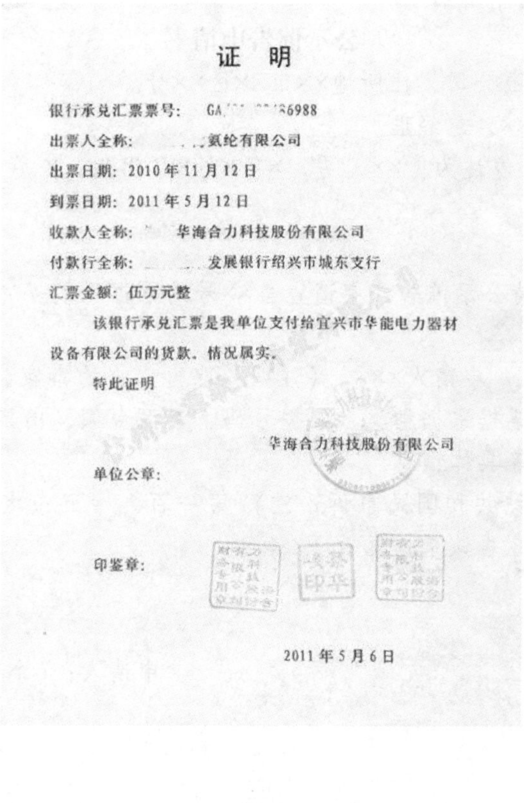

证 明

银行承兑汇票票号： GA… …6988

出票人全称： …氨纶有限公司

出票日期：2010年11月12日

到票日期：2011年5月12日

收款人全称： 华海合力科技股份有限公司

付款行全称： …发展银行绍兴市城东支行

汇票金额：伍万元整

该银行承兑汇票是我单位支付给宜兴市华能电力器材设备有限公司的货款。情况属实。

特此证明

华海合力科技股份有限公司

单位公章：

印鉴章：

2011年5月6日

2. 银行承兑汇票

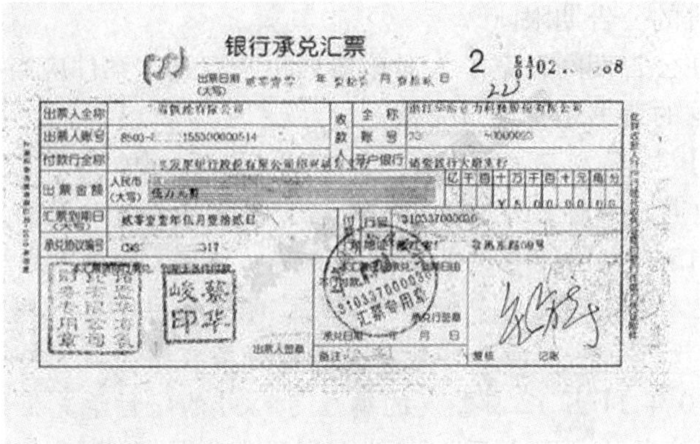

银行承兑汇票

2

出票日期（大写）　年　月　日

出票人全称		收款人	全称	
出票人账号	1553000005l4		账号	
付款行全称			开户银行	
出票金额	人民币（大写） [redacted]		亿千百十万千百十元角分	
汇票到期日（大写）		付款行	行号	
承兑协议编号			地址	

出票人签章

汇票专用章

承兑行签章

承兑日期　年　月　日

备注

复核　记账

五、训练的组织过程

依托校园局域网上的“法律实务综合模拟平台”软件系统，在老师的指导下，让每位学生全角色模拟相应的诉讼流程。

六、程序训练法律文书的写作

（一）公示催告申请书

公示催告申请书

申请人：××有限公司，住所地××市××区××号。

法定代表人：××，总经理。

（个体工商户，表述为：××，男，×年×月×日出生，×族，××业主，现住××市××区××号。）

电话：××××

申请事项：申请公示催告，申请宣告××号的票据无效。

事实和理由：

××××年×月×日，申请人×××。（注明：取得票据的事实、丧失票据的有关情况。特别写清楚该票据票据种类、票据号码、票面金额、出票人、持票人、背书人、票据支付银行等具体信息。）

根据《中华人民共和国民事诉讼法》第一百九十五条之规定，特向你院申请办理公示催告，宣告该票据无效。

此致

××人民法院

申请人：（个人签字、单位盖章）

××××年×月×日

（二）除权判决书

1. 普通法院除权判决书

××人民法院

民事判决书

（××××）民催字第××号

申请人：（写明姓名或者名称，住址或者住所，联系方式）

申请人申请宣告股权证无效一案，本院受理后依法于××××年××月××日发出公告，催促利害关系人在六十日内申报权利。现公示催告期间已满，无人向本院提出申报。依照《中华人民共和国民事诉讼法》第一百九十七条的规定，判决如下：

一、宣告申请人股权证（证号：________）无效。

二、自本判决公告之日起，申请人有权向发放机关申请重新办理股权证持有卡。

本判决为终审判决。

审判长：××

审判员：××

审判员：××

××××年××月××日

书记员：××

2. 海事法院除权判决书（公示催告除权用）

民事判决书

（××××）××海法催字第××号

申请人（写明姓名或名称、住所地等基本情况）。

申请人________申请宣告提货凭证无效一案，本院受理后依法于××××年××月××日发出公告，催促利害关系人在________日内申报权利。现公示催告期间已满，无人向本院提出申报。依照《中华人民共和国民事诉讼法》第一百九十七条的规定，判决如下：

一、宣告（写明提货凭证名称、货物金额和签发人、持有人、背书人等）无效；

二、自本判决公告之日起，申请人________有权向承运人________请求提货。

案件受理费及公告费________元，由申请人________负担。

本判决为终审判决。

审判员：××
审判员：××
审判员：××

××××年××月××日

本件与原件核对无异

书记员：××

附：

本判决书样式供海事法院在受理海事公示催告案件，并发出催促利害关系人申报权利的公告后，在规定期间无人提出申报，依法宣告提货凭证无效时使用。

七、网络实训平台的操作指导

在老师的指导下，依托“法律实务综合模拟平台”，进行程序训练。

第三节 企业破产程序实训

一、训练目标

熟悉企业破产还债程序的整个流程。撰写相关的诉讼文书，如债权人书写《企业法人破产还债申请书》，债务人书写《企业法人破产还债申请书》《企业主体资格证明》，以及可以选填的《企业法定代表人与主要负责人名单》《企业职工情况和安置预案》《企业亏损情况的说明》《企业至破产申请日的资产状况明细表》《企业在金融机构开设账户的详细情况》《企业债权情况表》《企业债务情况表》《企业涉及的担保情况》《企业已发生的诉讼情况》。

二、训练前的准备

阅读《企业破产法》，把握企业破产的主要流程。

三、企业破产程序

（一）破产申请

企业提出破产申请应当向人民法院提交如下材料：破产申请书、企业主体资格证明（营业执照）、企业法定代表人与主要负责人名单、企业职工情况和安置预案、企业亏损情况的书面说明、企业至破产申请日的资产状况明细表，包括有形资产、无形资产和企业投资情况等，资产负债表等有关会计报表、企业在金融机构开设账户的详细情况，包括开户审批材料、账号、资金等、债权清单、债务清单、企业涉及的担保情况（提供担保合同）、企业已发生的诉讼情况等。

（二）法院立案

符合受理条件的，人民法院负责立案的人员填写立案审批表，附有关材料报庭长、院长审批、立案；法院决定受理企业破产案件的，制作案件受理通知书，通知书作出时间为破产案件受理时间；立案后，负责立案部门应于2日内将案件移交审判业务庭，由审判业务庭立即向申请人和债务人发送受理案件通知书；法院受理破产案件可以预收案件受理费，案件受理费为按照企业财产评估总值，依照财产案件收费标准减半收取，但最高不超过10万元，不预收案件受理费的，待破产财产变现后，从破产财产中优先拨付；债务人为破产申请人的破产案件，破产宣告前的必要支出由债务人负担。

法院受理破产案件后在法院公告栏内张贴受理企业破产案件公告。公告应当包括下列内容：立案时间；破产案件的债务人；申报债权的期限、地点和逾期未报的法律后果；第一次债权人会议召开的日期、地点；等等。

法院受理破产案件后，通知债务人停止清偿债务，债务人正常生产经营所必须偿付的和职工生活所必需的费用，在清算组成立之前应当经法院审查批准；债务人收到法院关于停止清偿债务的通知后，仍然对部分债权人清偿债务的，法院裁定该行为无效，追回破产企业财产；法院受理破产案件后，立即向企业全体职工发布公告，要求保护好企业财产，不得非法处理企业的账册、文书、资料和印章，不得隐匿、处分、无偿转让、非正常压价出售企业的财产；法院受理破产财产后，会告知其法定代表人在破产程序终结前，不得擅离职守或以其他方式逃避，并负责或指定专人负责保管好企业印章、账册、文书、资料及企业财产；企业法定代表人在破产程序终结以前，擅离职守或者以其他方式逃避的，或拒绝向清算组办理交接手续的，法院有权根据情节轻重，予以罚款、拘留；法院受理破产案件后，立即通知债务人所有的开户银行，停止办理债务人清偿债务的结算业务，如需支付维持债务人正常生产经营和职工生活所必需的费用，需经法院许可。

（三）法院审理

人民法院书面通知已知债权人申报债权；人民法院裁定受理破产申请的，应当同时指定管理人；法院受理企业破产案件后，以债务人为原告的其他民事纠纷案件尚在一审程序的，受诉法院应当将案件移送受理破产案件的法院；案件已经进行到二审程序的，受诉法院应当继续审理；法院受理企业破产案件后，以债务人为原告的其他民事纠纷案件已经审结但未执行完毕的，受理破产案件的法院应当通知执行法院，有关法院应当在3个月内执行完毕，不能执行完毕的，执行法院应当及时移交受理破产案件的法院处理。法院受理企业破产案件后，对债务人财产的其他民事执行程序应当中止。

1. 重整程序

根据《中华人民共和国破产法》的规定，债务人或者债权人可以直接向人民法院申请对债务人进行重整。债权人申请对债务人进行破产清算的，在人民法院受理破产申请后、宣告债务人破产前，债务人或者出资额占债务人注册资本1/10以上的出资人，可以向人民法院申请重整债务人。管理人应当自人民法院裁定债务人重整之日起6个月内，同时向人民法院和债权人会议提交重整计划草案。债务人不能执行或者不执行重整计划的，人民法院经管理人或者利害关系人请求，应当裁定终止重整计划的执行，并宣告债务人破产。

2. 和解程序

根据《中华人民共和国破产法》的规定，债务人可以直接向人民法院申请和解；也可以在人民法院受理破产申请后、宣告债务人破产前，向人民法院申请和解。债务人申请和解，应当提出和解协议草案。债务人不能执行或者不执行和解协议的，人民法院经和解债权人请求，应当裁定终止和解协议的执行，并宣告债务人破产。

人民法院裁定终止和解协议执行的，和解债权人在和解协议中作出的债权调整的承诺失去效力。和解债权人因执行和解协议所受的清偿仍然有效，和解债权未受清偿的部分作为破产债权。前款规定的债权人，只有在其他债权人同自己所受的清偿达到同一比例时，才能继续接受分配。

人民法院受理破产申请后，债务人与全体债权人就债权债务的处理自行达成协议的，可以请求人民法院裁定认可，并终结破产程序。

3. 宣告破产

和解程序或者重整程序失败，或者根据《中华人民共和国破产法》的规定人民法院宣告债务人破产的，人民法院应当自裁定作出之日起5日内送达债务人和管理人，自裁定作出之日起10日内通知已知债权人，并予以公告。债务人被宣告破产后，债务人称为破产人，债务人财产称为破产财产，人民法院受理破产申请时有关当事人对债务人享有的债权称为破产债权。管理人应当及时拟订破产财产分配方案，提交债权人会议讨论。破产财产分配方案经人民法院裁定认可后，由管理人执行。管理人按照破产财产分配；破产人无财产可供分配的，管理人应当请求人民法院裁定终结破产程序。

四、训练的素材

【基本信息】

案件名称：焦作鑫安科技股份有限公司破产重整案

案由：申请破产重整

程序类型：民事非讼特别程序：企业破产程序

【案情概述】

《企业破产法》借鉴国外成功的立法经验，创造性地规定了破产重整制度。焦作中院在审理上市公司鑫安科技被申请破产清算一案的过程中，根据具体案情，敏感而果断地适用上述法律规定，由破产清算程序转为重整程序，成功审理了这家上市公司破产案，以债权人会议各表决组高票通过重整计划而终止重整程序，摸索了一些利用破产重整程序化解债务危机、服务大中型企业改制重组的成功经验。

【破产流程】

受理：河南省焦作市中级人民法院（2008）焦民破字第2-1号（2008年6月24日）。

重整：河南省焦作市中级人民法院（2008）焦民破字第2-13号（2008年11月6日）。

批准、终止：河南省焦作市中级人民法院（2008）焦民破字第2-18号（2008年12月22日）。

重整计划执行完毕、监督职责终止：河南省焦作市中级人民法院（2008）焦民破字第2-29号（2009年12月16日）。

【案情】

申请人：昊华宇航化工有限责任公司（以下简称昊华宇航），住所地：焦作市解放东路279号。法定代表人：徐×红。职务：董事长。

被申请人：焦作鑫安科技股份有限公司（以下简称鑫安科技），住所地：焦作市环城北路28号。法定代表人：秦×员。职务：董事长。

鑫安科技的前身为始建于1958年的焦作市化工三厂。1989年，作为股份制改革试点，化工三厂进行整体改组，通过向社会公众募集股份成立了“焦作市碱业股份有限公司”，并于1997年3月31日经国家证监会批准在深交所上市。2001年6月公司更名为“鑫安科技股份有限公司”，注册资本人民币12 937.57万元，目前在册员工3172人，含内退410人。2002年11月，鑫安科技与河南花园集团有限公司（以下简称花园集团）实现重组，鑫安科技的原股东鑫安集团将其持有的鑫安科技56.99%的国有法人股份转让给花园集团，花园集团成为鑫安科技第一大股东。重组后，由于花园集团经营管理不善，特别是严重违规占用上市公司资金，鑫安科技生产经营迅速下滑，企业陷入困境。从2004年7、8月份开始鑫安科技即处于停产和半停产状态，2005年6月11日鑫安科技全面停产，3000多名职工全部下岗待业，多次发生职工大规模上访事件。据鑫安科技公布的年度审计报告，2005年企业亏损1.15亿元，2006年企业亏损2.18亿元，2007年企业亏损1.31亿元。截至2007年12月31日，鑫安科技资产总计370 808 774.05元，负债总计为556 520 564.52元，净资产为-185 711 790.47元，已严重资不抵债。鑫安科技连续三年亏损，根据中国证监会关于《亏损上市公司暂停上市和终止上市实施办法（修订）》的有关规定，于2008年1月22日被深圳证券交易所暂停股票上市。申请人对被申请人享有1969万元的到期债权，被申请人不持异议，该债权占鑫安科技全部债务的3.53%。申请人以被申请人严重亏损，不能清偿到期债务为由，于2008年3月28日向焦作市中级人民法院申请对被申请人进行破产清算。焦作中院依法通知了被申请人（债务人），被申请人鑫安科技未在法定期限内提出异议。

【案情解析】

新《企业破产法》包括了破产清算制度和以挽救债务人免于破产为目的的和解和重整等破产预防制度。破产清算对保障债权公平有序受偿、完善优胜劣汰的竞争机制、优化社会资源配置、调整社会产业结构、规范市场主体退出机制，维护市场运行秩序一直发挥着重要作用。

破产重整和破产和解制度对于虽然已经出现破产原因或者有明显丧失清偿能力可能，但符合国家产业结构调整政策、仍具发展前景的企业有重要的挽救作用，为尚有挽救希望的危困企业提供了避免破产清算死亡、获得再生的机会，有利于债务人及其债权人、出资人、职工、关联企业等各方主体实现共赢，有利于社会资源的充分利用。

特别是在当前阶段，努力推动企业重整和和解成功，促进就业、优化资源配置、减少企业破产给社会带来的不利影响，是人民法院审理企业破产案件的重要目标之一，也是人民法院商事审判工作服务于保增长、保民生、保稳定大局的必然要求。

焦作鑫安科技股份有限公司是焦作市仅有的三家上市公司之一，有曾经的辉煌。多种原因造成企业资不抵债、股票停止交易、面临摘牌退市的窘境。但是，该企业有3000余名优秀员工，有良好的商誉，有较好的潜在价值和发展前景，破产清算对职工、对企业、对股东，包括对当地投资环境都会造成重大损失。在人民法院的主持和利害关系人参与下，重整计划创造性地提出以一部分股权抵偿债权为核心的解决方案，股东让渡持有股权的15%~70%，职工债权、社保债权、税款债权获得全额清偿，普通债权人获得17.05%~25.81%不等的清偿（大大高于破产清算的清偿率）。债务危机解除了，通过制定可行的经营方案，企业得以存续，避免成为国内第一家受到破产清算关门走人的上市公司，真正实现了多赢。

【案情结果】

焦作市中级人民法院审查认为：被申请人公开披露的财务报告等证据显示，鑫安科技已经资不抵债。被申请人在给申请人出具的“债务情况说明”中陈述，该公司自2005年8月份以来，已经停止生产经营，目前尚无恢复生产的可能，没有能力对申请人偿还债务。申请人作为被申请人的债权人，在债务人不能清偿到期债务时，向人民法院提出对债务人进行破产清算的申请是依法行使自己的权利。被申请人对此也未依法提出异议。

针对鑫安科技作为一家上市公司的特殊情况，焦作中院在与有关证券机构进行必要沟通，并向上级法院请示后，根据《企业破产法》第2条、第3条、第7条第2款、第10条、第13条之规定，于2008年6月24日裁定受理昊华宇航化工有限责任公司提出对焦作鑫安科技股份有限公司进行破产清算的申请。并同时指定焦作鑫安科技股份有限公司破产清算组为管理人。管理人依照《企业破产法》执行职务，向人民法院报告工作，接受债权人会议的监督，履行决定债务人的内部管理事务，决定债务人的日常开支和其他必要开支，管理和处分债务人的财产等职责。

管理人在被指定后3日之内顺利地接管了债务人的财产、印章和账簿、文书等资料，在人民法院的指导下，修改制订了信息披露方案、稳定工作方案、资产清理方案、敏感债权处置方案、职工就业安置方案、突发事件应急处置方案等预案，确定了3个月的债权申报期，向已知债权人发出200余份通知书，并立即着手调查债务人财产状况，制作财产状况报告。

在债权申报的有效期内，共有74户债权人申报债权，申报金额805 745 742.91元。管理人对收到的债权申报材料进行登记造册，对申报的债权进行了核查，并编制了债权表，提交第一次债权人会议核查，核定对特定财产享有担保权的债权人1家，债权金额为65 028 183.08元。公司欠职工工资和医疗、伤残补助、抚恤费用，所欠的应当划入职工个人账户的基本养老保险、基本医疗保险费用，以及法律、行政法规规定应当支付给职工的补偿金，共涉及3056名职工，合计金额为40 025 752.48元。属于《企业破产法》第82条第1款第2项规定以外的社会保险费用26 460 927.00元。税款债权人2家，债权金额为14 717 296.54元。核定普通债权人67家，债权金额423 812 264.37元。

根据《企业破产法》第58条的规定，焦作中院对债权人、债务人无异议的债权表中记载的债权进行了裁定确认。债权尚未确定的债权人，暂以管理人核定的债权额，行使表决权。

第一次债权人会议于2008年10月10日上午9时在焦作中院一号大法庭召开。在本次会议上，债务人的原高管对企业的亏损原因进行了分析，管理人就部分债权人对鑫安科技资产、人员、债权、债务、股权结构等方面的疑问，进行了耐心解释和说明。会议核查了债权人申报并经管理人初步审查的债权，审查了管理人的工作方案和报酬方案，通过了管理人提出的债务人财产的管理方案和变价方案。

管理人对鑫安科技的资产人员情况、债权债务情况进行了认真的清理、核查，对鑫安科技的资产偿债能力、股权价值、市场前景、经营方向等进行认真分析后，认为该企业尚有重整再生的可能。于2008年11月5日，由债务人鑫安科技向焦作中院提出重整申请。

焦作中院审查后认为，鑫安科技作为债务人被债权人申请进行破产清算，在本院受理破产申请后、宣告债务人破产之前，向本院申请重整，符合法律规定。鑫安科技作为一家上市公司，有重整的必要和可能。管理人提出的重整设想有实现的可能。根据《企业破产法》第70条第2款、第71条之规定，裁定焦作鑫安科技股份有限公司进入重整程序。自2008年11月6日起至重整程序终止，为焦作鑫安科技股份有限公司的重整期间。

重整期间，管理人在人民法院的指导、监督下，对鑫安科技的资产、股权进行了认真的评估，对债权人的债权进行分析归类，充分征求、探寻各个利害关系人意见，对重整方案进行再三修改、完善。本着最大限度保护企业职工利益、各位债权人利益、股东利益，最大限度提高清偿率的原则，最后形成《焦作鑫安科技股份有限公司重整计划》，提交债权人会议表决。

2008 年 12 月 10 日，焦作鑫安科技股份有限公司第二次债权人会议如期召开。根据《企业破产法》第 82 条的规定，对重整计划草案实行分组表决。结合鑫安科技债权人的具体情况，焦作中院决定设立：①对特定财产享有担保权的债权组；②职工债权组；③税款债权组；④200 万元以上的普通债权组；⑤200 万元以下（含 200 万）的小额普通债权组。根据《企业破产法》第 85 条的规定，设出资人组，对管理人提出的重整计划草案涉及的出资人权益调整事项进行表决。

各表决组对重整计划认真讨论，就债权人和出资人提出的许多问题，管理人给予了详细解释，并聘请专业财务顾问以翔实的数据对破产清算进行了利害分析。最终使得多数人认为，通过重整计划对职工有利而无害，有财产担保债权人就担保财产可以获得全额清偿，对普通债权人和股东而言，尽管有所损失，但是能够使损失降到最低，重整成功能够实现多赢。在充分酝酿、讨论、解释、答疑的基础上，各表决组一次性通过重整计划。重整计划在保证职工债权、税款债权、社保债权、有财产担保债权就特定财产获得全额清偿的前提下，由股东与债权人共同分担债务重组损失，由全体股东无偿让渡一定比例的股权，用于清偿公司债务，最大限度地提高普通债权的清偿率。200 万以上的普通债权获得 17.05%的清偿，200 万以下的普通债权获得 25.81%的清偿。大大高于破产清算的清偿率（据测算，如果进行破产清算，鑫安科技可用于偿还普通债权人的有效资产为零，普通债权的清偿率将为 0，而所有股东的股东权益也将随着企业的破产清算而归 0)。避免了鑫安科技成为国内第一家受到破产清算的上市公司。

管理人于 2008 年 12 月 18 日向焦作中院提出申请，请求批准重整计划。本院经审查认为，焦作鑫安科技股份有限公司第二次债权人会议的召集程序和表决方法符合法律规定，鑫安科技管理人提交的重整计划内容合法、公平、可行。根据《企业破产法》第 86 条之规定，裁定批准债务人焦作鑫安科技股份有限公司的重整计划，并予以公告。

2009 年 12 月 11 日，焦作鑫安管理人向焦作中院提交监督报告，焦作中院下达（2008）焦民破字第 2-29 号民事裁定，焦作鑫安科技股份有限公司（下称焦作鑫安）的重整计划执行完毕，焦作鑫安管理人的监督职责终止。

至此，焦作鑫安科技股份有限公司的破产重整案顺利审结。

五、训练的组织过程

依托校园局域网上的“法律实务综合模拟平台”软件系统，在老师的指导下，让每位学生全角色模拟相应的诉讼流程。

六、本阶段程序训练中的主要法律文书写作范本

（一）企业破产申请书

1. 债务人申请破产

债务人破产申请书

申请人：（基本情况）

申请事项：申请××公司破产。

事实与理由：

申请人因经营不善，到目前为止，已经严重资不抵债，为此，特提出破产之申请。（写明企业亏损的情况，有关的会计报表、债务清册和债权清册等）

此致

××人民法院

申请人：

××××年××月××日

2. 债权人申请破产

债权人破产申请书

申请人：（基本情况）

被申请人：（基本情况）

事实与理由：

（写明事情的经过、并证明债权金额，有无财产担保，以及债务人不能清偿到期债务的有关证据，包括有关的合同文本、公证文书、担保协议、往来账务以及债务人不能清偿债务的事实等）

此致

××人民法院

申请人：

××××年××月××日

3. 企业清算组申请破产

企业清算委员会破产申请书

申请人：（基本情况）

委托代理人：（基本情况）

申请事项：申请宣告××公司破产还债。

事实与理由：

（写明事情的起因经过，并应当证明债权数额、有无财产担保，清算委员会所做的一系列工作等）

显然，该公司现有债权和银行存款不足抵偿所欠债务，已构成资不抵债。为此，清算委员会决定根据《中华人民共和国破产法》的规定，特向贵院申请依法裁定××公司破产还债。

此致

××人民法院

申请人：

××××年××月××日

（二）各种申报书

1. 申请报告（管理人申请实施处分债务人财产的行为用）

申请报告

××人民法院/××债权人委员会：

本管理人履行职责过程中，拟实施《中华人民共和国破产法》第六十九条所规定之相关行为。根据《中华人民共和国企业破产法》第二十六条及第六十九条之规定，现将有关情况报告如下：

1. 拟实施行为的具体内容，包括涉及的金额、行为的相对方、实施的时间等；

2. 行为的实施方式和程序；

3. 实施该行为的原因；

4. 债务人财产的影响；

5. 其他需要报告的事项。

请予核准！

管理人：××

××××年××月××日

附：

1.《管理人关于实施××行为的方案》；

2.《行为相对方资信情况》。

文书制作说明：

1、本文书依据的法律是《中华人民共和国企业破产法》第二十六条及第六十九条。

2、第一次债权人会议前，管理人在实施《中华人民共和国企业破产法》第六十九条所规定之行为时，应当向破产案件受理法院提交申请报告，需法院许可后方可实施相应行为。第一次债权人会议后，已成立债权人委员会的，向债权人委员会提交申请报告；未设立债权人委员会的，应向法院及时报告。

3、申请报告应当详细阐述处分债务人财产的理由，并附方案实施报告。

2. 申请报告（提请债权人会议审议管理人报酬方案用）

申请报告

××债权人会议：

本机构经××人民法院指定，担任××破产一案的管理人。××人民法院根据对××可供清偿的财产价值和管理人工作量作出的预测，于××××年××月××日初步确定了《管理人报酬方案》。现根据最高人民法院《关于审理企业破产案件确定管理人报酬的规定》第六条第二款之规定，向第一次债权人会议报告。

一、债务人可供清偿的财产情况

根据管理人截至目前掌握的材料，××不包括担保物在内的最终可供清偿的财产价值约为人民币××元，担保物价值约为人民币××元。

二、管理人报酬比例

根据不包括担保权人优先受偿的担保物价值在内的债务人最终可供清偿的财产总额价值和管理人工作量所作的预测，根据最高人民法院《关于审理企业破产案件确定管理人报酬的规定》第二条之规定，确定管理人在以下比例限制范围内分段确定管理人报酬：

（一）不超过________元（含本数，下同）的，按________%确定；

（二）超过________元至________元的部分，按________%确定；

……。

三、管理人报酬收取时间

最后一次性收取的：

本方案确定管理人最后一次性收取报酬，收取时间为破产财产最后分配之前。

分期收取的：

本方案确定管理人在破产程序期间分期收取报酬，收取时间分别为：

第一次：本方案经第一次债权人会议通过后×日内；

第二次：____________________；

第三次：____________________。

四、管理担保物的费用

破产程序期间，管理人对担保物的维护、变现、交付等管理工作付出了合理劳动，经与担保权人协商，确定管理人在担保物变现价值××%范围内收取适当报酬，报酬金额为人民币××元，收取时间为______________。

五、其他需要说明的问题

特此报告。

管理人：××

××××年××月××日

附：

1、管理人工作量预测报告（或者竞争管理人报价书）；

2、××担保物维护、变现、交付等管理工作情况报告。

文书制作说明：

1、本文书依据的法律是《中华人民共和国企业破产法》第二十八条及最高人民法院《关于审理企业破产案件确定管理人报酬的规定》第二条、第六条之规定。管理人报酬方案在法院确定后由管理人报告第一次债权人会议。

2、管理人工作量预测报告应当列明管理人投入的工作团队人数、工作时间预测、工作重点和难点等。破产重整或者和解案件，管理人还应当列明管理人对重整、和解工作的贡献。

3、采取公开竞争方式指定管理人的，管理人报酬依据中介机构竞争担任管理人时的报价确定。

4、担保物变现收取的报酬比例不得超过最高人民法院《关于审理企业破产案件确定管理人报酬的规定》第二条规定报酬比例限制范围的10%。担保物管理人工作报告应当逐一列明各担保物的维护、变现、交付等情况。

3. 通知书（要求追回债务人财产用）

通知书

××（占有债务人财产的相对人名称）：

××（债务人名称）因（写明破产原因），××人民法院于××××年××月××日作出（××××）×破字第××号民事裁定书，裁定××（重整/和解/破产清算）。××人民法院于××××年××月××日作出（××××）×破字第××号决定书，指定××担任管理人。

根据管理人掌握的材料，××存在下列行为（列明行为时间、内容等）：

1、____________________________；

2、____________________________；

……。

根据《中华人民共和国企业破产法》第三十一条、第三十二条或者第三十三条的规定，本管理人对上述行为予以撤销（或者确认无效）。你公司/你基于上述行为取得了××的财产（列明财产名称和数量），现要求你公司/你于接到本通知之日起×日内，向本管理人返还上述财产（列明返还财产的方式和地点）。

如你公司/你对本通知有异议，你公司/你可在接到本通知之日起××日内向本管理人提出，并附相关合法、有效的证据，配合管理人核实。

特此通知。

管理人：××

××××年××月××日

附：

1、破产申请受理裁定书复印件一份；

2、管理人指定决定书复印件一份；

3、相对人占有债务人财产的证据；

4、管理人联系方式：________________________。

文书制作说明：

1、本文书依据的法律是《中华人民共和国企业破产法》第三十四条之规定，“因本法第三十一条、第三十二条或者第三十三条规定的行为而取得的债务人财产，管理人有权追回。”由管理人发送占有债务人财产的相对人。

2、管理人发现债务人在人民法院受理破产之前存在《中华人民共和国企业破产法》第三十一条、第三十二条或者第三十三条规定的行为的，应当依法予以撤销或者确认无效，并通知相对人返还取得的债务人财产。

3、相对人拒不返还取得的债务人财产，管理人可以向人民法院提起撤销之诉或者确认无效之诉。

4. 通知书（要求债务人的出资人补缴出资用）

通知书

××（债务人的出资人名称）：

××（债务人名称）因（写明破产原因），××人民法院于××××年××月××日作出（××）×破字第×号民事裁定书，裁定×××（债务人名称）（重整/和解/破产清算）。××人民法院于××××年××月××日作出（××）×破字第××号决定书，指定××担任管理人。

根据管理人掌握的材料，你公司/你作为××的出资人，认缴出资额为：（货币种类）××元（大写：____________________），认缴方式为：________________，你公司/你应当于××××年××月××日前按期足额缴纳上述出资。

截止本通知发出之日，你公司/你上述出资义务尚未履行完毕，（以货币出资的）尚有（货币种类）××元（大写：__________________）未缴纳/（以非货币财产出资的）________________尚未办理财产权转移手续。

根据《中华人民共和国企业破产法》第三十五条之规定，你公司/你应当缴纳全部所认缴的出资，而不受出资期限的限制。现通知你公司/你于接到本通知之日起×日内，向本管理人缴纳上述未缴出资（列明缴纳出资的方式）。

如你公司/你对本通知书中所列出资缴纳义务的有无、数额、形式等有异议，你公司/你可于接到本通知书之日起×日内向本管理人提出，并附相关合法、有效的证据，配合管理人核实。

特此通知。

管理人：××

××××年××月××日

附：

1、破产申请受理裁定书复印件一份；

2、管理人指定决定书复印件一份；

3、出资人未足额交纳出资的证据；

4、管理人的联系方式：________________。

文书制作说明：

本文书依据的法律是《中华人民共和国企业破产法》第三十五条之规定，“人民法院受理破产申请后，债务人的出资人尚未完全履行出资义务的，管理人应当要求该出资人缴纳所认缴的出资，而不受出资期限的限制。”由管理人向出资义务未履行完毕的出资人发送。

5. 通知书（要求债务人的高管返还财产用）

通知书

××（高管姓名）：

××（债务人名称）因（写明破产原因），××人民法院于××××年××月××日作出（××××）×破字第××号民事裁定书，裁定××（重整/和解/破产清算）。××人民法院于××××年××月××日作出（××××）×破字第××号决定书，指定××担任管理人。

根据管理人掌握的材料，在你担任××（职位）期间，获取非正常收入人民币××元（或者侵占了企业的财产），具体为：

1、（列明各笔非正常收入金额、时间及认定理由）；

2、（列明被侵占的企业财产及认定理由）；

……。

根据《中华人民共和国企业破产法》第三十六条之规定，本管理人现要求你于接到本通知之日起××日内，向本管理人返还你收取的上述非正常收入（或者侵占的企业财产）（列明返还收入或者财产的方式）。

你如对上述认定有异议的，可在接到本通知之日起××日内向本管理人提出，并附相关合法、有效的证据，配合管理人核实。

特此通知。

管理人：××

××××年××月××日

附：

1、破产申请受理裁定书复印件一份；

2、管理人指定决定书复印件一份；

3、高管非正常收入清单或者被侵占的财产清单；

4、管理人的联系方式：＿＿＿＿＿＿＿＿＿＿＿。

文书制作说明：

本文书依据的法律是《中华人民共和国企业破产法》第三十六条之规定："债务人的董事、监事和高级管理人员利用职权从企业获取的非正常收入和侵占的企业财产，管理人应当追回。"由管理人要求债务人的董事、监事和高级管理人员返还利用职权获取的非正常收入或者侵占的企业财产时使用。

6. 通知书（要求取回担保物用）

通知书

××（质权人或留置权人名称）：

××（债务人名称）因（写明破产原因），××人民法院于××××年××月××日作出（××××）×破字第××号民事裁定书，裁定××（重整/和解/破产清算）。××人民法院于××××年××月××日作出（××××）×破字第××号决定书，指定××担任管理人。

根据管理人掌握的材料，××所有的（担保物名称）因（简述设定质押或者被留置的原因），尚在你处质押（或留置）。

根据《中华人民共和国企业破产法》第三十七条第一款之规定，管理人拟通过以下第×种方式，取回上述担保物：

1、清偿债务，（债务清偿方式）；

2、提供替代担保，（替代担保方式，简述替代担保物的名称、价值、现状等情况）。

清偿债务方式下适用：

你公司/你应当在收到本通知之日起××日内，告知本管理人债务履行方式，并在本管理人清偿相关债务后××日内，解除上述担保物的质押（或留置），返还本管理人（列明财产交付地点和方式，质押办理登记的，应当要求质权人协助办理质押登记涂销手续）。

提供替代担保方式下适用：

你公司/你应当在接到本通知之日起××日内，与本管理人共同办理替代担保的设定手续，并在替代担保设定后立即解除原担保物的质押（或留置），返还本管理人（列明财产交付地点和方式，质押办理登记的，应当要求质权人协助办理质押登记涂销手续）。

你公司/你如对本通知涉及的主债务、担保物等情况有异议，可于接到本通知之日起××日内向本管理人提出，并附相关合法、有效的证据，配合管理人核实。

特此通知。

管理人：××

××××年××月××日

附：

1、破产申请受理裁定书复印件一份；

2、管理人指定决定书复印件一份；

3、担保物的权属证明；

4、主债务合同；

5、管理人联系方式：____________________。

文书制作说明：

本文书依据的法律是《中华人民共和国企业破产法》第三十七条第一款之规定：“人民法院受理破产申请后，管理人可以通过清偿债务或者提供为债权人接受的担保，取回质物、留置物。”由管理人要求取回债权人占有的质物或者留置物时使用

七、网络实训平台的操作指导

在老师的现场指导下，依托校园局域网上的“法律实务综合模拟平台”软件系统进行训练。

第五章　民事诉讼特别程序实训

第一节　宣告失踪（死亡）程序实训

一、训练目标

熟悉宣告失踪（死亡）的特别程序的流程。训练学生写作相关的主要法律文书，如《宣告失踪（死亡）申请书》《宣告失踪（死亡）判决书》。

二、训练前的准备

熟悉《民事诉讼法》第十五章特别程序中关于宣告失踪、死亡程序的法条。

法条链接

《中华人民共和国民事诉讼法》

第一百八十三条　公民下落不明满二年，利害关系人申请宣告其失踪的，向下落不明人住所地基层人民法院提出。

申请书应当写明失踪的事实、时间和请求，并附有公安机关或者其他有关机关关于该公民下落不明的书面证明。

第一百八十四条　公民下落不明满四年，或者因意外事故下落不明满二年，或者因意外事故下落不明，经有关机关证明该公民不可能生存，利害关系人申请宣告其死亡的，向下落不明人住所地基层人民法院提出。

申请书应当写明下落不明的事实、时间和请求，并附有公安机关或者其他有关机关关于该公民下落不明的书面证明。

第一百八十五条　人民法院受理宣告失踪、宣告死亡案件后，应当发出寻找下落不明人的公告。宣告失踪的公告期间为三个月，宣告死亡的公告期间为一年。因意外事故下落不明，经有关机关证明该公民不可能生存的，宣告死亡的公告期间为三个月。

公告期间届满，人民法院应当根据被宣告失踪、宣告死亡的事实是否得到确认，作出宣告失踪、宣告死亡的判决或者驳回申请的判决。

第一百八十六条　被宣告失踪、宣告死亡的公民重新出现，经本人或者利害关系人申请，人民法院应当作出新判决，撤销原判决。

《最高人民法院关于适用〈中华人民共和国民事诉讼法〉的解释》

第三百四十三条 宣告失踪或者宣告死亡案件，人民法院可以根据申请人的请求，清理下落不明人的财产，并指定案件审理期间的财产管理人。公告期满后，人民法院判决宣告失踪的，应当同时依照民法通则第二十一条第一款的规定指定失踪人的财产代管人。

第三百四十四条 失踪人的财产代管人经人民法院指定后，代管人申请变更代管的，比照民事诉讼法特别程序的有关规定进行审理。申请理由成立的，裁定撤销申请人的代管人身份，同时另行指定财产代管人；申请理由不成立的，裁定驳回申请。

失踪人的其他利害关系人申请变更代管的，人民法院应当告知其以原指定的代管人为被告起诉，并按普通程序进行审理。

第三百四十五条 人民法院判决宣告公民失踪后，利害关系人向人民法院申请宣告失踪人死亡，自失踪之日起满四年的，人民法院应当受理，宣告失踪的判决即是该公民失踪的证明，审理中仍应依照民事诉讼法第一百八十五条规定进行公告。

第三百四十六条 符合法律规定的多个利害关系人提出宣告失踪、宣告死亡申请的，列为共同申请人。

第三百四十七条 寻找下落不明人的公告应当记载下列内容：

（一）被申请人应当在规定期间内向受理法院申报其具体地址及其联系方式。否则，被申请人将被宣告失踪、宣告死亡；

（二）凡知悉被申请人生存现状的人，应当在公告期间内将其所知道情况向受理法院报告。

第三百四十八条 人民法院受理宣告失踪、宣告死亡案件后，作出判决前，申请人撤回申请的，人民法院应当裁定终结案件，但其他符合法律规定的利害关系人加入程序要求继续审理的除外。

《中华人民共和国民法典》

第三节 宣告失踪和宣告死亡

第四十条 自然人下落不明满二年的，利害关系人可以向人民法院申请宣告该自然人为失踪人。

第四十一条 自然人下落不明的时间自其失去音讯之日起计算。战争期间下落不明的，下落不明的时间自战争结束之日或者有关机关确定的下落不明之日起计算。

第四十二条　失踪人的财产由其配偶、成年子女、父母或者其他愿意担任财产代管人的人代管。

代管有争议，没有前款规定的人，或者前款规定的人无代管能力的，由人民法院指定的人代管。

第四十三条　财产代管人应当妥善管理失踪人的财产，维护其财产权益。

失踪人所欠税款、债务和应付的其他费用，由财产代管人从失踪人的财产中支付。

财产代管人因故意或者重大过失造成失踪人财产损失的，应当承担赔偿责任。

第四十四条　财产代管人不履行代管职责、侵害失踪人财产权益或者丧失代管能力的，失踪人的利害关系人可以向人民法院申请变更财产代管人。

财产代管人有正当理由的，可以向人民法院申请变更财产代管人。

人民法院变更财产代管人的，变更后的财产代管人有权请求原财产代管人及时移交有关财产并报告财产代管情况。

第四十五条　失踪人重新出现，经本人或者利害关系人申请，人民法院应当撤销失踪宣告。

失踪人重新出现，有权请求财产代管人及时移交有关财产并报告财产代管情况。

第四十六条　自然人有下列情形之一的，利害关系人可以向人民法院申请宣告该自然人死亡：

（一）下落不明满四年；

（二）因意外事件，下落不明满二年。

因意外事件下落不明，经有关机关证明该自然人不可能生存的，申请宣告死亡不受二年时间的限制。

第四十七条　对同一自然人，有的利害关系人申请宣告死亡，有的利害关系人申请宣告失踪，符合本法规定的宣告死亡条件的，人民法院应当宣告死亡。

第四十八条　被宣告死亡的人，人民法院宣告死亡的判决作出之日视为其死亡的日期；因意外事件下落不明宣告死亡的，意外事件发生之日视为其死亡的日期。

第四十九条　自然人被宣告死亡但是并未死亡的，不影响该自然人在被宣告死亡期间实施的民事法律行为的效力。

第五十条　被宣告死亡的人重新出现，经本人或者利害关系人申请，人民法院应当撤销死亡宣告。

第五十一条　被宣告死亡的人的婚姻关系，自死亡宣告之日起消除。死亡宣告被撤销的，婚姻关系自撤销死亡宣告之日起自行恢复。但是，其配偶再婚或者向婚姻登记机关书面声明不愿意恢复的除外。

第五十二条　被宣告死亡的人在被宣告死亡期间，其子女被他人依法收养的，在死亡宣告被撤销后，不得以未经本人同意为由主张收养行为无效。

第五十三条　被撤销死亡宣告的人有权请求依照本法第六编取得其财产的民事主体返还财产；无法返还的，应当给予适当补偿。

利害关系人隐瞒真实情况，致使他人被宣告死亡而取得其财产的，除应当返还财产外，还应当对由此造成的损失承担赔偿责任。

三、宣告失踪（死亡）的具体流程

（一）申请和受理

符合民法对宣告失踪（死亡）的条件后，与下落不明人有利害关系的人向有管辖权的法院提出宣告失踪或者死亡的申请。

（二）公告

人民法院受理申请后应当立即发出寻找下落不明人的公告，宣告失踪的公告期3个月，宣告死亡的公告期1年，经过有关机关证明公民不可能生存的，公告期为3个月。

（三）判决

公告期满能够查明失踪人死亡或者活着的，判决驳回申请人的申请；仍然下落不明的，判决失踪或者死亡。判决失踪的要为其制定财产代管人。判决宣告死亡的，产生与自然死亡同样的法律效力。

（四）救济渠道

适用该程序作出的判决、裁定，当事人、利害关系人认为有错误的，可以向作出该判决的人民法院提出异议，法院经过审查异议成立的或者部分成立的，作出撤销或者改变判决、裁定的裁定；异议不成立的裁定驳回。

如果被宣告失踪或者死亡的当事人重新出现，经过本人或者利害关系人申请，人民法院应当作出新判决，撤销原判决。

四、训练的素材

【基本信息】

案件名称：申请宣告下落不明人卢×仁死亡案

案由：申请宣告公民死亡

程序类型：民事特别程序：宣告公民失踪和宣告公民死亡案件程序

【案情概述】

申请人孙×女于1991年7月19日向江西省于都县人民法院提出申请称：其丈夫卢×仁于1968年底被下放回原籍于都县小溪乡下村进行管制。因经常被批斗，卢×仁无法忍受，于1972年离家出走，至今一直未归，杳无音讯。因此，向法院申请宣告卢×仁死亡。申请人孙×女并向法院提交了小溪乡派出所关于卢×仁下落不明的证明。

于都县人民法院受理申请人孙×女的申请后，于1991年9月19日发出寻找下落不明人卢×仁的公告，刊登于同年11月30日的《法制日报》上。公告1年期满后，仍没有卢×仁的音讯。据此，于都县人民法院于1992年12月18日公开审理此申请案。经审理查明：下落不明人卢×仁系申请人孙×女丈夫，原系小溪乡锁龙村村学公办教师。因曾被划为右派，于1968年底被下放回原籍小溪乡下村监督改造。因常被批斗，卢×仁于1972年在本村下杨坑组参加劳动时出走，至今杳无音讯。经公告1年后，卢×仁仍然下落不明。于都县人民法院认为：卢×仁于1972年离家出走，至今20年未归，且杳无音讯。经本院依法公告寻找，现公告期已届满，卢×仁仍然下落不明。据此，可确认卢×仁已死亡。依照《民法通则》第23条第1款第1项之规定，于1993年1月6日判决：宣告卢×仁死亡。

【案情解析】

宣告死亡，是我国民法规定的由利害关系人申请，由人民法院依照法律规定的条件和程序，宣告下落不明的公民死亡的一种法律制度。宣告死亡，是人民法院依法律规定的条件，确认下落不明人死亡的一种法律上的推定，其目的在于以此结束因该公民长期下落不明所造成的民事法律关系不确定的状态，保护该公民的利害关系人（包括其近亲属和与该公民有其他民事权利义务关系的人）的合法权益，维护正常的社会生活秩序。

依照我国《民法典》《民事诉讼法》及最高人民法院关于适用两法的意见中的有关规定，宣告下落不明的公民死亡，必须符合下列条件和程序：

第一，必须由利害关系人向下落不明人住所地的基层人民法院提出申请。这里的“利害关系人”，包括：①配偶；②父母、子女；③兄弟姐妹、祖父母、外祖父母、孙子女、外孙子女；④其他有民事权利义务关系的人。这条规定又是关于利害关系人申请宣告下落不明人死亡的顺序的规定。本案申请人是下落不明人卢×仁的配偶，由其提出申请，是符合法律规定的。

第二，申请人提出宣告下落不明人死亡的申请，应符合一定的先决条件，即：首先，公民下落不明必须满 4 年，或者因意外事故下落不明满 2 年，或者因意外事故下落不明，经有关机关证明该公民不可能生存。如果申请人提出申请时不能满足上列条件的，人民法院不得受理其申请。其次，申请人提出申请时，应当附有公安机关或者其他有关机关关于该公民下落不明的书面证明。

第三，人民法院受理宣告死亡案件后，应当发布寻找下落不明人的公告，公告期间为 1 年（因意外事故下落不明，经有关机关证明该公民不可能生存的，宣告死亡的公告期间为 3 个月）。

第四，公告期间届满，人民法院应当根据被宣告死亡的事实是否得到确认，作出宣告死亡的判决或者驳回申请的判决。一般来说，公告期间届满，下落不明的公民仍无音讯的，法院应确认该公民已经死亡，并作出宣告该公民死亡的判决；如果在公告期间该公民有音讯或者该公民已经死亡的事实能够确认的，则应作出驳回申请的判决。

于都县人民法院对本件宣告死亡案件的处理，是符合法律规定的条件和程序的。

五、训练的组织过程

学生依托校园局域网上的“法律实务综合模拟平台”，在老师的指导下进行全角色模拟训练。

六、主要法律文书写作范本

（一）申请书

1. 宣告失踪申请书

宣告失踪申请书

申请人：(写明姓名、性别、年龄、民族、籍贯、职业或者工作单位和职务、住址、联系电话等)

被申请人：(写明姓名、性别、年龄、籍贯、民族、职业等)

申请事由：请求人民法院宣告××（失踪人姓名）失踪

事实和理由：

申请人××与被申请人××系（写明双方的关系，是夫妻，还是父子、母子等）关系，因其（写明失踪的原因），从××××年××月××日出走至今已下落不明满二年。根据《中华人民共和国民法典》之规定，特向贵院提出申请，请求宣告××失踪。

此致

××人民法院

申请人：××

××××年××月××日

2. 宣告死亡申请书

宣告死亡申请书

申请人：(写明姓名、性别、年龄、籍贯、民族、职业、住址等)

被申请人：(写明姓名、性别、年龄、籍贯、民族、职业、住址等)

申请事由：请求人民法院宣告××失踪人死亡

事实和理由：

本人与失踪人具有（人身或财产）关系。该公民自（时间）下落不明，音讯皆无。至今已满四年（因意外事故下落不明满二年）。根据《中华人民共和国民法典》的有关规定，特向法院提出申请，请求宣告其死亡。

此致

××人民法院

申请人：××

××××年××月××日

附：1、有关失踪事实的证据；

2、公安机关或其他有关机关关于失踪人下落不明的证明材料。

（二）宣告死亡判决书范本

××人民法院

民事判决书

（××××）×民特字第××号

申请人：李×

申请人李×要求宣告被申请人李×死亡一案，本院依法进行了审理，现已审理终结。

申请人李×以被申请人李×于1995年9月5日离家出走，至今下落不明为由，请求宣告被申请人李×死亡。

经查，李×，男，1942年10月5日出生，汉族，原户籍所在地××市×区×村×室，与申请人李×系父女关系。李×于1995年9月5日离家出走后，至今未归，经多方寻找没有下落，至今已满四年。2007年7月26日，李×曾向本院提出申请，要求宣告李×失踪，本院于2007年10月30日作出（××××）×民特第××号民事判决书，宣告李×失踪。2010年3月9日，李×向本院提出申请，要求宣告李×死亡。本院根据《中华人民共和国民事诉讼法》第168条第1款的规定，于2010年3月16日在人民法院报上发出寻找李×的公告。法定公告期间为1年，现已届满，李×仍下落不明。

本院认为：被申请人李×自 1995 年 9 月 5 日离家出走后，虽经多方寻找，至今仍未出现，下落不明已满四年，故申请人李×请求宣告被申请人李×死亡的诉讼请求符合法律的规定。据此，依照《中华人民共和国民事诉讼法》第 168 条、《民法通则》第 23 条第 1 款第 1 项的规定，判决如下：

宣告李×死亡。本判决为终审判决。

审 判 员 ××

××××年××月××日

书 记 员 ××

附：相关法律条文

《中华人民共和国民事诉讼法》

第一百六十八条 人民法院受理宣告失踪、宣告死亡案件后，应当发出寻找下落不明人的公告。宣告失踪的公告期间为三个月，宣告死亡的公告期间为一年。因意外事故下落不明，经有关机关证明该公民不可能生存的，宣告死亡的公告期间为三个月。

公告期间届满，人民法院应当根据被宣告失踪、宣告死亡的事实是否得到确认，作出宣告失踪、宣告死亡的判决或者驳回申请的判决。

（三）宣告失踪判决书

××人民法院

民事判决书

（××××）××民特×××号

申请人：(写明申请人及其代理人的姓名或者名称等基本信息)。

申请人××申请宣告公民失踪一案，本院于××××年××月××日立案后，依法适用特别程序进行了审理。现已审理终结。

××称，(概述申请人的请求、事实和理由)。

经审理查明：下落不明人××，男/女，××××年××月××日生，×族，户籍地××，原住××，系申请人××的××。(写明下落不明的事实、时间)。申请人××申请宣告××失踪后，本院于××××年××月××日在（写明公告方式）发出寻找××的公告。(下落不明得到确认的，写明:）法定公告期间为三个月，现已届满，×××仍然下落不明。(下落不明得不到确认的，写明事实根据:）________。

本院认为，(写明判决理由)。

依照《中华人民共和国民事诉讼法》第一百八十五条、《最高人民法院关于适用〈中华人民共和国民事诉讼法〉的解释》第三百四十三条规定，判决如下：

（宣告失踪的，写明：）

一、宣告×××失踪；

二、指定×××为失踪人×××的财产代管人。

（驳回申请的，写明：）驳回×××的申请。

本判决为终审判决。

审判员　××

××××年××月××日

书记员　××

【说明】

1. 本样式根据《中华人民共和国民事诉讼法》第一百八十五条以及《最高人民法院关于适用〈中华人民共和国民事诉讼法〉的解释》第三百四十三条制定，供下落不明人住所地基层人民法院判决宣告失踪或者驳回申请用。

2. 符合法律规定的多个利害关系人提出宣告失踪申请的，列为共同申请人。

3. 宣告失踪的公告期间为三个月。

4. 宣告失踪案件，人民法院可以根据申请人的请求，清理下落不明人的财产，并指定案件审理期间的财产管理人。公告期满后，人民法院判决宣告失踪的，应当同时依照《中华人民共和国民法典》第42条规定指定失踪人的财产代管人。

七、网络实训平台的操作指导

在老师的随堂指导下使用校园网上的"法律实务综合模拟平台"进行模拟训练。

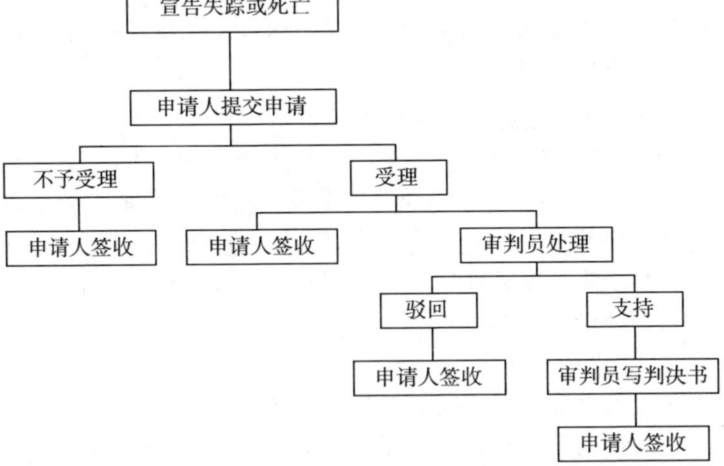

第二节 认定公民无（限制）民事行为能力程序实训

一、训练目标

熟悉认定无（限制）民事行为能力的程序。训练写作与该程序相关的申请书、判决书等诉讼文书。

二、训练前的准备

温习《民事诉讼法》中关于认定公民无（限制）民事行为能力的相关规定。

法条链接

《中华人民共和国民事诉讼法》

第一百八十七条　申请认定公民无民事行为能力或者限制民事行为能力，由其近亲属或者其他利害关系人向该公民住所地基层人民法院提出。

申请书应当写明该公民无民事行为能力或者限制民事行为能力的事实和根据。

第一百八十八条　人民法院受理申请后，必要时应当对被请求认定为无民事行为能力或者限制民事行为能力的公民进行鉴定。申请人已提供鉴定意见的，应当对鉴定意见进行审查。

第一百八十九条　人民法院审理认定公民无民事行为能力或者限制民事行为能力的案件，应当由该公民的近亲属为代理人，但申请人除外。近亲属互相推诿的，由人民法院指定其中一人为代理人。该公民健康情况许可的，还应当询问本人的意见。

人民法院经审理认定申请有事实根据的，判决该公民为无民事行为能力或者限制民事行为能力人；认定申请没有事实根据的，应当判决予以驳回。

第一百九十条　人民法院根据被认定为无民事行为能力人、限制民事行为能力人或者他的监护人的申请，证实该公民无民事行为能力或者限制民事行为能力的原因已经消除的，应当作出新判决，撤销原判决。

三、认定公民无（限制）民事行为能力的具体流程

（一）申请和受理

申请人是被申请人的近亲属或者其合法的代理人，向有管辖权的法院提出申请。被申请人是已成年或者以前具有完全民事行为能力，后因为精神病或者其他疾病，全部或者部分丧失民事行为能力的人。

（二）审理

法院首先应当为被申请人确定诉讼代理人，申请人不得作为被申请人的诉讼代理人，这是为了防止申请人和被申请人之间可能的利益冲突。人民法院要调查被申请人是否为无民事行为能力人或者限制民事行为能力人。必要的时候，应当对被申请人进行医学鉴定，申请人已经提供鉴定意见的，人民法院应当审查鉴定意见，对鉴定意见有怀疑的应当重新鉴定。

（三）判决

经过审理人民法院认为被申请人没有丧失民事行为能力的，判决驳回；否则判决被申请人为无民事行为能力人或者限制民事行为能力人。人民法院判决认定公民为无民事行为能力人或者限制民事行为能力人的，应当为该公民确定监护人。

（四）救济途径

人民法院根据被认定为无民事行为能力人、限制民事行为能力人或者其监护人的申请，证实该公民无民事行为能力或者限制民事行为能力的原因已经消除的，应当作出新判决，撤销原判决。

四、训练的素材

【基本信息】

案件名称：申请人张×申请人民法院宣告杜×无民事行为能力案

案由：申请宣告公民无民事行为能力

程序类型：民事特别程序：认定公民无民事行为能力案件

【案情概述】

铅山县人民法院依法适用特别程序审判了一起特殊的民事案件，父亲张×要求法院宣告女儿杜×为无民事行为能力人。

【案情焦点与问题】

杜×的民事行为能力如何认定？

【案情解析】

申请人张×与被申请人杜×（随母姓）系父女关系。杜×不幸于2001年初开始患病，生活不能自理，同年3月16日被家人送往上饶市横峰精神病医院治疗。

经检查确诊，杜×患有精神分裂症。杜×经近4个月治疗，于同年7月12日出院。杜×出院后，其父张×于2002年1月28日向当地法院提出申请，请求法院宣告自己女儿杜×为无民事行为能力人。

【案情结果】

铅山县法院受理此案后，依法对杜×进行了司法鉴定，经鉴定后认为，被申请人杜×虽患有精神分裂症，但目前尚处于缓解不全期，仍有一定的限制民事行为能力。而申请人张×要求法院宣告其为无民事行为能力人，显然与事实不符，故依法判决，驳回张×的申请。

五、训练的组织过程

在老师的指导下学生根据“法律实务综合模拟平台”分角色分步骤进行训练。

六、本阶段程序训练中的法律文书写作范本

（一）申请书（申请宣告公民无民事行为能力用）

申请书

申请人：（写明姓名或者名称等基本信息）。

法定代理人/指定代理人：（写明姓名或者名称等基本信息）。

委托诉讼代理人：（写明姓名或者名称等基本信息）

被申请人：（写明姓名或者名称等基本信息）。

……

请求事项：

1. 宣告××为无民事行为能力人；

2. 指定××为××的监护人。

事实和理由：

申请人××与被申请人××系（写明双方的关系）。（写明被申请人为无民事行为能力人的事实）。

此致

××人民法院

附：（诊断证明/鉴定意见书）

申请人：××

××××年××月××日

【说明】

1. 本样式根据《中华人民共和国民事诉讼法》第一百八十七条制定，供近亲属或者其他利害关系人向该公民住所地基层人民法院申请认定无民事行为能力人用。

2. 申请书应当写明该公民为无民事行为能力人的事实。

（二）申请书（申请宣告公民限制民事行为能力用）

申请书

申请人：（写明姓名或者名称等基本信息）。

法定代理人/指定代理人：（写明姓名或者名称等基本信息）。

委托诉讼代理人：（写明姓名或者名称等基本信息）。

被申请人：（写明姓名或者名称等基本信息）。

……

请求事项：

1. 宣告××为限制民事行为能力人；

2. 指定××为××的监护人。

事实和理由：

申请人××与被申请人××系（写明双方的关系）。（写明被申请人为限制民事行为能力人的事实）。

此致

××××人民法院

附：诊断证明/鉴定意见书

申请人：××

××××年××月××日

【说明】

1. 本样式根据《中华人民共和国民事诉讼法》第一百八十七条制定，供近亲属或者其他利害关系人向该公民住所地基层人民法院申请认定限制民事行为能力人用。

2. 申请书应当写明该公民为限制民事行为能力人的事实。

（三）判决书范本（康×钟要求宣告康×伦为无民事行为能力人一案民事判决书）

河南省焦作市马村区人民法院

民事判决书

（××××）马民特字第（××）号

申请人康×钟，男，1959年10月14日生，汉族，现住马村区待王办事处白庄村七道街2号。

申请人康×钟要求宣告康×伦为无民事行为能力人一案，本院依法进行了审理，现已审理终结。

被申请人康×伦，男，1939年2月11日生，汉族，现住马村区待王办事处白庄村六道街24号。系申请人康×钟父亲。申请人诉称：2007年9月21日晚6时左右，被申请人康×伦被楚×九的电动车撞伤，导致康×伦颅脑损伤，住院治疗35天，于2007年10月26日出院。出院后，被申请人一直头脑不清醒，连自己的儿子即申请人都不认识，生活完全不能自理。申请人提供了1、被申请人的病历、诊断证明书、出院证；2、白庄村委会证明二份；3、村民卢×线、王×堂、王×、付×的证明各一份。证明被申请人康×伦意识不清，生活不能自理。故申请确认被申请人为无民事行为能力人。本院受理申请后，调查了被申请人邻居卢×成、卢×州、陈×梅，均陈述被申请人康×伦头脑不清，无法自理。本院依法委托河南平原法医精神病司法鉴定所对其进行了无民事行为能力鉴定。

经鉴定，被申请人康×伦为颅脑外伤所致智能减退（重度），自2007年9月21日后无民事行为能力。依照《中华人民共和国民法通则》第十九条第一款、《中华人民共和国民事诉讼法》第一百七十二条第二款的规定，判决如下：

一、宣告康×伦为无民事行为能力人；

二、指定康×钟为康×伦的监护人。

本判决为终审判决。

审　判　员：××

××××年××月××日

书　记　员：××

（四）判决书范本（申请人李×要求宣告陈×为限制民事行为能力人一案一审民事判决书）

安阳市龙安区人民法院

民事判决书

（××××）龙民特字第（××）号

申请人李×，女，1968年6月7日出生，汉族，市民，住安阳市殷都区。

申请人李×要求宣告陈×为限制民事行为能力人一案，本院依法组成合议庭进行了审理，现已审理终结。

被申请宣告为限制民事行为能力人陈×，男，1963年9月14日出生，汉族，市民，住安阳市殷都区，系申请人李×的丈夫。申请人李×陈述，陈×从2003年12月到2008年9月因患精神病，先后在新乡医学院第二附属医院（即河南省精神病医院）和北京大学第六医院住院治疗共11次。2007年3月17日，经安阳市残疾人联合会审批，该会为其发放了《残疾人证》。2006年4月13日至2006年

7月26日，陈×在河南省精神病医院住院治疗105天，于2006年7月26日病情好转出院。陈×在家休养期间，病情不断加重，在增加药量治疗十多天仍不能控制后，于2006年9月18日到北京大学第六医院住院治疗。2006年9月6日，安阳市龙安区东风乡西八里村村民委员会在明知陈×患有严重精神病的情况下，与陈×签订四份协议。现在陈×因该四份协议，对安阳市龙安区东风乡西八里村村民委员会提起诉讼，在案件诉讼中，法院认为对陈×的民事行为能力确需认定。故申请人依法向法院提出申请，请求法院认定陈×为限制民事行为能力人。

经鉴定，陈×在2006年4月至9月期间处于双向情感障碍病期，无民事行为能力；目前为双向情感障碍—抑郁相（不全缓解），限制民事行为能力。依照《中华人民共和国民事诉讼法》第一百七十二条第二款、《中华人民共和国民法通则》第十七条第一款第（一）项、第十九条第一款之规定，判决如下：

一、宣告陈×为限制民事行为能力人。

二、指定李×为陈×的监护人。

本判决为终审判决。

审判长　　××

审判员　　××

审判员　　××

××××年××月××日

书记员　　××

七、网络实训平台的操作指导

学生在老师的直接指导下进行程序训练。

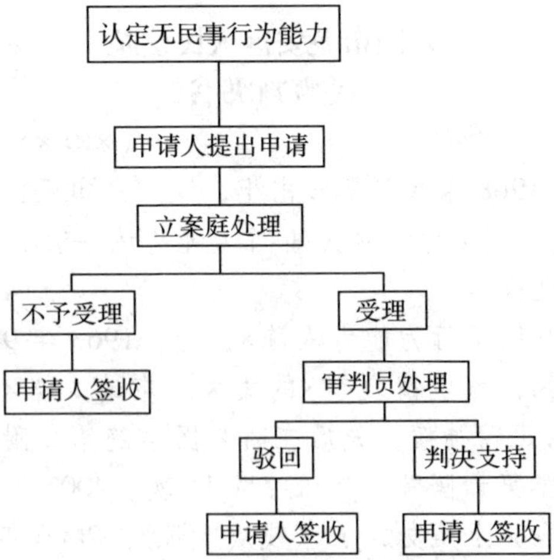

第三节　认定财产无主程序实训

一、训练目标

熟悉认定无主财产的主要程序。练习相关的法律文书的写作，主要是《申请书》和《判决书》的写作。

二、训练前的准备

温习《民事诉讼法》和相应的司法解释中相关的法律规定。

法条链接

《中华人民共和国民事诉讼法》

第一百九十一条　申请认定财产无主，由公民、法人或者其他组织向财产所在地基层人民法院提出。

申请书应当写明财产的种类、数量以及要求认定财产无主的根据。

第一百九十二条　人民法院受理申请后，经审查核实，应当发出财产认领公告。公告满一年无人认领的，判决认定财产无主，收归国家或者集体所有。

第一百九十三条　判决认定财产无主后，原财产所有人或者继承人出现，在民法通则规定的诉讼时效期间可以对财产提出请求，人民法院审查属实后，应当作出新判决，撤销原判决。

《最高人民法院关于适用〈中华人民共和国民事诉讼法〉的解释》

第三百五十条　认定财产无主案件，公告期间有人对财产提出请求的，人民法院应当裁定终结特别程序，告知申请人另行起诉，适用普通程序审理。

三、训练的方法和过程

（一）训练方法

学生进行全角色的训练，既可以模拟申请人，申请法院对无主财产认定；也可以模拟法院法官对无主财产的案件判决。

（二）训练过程

第一，讨论相关的特别程序的裁判案例。

第二，主要通过“法律实务综合模拟平台”进行程序训练。

第三，学习该部分程序中的法律文书的写作，如《申请书》《判决书》等。

四、训练的素材

案件名称：陈×锡申请认定无主财产并继承纠纷

案由：申请认定财产无主

程序类型：民事特别程序

【案情介绍】

申请人：陈×锡，男。

申请人陈×锡要求认定上海市河间路323弄12号前半间房屋为无主财产，并将该房屋判归其所有，向财产所在地上海市杨浦区人民法院提出申请。

上海市杨浦区人民法院依照《民事诉讼法》关于特别程序的规定，由审判员独任审理，经审理查明：

坐落于上海市河间路323弄12号前半间约7平方米房屋，系申请人陈×锡之姑母陈×妹遗留的私房。陈×妹于1989年9月死亡。陈×妹与丈夫徐×龙（于1979年6月死亡）生前育有一子，名徐×林（于1973年1月死亡）。陈×妹的丈夫徐×龙及儿子徐×林死亡后，其生活主要由申请人陈×锡照料，陈×锡对陈×妹尽了较多的扶养义务。

上海市杨浦区人民法院依照《民事诉讼法》第175条的规定，于1994年4月18日在该院公告栏及上述财产所在地发出认领该财产的公告，法定公告期为1年。公告期届满，上述财产无人认领。

【法院裁判】

上海市杨浦区人民法院于1995年8月4日判决如下：

上海市河间路323弄12号前半间房屋归陈×锡所有。

【法理分析】

本案为申请认定财产无主案件，为特别程序案件，故分析本案需要梳理如下线索：

第一，前提认定：即申请认定财产无主的相关认定，包括概念、申请条件，权利人，申请程序以及财产的最终归属。

所谓申请认定财产无主是指针对财产与其所有人相脱离的无主状态，基于对财产价值的最大化管理利用的考虑，使财产尽快脱离闲置状态所设计的申请制度。根据《民事诉讼法》的相关规定，财产无主的申请主体可以为“有关机关、企业事业单位、基层组织或者个人”。所谓“有关”一般是指发现了财产并且知晓财产的原所有人已经死亡无继承人或者其他确认财产无主的情况，因而一般公民、法人或者其他组织只要具备以上两个条件即可向有关部门提起申请，主体范围比较宽广。

申请人认定财产无主需要书写申请书，标明财产的种类、数量以及认定的依据，向财产所在地的基层人民法院提出申请。法院经过初步审查核实情况后，应当发出财产认领公告，期间为一年，如果在公告期间有人对财产提出要求，人民法院应当裁定终结特别程序，告知申请人另行起诉，改用普通程序审理；如果公告期满仍然无人认领，则判定该财产为无主财产，收归集体或者国家所有。

第二，归属认定：本案申请人除了申请认定财产无主以外，还提出将房屋判归其所有的请求。按照法律规定，公告期满，该房屋本应当收归国家所有，但是《继承法》中对于继承人以外的、对被继承人尽了较多的抚养义务的人，给予了他们分得适当遗产的权利，故在本案中出现了两法的碰撞，法院在判定时结合了该财产的价值以及申请人所尽的扶养义务，权衡后，认为财产价值不大，收归国家的意义也不大，而申请人请求将该财产判归其有的请求合乎法律规定，最后支持了申请人的请求，结束财产的无主状态，同时也借此对尊老敬老的行为予以了肯定。

【法律风险提示及防范】

财产的根本价值在于流通，在不停地运转之中不断地实现其自身的价值，故针对无主财产，需要尽早结束其所有者不确定的状态，注意如下几点：

一方面，需要先鉴别该财产的性质，确定其已经与原来的所有者脱离，且无后继的所有者，保证足够的证据证明其“无主性”，而非丢失物或者无价值的抛弃物，避免引发不必要的纠纷或者诉讼成本的浪费。同时也要注意杜绝滥诉，避免恶意诉讼，使他人丧失财产权利。另一方面，鼓励对确定的无主财产的申请认定，避免财产处于无主的浪费状态，无主财产不利于其有用性的发挥，造成社会资源的浪费。

五、训练的组织过程

在老师的指导下，学生根据“法律实务综合模拟平台”分角色分步骤进行训练。

六、主要的法律文书写作范本

（一）认定无主财产申请书

1. 认定财产无主申请书

申请书

申请人：<u>（写明姓名或者名称等基本信息）</u>

请求事项：要求认定××财产为无主财产并判归申请人所有。

事实与理由：

<u>（写明所申请财产的现状，使用状况，确认无主财产的理由等）</u>

现提出上列请求，请依法判决。

证据：(写明所依据的证据)

此致

××人民法院

申请人：××

××××年××月××日

2. 撤销认定财产无主申请书

申请书

申请人：(写明姓名或者名称等基本信息)

法定代理人/指定代理人：(写明姓名或者名称等基本信息)。

委托诉讼代理人：(写明姓名或者名称等基本信息)。

请求事项：

1. 撤销××人民法院（××××）××民特××号认定财产无主民事判决；

2. (写明无主财产的名称、数量）归申请人××所有。

事实和理由：

××××年××月××日，××人民法院作出（××××）××民特××号民事判决：××为无主财产，收归国家/（写明集体名称）所有。

(写明要求撤销认定财产无主的判决以及无主财产归申请人所有的事实和理由)。

此致

××人民法院

申请人：××

××××年××月××日

附：××人民法院（××××）××民特××号认定财产无主民事判决书。

【说明】

1. 本样式根据《中华人民共和国民事诉讼法》第一百九十三条制定，供原财产所有人或者继承人出现，在民法通则规定的诉讼时效期间对财产提出请求，向人民法院申请撤销认定财产无主判决用。

2. 申请人是法人或者其他组织的，写明名称住所。另起一行写明法定代表人、主要负责人及其姓名、职务、联系方式。

3. 申请书应当写明要求撤销的原申请认定财产无主民事判决，并附该判决书。

4. 财产多的正文可以只写明概况，财产清单附后。

（二）认定无主财产判决书

××人民法院

民事判决书

（××××）×民特字第××号

申请人（写明姓名、性别、出生年月日、民族、籍贯、职业或工作单位和职务、住址。如果申请人是单位，应写明该单位的名称和所在地址，并另起一行写明其法定代表人或代表人的姓名和职务；有委托代理人的，再另起一行列项写明其姓名、性别、工作单位和职务）。

申请人××要求认定财产无主一案，本院依法进行了审理，现已审理终结。

（写明申请人要求认定的无主财产的名称、数量及其根据）。

经审查，（写明法院审查核实的情况）。本院根据《中华人民共和国民事诉讼法》第一百九十二条的规定，于××××年××月××日在（写明公告方式）发出认领上述财产的公告，法定公告期间为一年，现在已经届满，上述财产无人认领。依照（写明判决所依据的法律条款项）的规定，判决如下：

（写明财产的名称、数量。财产多的只写明其概况，详情另列清单附后）为无主财产，收归国家（或××单位）所有。

本判决为终审判决。

审判员 ××

××××年××月××日

本件与原本核对无异

书记员 ××

七、网络实训平台的操作指导

在老师的指导下进行程序训练。

第四节 确认调解协议程序实训

一、训练目标

进一步熟悉确认调解协议案件的审理程序。写作确认调解协议相关的诉讼文书。

二、训练前的准备

温习《民事诉讼法》和相关的司法解释中有关确认调解协议的法条规定。

《民事诉讼法》第 194 条规定："申请司法确认调解协议，由双方当事人依照人民调解法等法律，自调解协议生效之日起 30 日内，共同向调解组织所在地基层人民法院提出。"

除了《人民调解法》规定可以申请确认调解协议以外，其他法律、行政法规、地方性法规、行政规章以及中央批准的司法改革方案中明确规定可以确认的调解协议，均属于《民事诉讼法》第 194 条规定的申请确认范围。经行政机关、人民调解组织、商事调解组织、行业调解组织或者其他具有调解职能的组织调解达成的具有民事合同性质的协议，经调解组织和调解员签字盖章后，当事人可以申请有管辖权的人民法院确认其效力。

法条链接

《中华人民共和国民事诉讼法》

第一百九十四条　申请司法确认调解协议，由双方当事人依照人民调解法等法律，自调解协议生效之日起三十日内，共同向调解组织所在地基层人民法院提出。

第一百九十五条　人民法院受理申请后，经审查，符合法律规定的，裁定调解协议有效，一方当事人拒绝履行或者未全部履行的，对方当事人可以向人民法院申请执行；不符合法律规定的，裁定驳回申请，当事人可以通过调解方式变更原调解协议或者达成新的调解协议，也可以向人民法院提起诉讼。

《最高人民法院关于适用〈中华人民共和国民事诉讼法〉的司法解释》

第三百五十三条　申请司法确认调解协议的，双方当事人应当本人或者由符合民事诉讼法第五十八条规定的代理人向调解组织所在地基层人民法院或者人民法庭提出申请。

第三百五十四条　两个以上调解组织参与调解的，各调解组织所在地基层人民法院均有管辖权。

双方当事人可以共同向其中一个调解组织所在地基层人民法院提出申请；双方当事人共同向两个以上调解组织所在地基层人民法院提出申请的，由最先立案的人民法院管辖。

第三百五十五条　当事人申请司法确认调解协议，可以采用书面形式或者口头形式。当事人口头申请的，人民法院应当记入笔录，并由当事人签名、捺印或者盖章。

第三百五十六条　当事人申请司法确认调解协议，应当向人民法院提交调解协议、调解组织主持调解的证明，以及与调解协议相关的财产权利证明等材料，并提供双方当事人的身份、住所、联系方式等基本信息。

当事人未提交上述材料的，人民法院应当要求当事人限期补交。

第三百五十七条　当事人申请司法确认调解协议，有下列情形之一的，人民法院裁定不予受理：

（一）不属于人民法院受理范围的；

（二）不属于收到申请的人民法院管辖的；

（三）申请确认婚姻关系、亲子关系、收养关系等身份关系无效、有效或者解除的；

（四）涉及适用其他特别程序、公示催告程序、破产程序审理的；

（五）调解协议内容涉及物权、知识产权确权的。

人民法院受理申请后，发现有上述不予受理情形的，应当裁定驳回当事人的申请。

第三百五十八条　人民法院审查相关情况时，应当通知双方当事人共同到场对案件进行核实。

人民法院经审查，认为当事人的陈述或者提供的证明材料不充分、不完备或者有疑义的，可以要求当事人限期补充陈述或者补充证明材料。必要时，人民法院可以向调解组织核实有关情况。

第三百五十九条　确认调解协议的裁定作出前，当事人撤回申请的，人民法院可以裁定准许。

当事人无正当理由未在限期内补充陈述、补充证明材料或者拒不接受询问的，人民法院可以按撤回申请处理。

第三百六十条　经审查，调解协议有下列情形之一的，人民法院应当裁定驳回申请：

（一）违反法律强制性规定的；

（二）损害国家利益、社会公共利益、他人合法权益的；

（三）违背公序良俗的；

（四）违反自愿原则的；

（五）内容不明确的；

（六）其他不能进行司法确认的情形。

《最高人民法院关于人民调解协议司法确认程序的若干规定》

第一条　当事人根据《中华人民共和国人民调解法》第三十三条的规定共同向人民法院申请确认调解协议的，人民法院应当依法受理。

第二条 当事人申请确认调解协议的，由主持调解的人民调解委员会所在地基层人民法院或者它派出的法庭管辖。

人民法院在立案前委派人民调解委员会调解并达成调解协议，当事人申请司法确认的，由委派的人民法院管辖。

第三条 当事人申请确认调解协议，应当向人民法院提交司法确认申请书、调解协议和身份证明、资格证明，以及与调解协议相关的财产权利证明等证明材料，并提供双方当事人的送达地址、电话号码等联系方式。委托他人代为申请的，必须向人民法院提交由委托人签名或者盖章的授权委托书。

第四条 人民法院收到当事人司法确认申请，应当在三日内决定是否受理。人民法院决定受理的，应当编立“调确字”案号，并及时向当事人送达受理通知书。双方当事人同时到法院申请司法确认的，人民法院可以当即受理并作出是否确认的决定。

有下列情形之一的，人民法院不予受理：

（一）不属于人民法院受理民事案件的范围或者不属于接受申请的人民法院管辖的；

（二）确认身份关系的；

（三）确认收养关系的；

（四）确认婚姻关系的。

第五条 人民法院应当自受理司法确认申请之日起十五日内作出是否确认的决定。因特殊情况需要延长的，经本院院长批准，可以延长十日。

在人民法院作出是否确认的决定前，一方或者双方当事人撤回司法确认申请的，人民法院应当准许。

第六条 人民法院受理司法确认申请后，应当指定一名审判人员对调解协议进行审查。人民法院在必要时可以通知双方当事人同时到场，当面询问当事人。当事人应当向人民法院如实陈述申请确认的调解协议的有关情况，保证提交的证明材料真实、合法。人民法院在审查中，认为当事人的陈述或者提供的证明材料不充分、不完备或者有疑义的，可以要求当事人补充陈述或者补充证明材料。当事人无正当理由未按时补充或者拒不接受询问的，可以按撤回司法确认申请处理。

第七条 具有下列情形之一的，人民法院不予确认调解协议效力：

（一）违反法律、行政法规强制性规定的；

（二）侵害国家利益、社会公共利益的；

（三）侵害案外人合法权益的；

（四）损害社会公序良俗的；

（五）内容不明确，无法确认的；

（六）其他不能进行司法确认的情形。

第八条 人民法院经审查认为调解协议符合确认条件的，应当作出确认决定书；决定不予确认调解协议效力的，应当作出不予确认决定书。

第九条 人民法院依法作出确认决定后，一方当事人拒绝履行或者未全部履行的，对方当事人可以向作出确认决定的人民法院申请强制执行。

第十条 案外人认为经人民法院确认的调解协议侵害其合法权益的，可以自知道或者应当知道权益被侵害之日起一年内，向作出确认决定的人民法院申请撤销确认决定。

第十一条 人民法院办理人民调解协议司法确认案件，不收取费用。

第十二条 人民法院可以将调解协议不予确认的情况定期或者不定期通报同级司法行政机关和相关人民调解委员会。

第十三条 经人民法院建立的调解员名册中的调解员调解达成协议后，当事人申请司法确认的，参照本规定办理。人民法院立案后委托他人调解达成的协议的司法确认，按照《最高人民法院关于人民法院民事调解工作若干问题的规定》（法释［2004］12号）的有关规定办理。

三、确认调解协议的具体程序

（一）申请程序

申请程序主要包括申请主体、申请期限、申请形式、递交材料等内容。根据《民事诉讼法》第194条及最高人民法院司法解释相关规定，当事人应当共同向有管辖权的基层人民法院提出确认申请。一方当事人提出申请，另一方表示同意的，视为共同提出申请。调解协议达成后，双方当事人认为有必要的，应当在调解协议生效之日起30日内向调解组织所在地基层人民法院申请司法确认。

当事人提出申请时，应当向人民法院提交下列材料：司法确认申请书、调解协议、身份证明或营业执照、与调解协议相关的财产权利证明等证明材料、双方当事人的送达地址、联系方式、双方当事人签署的承诺书等。

（二）受理程序

基层人民法院收到当事人司法确认申请后，应当对确认申请进行审查。人民法院不受理司法确认申请的情形包括：①不属于人民法院受理民事案件的范围或者不属于接受申请的人民法院管辖的；②确认身份关系的；③确认收养关系的；④确认婚姻关系的；⑤涉及人民法院适用特别程序、公示催告程序和破产还债程序审理的纠纷。对于符合上述情形的申请，人民法院应当在 3 日内作出不予受理决定，并及时向当事人送达不予受理通知书。

对于经审查认为符合条件决定受理的，人民法院应当编立“调确字”案号，确定案由为“请求确认调解协议效力”，并及时向当事人送达受理通知书。双方当事人同时到法院申请司法确认的，人民法院可以当即受理。一方当事人到法院申请司法确认的，人民法院应当通知该当事人征得另一方当事人同意后再申请确认。

（三）司法审查问题

1. 关于司法确认案件的审查方式

法院对调解协议的审查采取的是形式审查和有限的实体审查相结合的方式，也就是书面审查和庭审结合的审查原则，这更符合这一特别程序的性质。人民法院受理司法确认申请后，应当指定一名审判人员对调解协议进行审查。对于案情复杂或者涉案标的额较大的案件，应当通知双方当事人到庭进行询问，采取必要的实质审查和证据调查。

2. 关于司法确认案件的审查内容

人民法院在司法确认程序中对调解协议的内容主要审查其是否符合自愿、合法原则：其一，审查调解协议是否违反自愿原则。违背自愿原则的情形主要包括当事人在违背真实意思的情况下签订调解协议、调解协议显失公正、调解组织或者调解员强迫调解或者其与案件有利害关系等。其二，审查调解协议是否违法。违法的情形主要包括违反法律或者行政法规强制性规定，侵害国家利益、社会公共利益，侵害案外人合法权益，涉及是否追究当事人刑事责任，调解组织或者调解员有其他严重违反职业道德准则的行为等。其三，审查调解协议是否内容明确。确认调解协议的目的之一是使调解协议获得现实的强制执行力，如果执行内容不明确，确认调解协议也就没有多大意义。其四，审查调解协议是否损害社会公序良俗。

四、训练的素材

案件名称：冯×与张×饲养动物伤害赔偿纠纷案

案由：请求确认人民调解协议效力

程序类型：民事特别程序

【当事人】

冯×，男，7 岁，汉族，就读于丁香镇中心学校一年级，户籍所在地：丁香镇林茶村东坑组，现住在丁香镇丁香村方碑组。

冯×监护人：吴×，女，34 岁，农民，户籍所在地：丁香镇林茶村东坑组，现住在丁香镇丁香村方碑组，系冯×母亲。

张×，女，汉族，农民，现住丁香镇丁香村上街组。

【首席调解员】

徐×，丁香镇调委会副主任，丁香司法所长。

【案情简介】

2012年3月20日下午4∶30左右，冯×放学回家，途经张×家门口时（当时张×本人不在家中），被其饲养的三条狼狗咬伤。幸亏当时有丁香中学冯姓教师路过，立即将受伤的冯×送到丁香镇卫生院进行临时包扎，同时电话向公安派出所报警，然后又电话告知冯×的母亲吴×和狼狗主人张×。吴×和张×同时赶到镇卫生院，将冯×送到县卫生防疫站注射狂犬疫苗，再到县医院进行消炎治疗。当天的所有费用均由张×支付。在后续治疗（于丁香镇程医生诊所进行）期间，张×也经常去看望冯×。经过近一个月的疗程，至4月10日，冯×已基本康复，而此时吴×已花去后续医疗费近千元。为赔偿一事，吴×数次到张家协商，张×始终只认账3月20日当天的费用并称已全部支付，其他的不予认账。吴×又找到丁香村调委会，请村调委会出面协调数次，均无果。于是，吴×于4月16日来到丁香司法所，申请调解。

【调解过程】

接到吴×的调解申请后，所长徐×向吴×了解了案情发生的具体经过，听取了吴×提出的医药费、交通费、营养费、误工费以及精神抚慰金等共13 800余元的赔偿要求，并安排干警做了详细的记录。接着又向公安派出所、丁香村调委会和程医生诊所进行了认真核实，并查阅了冯×在丁香镇卫生院、县卫生防疫站和程医生诊所治疗的相关资料以及公安干警调查时拍摄的照片材料。

4月17日，徐所长通知张×到司法所，询问了纠纷的一些细节。从张×陈述的情况来看，双方对事实的描述无太大的出入。于是徐所长问张×对此事有什么看法。张×认为当时她本人和丈夫都不在家，她家的狗咬伤了冯×，她已支付了当天的交通费和狂犬疫苗费用共400余元，有后来去看望冯×时也买了不少食物和营养品等，认为自己已经尽到了责任。至于吴×提出的赔偿款项特别是精神抚慰金的要求，她坚决不予承担。徐所长首先肯定了在这件事中，张×的态度是诚恳的：能主动帮吴×送孩子去县医院，主动支付交通费与狂犬疫苗费，还能在后续治疗期间携带营养品去看望冯×等。但徐所长同时指出：这是一起民事侵权纠纷，事实部分已由公安派出所调查清楚。本案对孩子的伤害确实很大，按照相关法律法规，作为狼狗饲养人的张×理应承担相应的侵权责任，依法给予赔偿。在徐所长的耐心劝说下，张×答应回家与家人商量后再定。徐所长还将《中华人民共和国侵权责任法》和《中华人民共和国未成年人保护法》文本赠送张×，要她回家后与丈夫一道认真学习领会，正确对待，依法赔偿，司法所将择日进行再次调解。

张×回家之后，徐所长将这一案情及时向县司法局和镇党委政府进行了汇报，并向县法律援助中心请教此类纠纷的调解要领，咨询了相关的法律法规和相关司法解释。4月23日下午，镇党委书记吴×主持召开了有镇分管政法的领导、司法所长、派出所长等人参加的碰头会，专题对本案案情进行了分析，确定了先由司法所主持调解，必要时请派出所配合的调解方案。

4月24日，吴×来到司法所询问进展情况，徐所长建议她对孩子的伤势进行司法鉴定，以确定伤残级别，否则她所提出的精神抚慰金标准无法确定。吴×表示要回家与家人商量，毕竟进行司法鉴定需要一定的费用。25日，吴×电话答复徐所长：不做司法鉴定，放弃先前提出的1万元精神抚慰金的诉求。

此后的数日内，徐所长在处理其他工作的同时，经常电话联系张×及其丈夫，均未得到明确答复。4月28日，徐所长与村调解员一道专程到张×家进行协调。张×丈夫态度一开始很不友好，后经徐所长的批评教育后才有所缓和。徐所长言明吴×已放弃精神抚慰金的请求，只要求他们赔偿相关费用共3800元。张×夫妇仍然拒绝，仅仅答应再赔偿几百元营养费，其余概不承担。并直言：如果本条件吴×不接受，那就中止调解，通过诉讼途径解决。眼看调解即将陷入僵局，徐所长与村调解员也就没再坚持，在告诫张×夫妇“要用合法途径来解决矛盾，不得采用过激方式使矛盾升级”之后即行离开，并电话向吴×进行了反馈。5月7日，吴×再次来到司法所，要求继续调解，并答应在张×所提的赔偿数额的基础上适当提高即可。

5月9日，徐所长通知张×到所，再次向其宣传法律法规，并出示冯×的伤势照片，辅以社会道德和情感层面的说服教育。终于，张×答应提高赔偿数额。于是徐所长当即通知吴×到所，将双方集中进行调解。经过数小时的耐心说服，双方终于达成一致意见，现场签订了协议，双方约定“吴×已放弃精神抚慰金的请求，只要张×赔偿相关费用共2800元”。张×夫妇表示同意。

【申请司法确认】

协议达成之后，当事人双方同意到本地人民法院申请确认调解协议。

四、训练的组织过程

首先进行理论上的探讨。讨论确认调解协议案件当事人申请的条件，其次分析管辖法院和法院受理的条件，最后讨论法院审理的方式和特点以及确认文书的写作格式。

让学生根据确认程序结合本案，写作《调解协议确认申请书》《人民调解协议司法确认决定书》《不予确认决定书》。

五、主要法律文书写作范本

（一）调解协议确认申请书

申请书

申请人：周×，男，41岁，汉川市人，住汉川市分水镇新街村1组。

申请人：汉川市人民医院。

法定代表人：贺×雄，职务：院长。

请求事项：依法确认调解协议合法有效。

事实及事由：申请人周×于2008年10月因摔伤致左尺桡骨、肱骨骨折，在当时工作所在地印度某医院行伤肢钢板内固定术。2009年5月因左手感觉运动障碍在协和医院行桡神经探查、松解术。11月27日好转出院。2010年4月4日以左肱骨骨折内固定术后、骨不连收住汉川市人民医院外六科，住院号9107406，4月6日行左肱骨内固定器钢板取出，重新行加压钢板固定，植入同种异体骨5立方厘米。4月12日好转出院。2011年1月19日复查X片提示：左肱骨干中段内固定骨质明显吸收、骨不连。2011年3月21日孝感明镜法医司法鉴定所（孝明镜［2011］临鉴字第298号），鉴定意见：依国家卫生部医院管理条例中医疗告知制度，汉川市人民医院在患者周×华左肱骨干骨不连二次手术中未尽充分的注意义务，未运用更为先进、合适的手术技术，以致再次发生骨不连，存在一定的医疗过失，建议承担25%～30%次要责任。申请人周×华认为再次发生骨不连与汉川市人民医院手术有因果关系，要求赔偿。

2011年4月2日，双方共同委托汉川市医疗纠纷调解中心依法进行了调解。调解内容：由申请人汉川市人民医院一次性补偿申请人周×华计人民币65 000元。补偿费用组成：下列各项费用总和的30%计65 000元（含前期、后期医疗费、误工费、陪护费、住院伙食补助费、交通费、参处人员的交通误工费、精神抚慰金、被抚养人生活费、残疾生活补助费等），其他损失由申请人周×华自行承担。2011年4月2日，汉川市医疗纠纷调解中心作出了（2011）川医调字第12号调解协议书，已送达双方当事人。为了调解协议的合法公正，根据《人民调解法》的有关规定，特申请司法确认，请予作出确认决定书。

此致

汉川市人民法院

申请人：周×
申请人：汉川市人民医院
××××年××月××日

(二) 人民调解协议司法确认决定书

湖北省汉川市人民法院

人民调解协议司法确认决定书

(2011) 川法调确字第1号

确认申请人：周×，男，1969年4月30日生，汉族，汉川市人，务工，住汉川市分水镇新街村1组。

确认申请人：汉川市人民医院。住所地：汉川市仙女山街道办事处欢乐街33号。

法定代表人：贺×雄，院长。

委托代理人：梁×明，汉川市人民医院医教科科长。特别授权。

委托代理人：肖×宜，湖北松竹梅律师事务所律师。

上列二确认申请人因医疗损害赔偿纠纷，于2011年4月2日经汉川市医疗纠纷调解中心调解，双方达成了(2011)川医调字第12号调解协议。2011年4月7日，二确认申请人共同向本院提出申请，确认该调解协议书的效力。本院经审查认为，该调解协议符合有关法律规定，且系双方当事人真实意思表示。根据《最高人民法院关于人民调解协议司法确认程序的若干规定》第八条之规定，本院决定如下：

确认二确认申请人在汉川市医疗纠纷调解中心达成的(2011)川医调字第12号调解协议合法有效。

本决定书送达双方当事人后，即具有法律效力。一方当事人拒绝履行的，对方当事人可以申请人民法院强制执行。

审判员：××

××××年××月××日

本件与原本核对无异

书记员××

(三) 人民法院不予司法确认决定书

××人民法院

不予确认决定书

(××××) 调确字第××号

申请人：<u>(申请人的姓名或名称等基本情况)</u>

申请人：<u>(申请人的姓名或名称等基本情况)</u>

本院于××××年××月××日受理了申请人×××关于确认调解协议的申请。本院依法指定审判人员审查此案，现已审查完毕。

经审查，申请人×××于××××年××月××日关于××纠纷达成的调解协议，因

（写明不予确认理由），不符合人民法院确认调解协议的条件。据此，本院作出如下决定：

对申请人×××于××年××月××日达成的调解协议效力不予确认。当事人可以通过人民调解方式变更原调解协议或者达成新的调解协议，也可以就相关纠纷向有管辖权的人民法院提起诉讼；当事人之间有仲裁协议的，可以向仲裁机构申请仲裁。

审判员：××

××××年××月××日

本件与原本核对无异

书记员：××

第五节 实现担保物权程序实训

一、训练目标

进一步熟悉实现担保物权案件的审理程序。写作相关的诉讼文书，如《申请书》《异议权利告知书》《实现担保物权裁定书》等。

二、训练前的准备

熟悉《民事诉讼法》第196条和第197条关于实现担保物权的法律规定，阅读《民诉法解释》第365条至第374条的规定。

法条链接

《中华人民共和国民事诉讼法》

第一百九十六条　申请实现担保物权，由担保物权人以及其他有权请求实现担保物权的人依照物权法等法律，向担保财产所在地或者担保物权登记地基层人民法院提出。

第一百九十七条　人民法院受理申请后，经审查，符合法律规定的，裁定拍卖、变卖担保财产，当事人依据该裁定可以向人民法院申请执行；不符合法律规定的，裁定驳回申请，当事人可以向人民法院提起诉讼。

《最高人民法院关于适用〈中华人民共和国民事诉讼法〉的解释》

第三百六十一条　民事诉讼法第一百九十六条规定的担保物权人，包括抵押权人、质权人、留置权人；其他有权请求实现担保物权的人，包括抵押人、出质人、财产被留置的债务人或者所有权人等。

第三百六十二条　实现票据、仓单、提单等有权利凭证的权利质权案件，可以由权利凭证持有人住所地人民法院管辖；无权利凭证的权利质权，由出质登记地人民法院管辖。

第三百六十三条　实现担保物权案件属于海事法院等专门人民法院管辖的，由专门人民法院管辖。

第三百六十四条　同一债权的担保物有多个且所在地不同，申请人分别向有管辖权的人民法院申请实现担保物权的，人民法院应当依法受理。

第三百六十五条　依照物权法第一百七十六条的规定，被担保的债权既有物的担保又有人的担保，当事人对实现担保物权的顺序有约定，实现担保物权的申请违反该约定的，人民法院裁定不予受理；没有约定或者约定不明的，人民法院应当受理。

第三百六十六条　同一财产上设立多个担保物权，登记在先的担保物权尚未实现的，不影响后顺位的担保物权人向人民法院申请实现担保物权。

第三百六十七条　申请实现担保物权，应当提交下列材料：

（一）申请书。申请书应当记明申请人、被申请人的姓名或者名称、联系方式等基本信息，具体的请求和事实、理由；

（二）证明担保物权存在的材料，包括主合同、担保合同、抵押登记证明或者他项权利证书，权利质权的权利凭证或者质权出质登记证明等；

（三）证明实现担保物权条件成就的材料；

（四）担保财产现状的说明；

（五）人民法院认为需要提交的其他材料。

第三百六十八条　人民法院受理申请后，应当在五日内向被申请人送达申请书副本、异议权利告知书等文书。

被申请人有异议的，应当在收到人民法院通知后的五日内向人民法院提出，同时说明理由并提供相应的证据材料。

第三百六十九条　实现担保物权案件可以由审判员一人独任审查。担保财产标的额超过基层人民法院管辖范围的，应当组成合议庭进行审查。

第三百七十条　人民法院审查实现担保物权案件，可以询问申请人、被申请人、利害关系人，必要时可以依职权调查相关事实。

第三百七十一条　人民法院应当就主合同的效力、期限、履行情况，担保物权是否有效设立、担保财产的范围、被担保的债权范围、被担保的债权是否已届清偿期等担保物权实现的条件，以及是否损害他人合法权益等内容进行审查。

被申请人或者利害关系人提出异议的，人民法院应当一并审查。

第三百七十二条　人民法院审查后，按下列情形分别处理：

（一）当事人对实现担保物权无实质性争议且实现担保物权条件成就的，裁定准许拍卖、变卖担保财产；

（二）当事人对实现担保物权有部分实质性争议的，可以就无争议部分裁定准许拍卖、变卖担保财产；

（三）当事人对实现担保物权有实质性争议的，裁定驳回申请，并告知申请人向人民法院提起诉讼。

第三百七十三条　人民法院受理申请后，申请人对担保财产提出保全申请的，可以按照民事诉讼法关于诉讼保全的规定办理。

第三百七十四条　适用特别程序作出的判决、裁定，当事人、利害关系人认为有错误的，可以向作出该判决、裁定的人民法院提出异议。人民法院经审查，异议成立或者部分成立的，作出新的判决、裁定撤销或者改变原判决、裁定；异议不成立的，裁定驳回。

对人民法院作出的确认调解协议、准许实现担保物权的裁定，当事人有异议的，应当自收到裁定之日起十五日内提出；利害关系人有异议的，自知道或者应当知道其民事权益受到侵害之日起六个月内提出。

三、实现担保物权的具体程序

学生要研习在本案程序运作中模拟做申请人、法官应当具备的知识和技能。

（一）实现担保物权的申请

抵押权人、质权人、留置权人等担保物权人有申请人资格；抵押人、出资人、财产被留置的债务人或者所有权人等也有申请人资格；建设工程的承包人也具有申请人资格。

申请的材料包括申请书、证明担保物权存在的材料、证明实现担保物权条件成就的材料、担保财产的现状说明以及人民法院认为应当提交的其他材料。

（二）管辖和受理

具有管辖权的人民法院是担保财产所在地的基层人民法院，或者是担保物登记地的基层人民法院。

申请人按照《诉讼费用交纳办法》在提出申请的同时预交受理费，依据2007年《物权法》第176条的规定，被担保的债权既有物的担保，又有人的担保的，当事人对实现担保物权的顺序有约定，实行担保物权的申请违反此约定的，人民法院裁定不予受理；没有约定或者约定不明的，人民法院应当受理。

人民法院受理申请后，应当在5日内向被申请人送达申请书副本、异议权利告知书等文书。被申请人有异议的应当在5日内向人民法院提出，同时说明理由并提出相应的证据。

（三）法院审查

依据《民事诉讼法》第197条的规定，人民法院受理实现担保物权的案件后，经过审查，符合法律规定的，裁定拍卖、变卖担保财产；当事人依据该裁定可以向法院申请执行；不符合法律规定的，裁定驳回申请，当事人可以另行向法院起诉。

（四）救济途径

对拍卖或者变卖担保物的裁定，当事人有异议的，应当自收到裁定之日起15日内提出；利害关系人有异议的，自知道或者应当知道其民事权益受到侵害之日起6个月内提出。

四、训练的素材

案件名称：江苏南京鼓楼法院裁定国信担保公司对朱×年实现担保物权案

案由：申请实现担保物权

程序类型：民事特别程序

【裁判要旨】

实现不动产担保物权特别程序具有非讼性，管辖异议等诉讼案件中的程序规定不应适用。如抵押房产未设定在先抵押，担保的债权确定，担保物权实现条件成就的证明材料齐备，即可裁定对抵押财产进行拍卖或变卖。不符合法律规定的，则裁定驳回申请。

【案情概述】

2011年11月22日，交行江苏分行与南京银硕科技实业有限公司（以下简称银硕公司）签订借款合同一份，约定银硕公司向交行江苏分行借款600万元。交行江苏分行与江苏省国信信用担保有限公司（以下简称国信担保公司）签订保证合同一份，约定国信担保公司为上述借款提供连带保证责任。银硕公司与国信担保公司签订委托担保合同一份，约定国信担保公司为上述借款提供担保；银硕公司将多名第三人所有的南京市白下区健康路251号3单元911室、白下区致和新村6幢306室、鼓楼区中山北路283号6号楼503室、雨花台区共青团路三村2幢507室等四处房产设为抵押物，向国信担保公司提供反担保。合同签订后，交行江苏分行按约放贷。2012年1月13日，国信担保公司与朱×年签订抵押合同一份，约定：朱×年将其鼓楼区中山北路283号6号楼503室房产作为反担保抵押物，为主合同中的74万元提供担保，并办理了抵押登记，该房产未设定其他在先抵押。因银硕公司未按约还贷，国信担保公司为其代偿贷款本息6 211 560元。国信担保公司索要代垫款项未果，遂诉至法院，申请拍卖或变卖被申请人朱×年所有房产，所得价款优先受偿。

【裁判结果】

江苏省南京市鼓楼区人民法院经审理认为，案涉借款合同、委托担保合同、抵押合同合法有效。朱×年以其房产为反担保抵押物，并办理了登记，担保金额为74万元，且该房产没有设定其他在先抵押。国信担保公司已依约代银硕公司偿还银行借款，有权就反担保抵押房产优先受偿。

2013年3月15日，法院裁定：准予拍卖、变卖被申请人朱×年所有的房产，申请人国信担保公司对所得款项在74万元范围内优先受偿。本裁定为终审裁定。

【案情评析】

申请人还同时向南京鼓楼法院申请对其他三处抵押房产实现担保物权，四个案件中有两案的被申请人以不动产专属管辖为由提出管辖异议。本案涉及2012年《民事诉讼法》新增的实现担保物权特别程序的适用问题，具体分析如下：

1. 管辖问题

在以往司法实务中，鲜有在选民资格、宣告失踪或死亡等特别程序案件中提出管辖异议之情形。但在实现担保物权特别程序案件中，许多被申请人为拖延时间而提出管辖异议。我们认为：首先，2012年《民事诉讼法》第196条明确规定，实现担保物权特别程序案件由担保财产所在地或者担保物权登记地法院管辖。不动产专属管辖系诉讼案件中的管辖规定，在特别程序案件中不应适用。其次，管辖异议不适用于特别程序案件，对实现担保物权案件中的管辖异议无须作出裁定，也不应再经过管辖上诉程序。著名民事诉讼法学家李浩教授指出，2012年《民事诉讼法》修订后，管辖异议条款由原民事诉讼法第二章"管辖"第三节"移送管辖和指定管辖"中的第38条，移到了第十二章"第一审普通程序"第二节"审理前的准备"中的第127条。因此，可以认为管辖异议条款是针对一审诉讼案件作出的规定。而实现担保物权并非诉讼案件，特别程序案件中没有被告，管辖异议条款无从适用。再次，若受理法院审查后发现不属于自己管辖，可裁定驳回申请。申请人可以另行向有管辖权的法院提出申请，避免在管辖裁定和上诉移送程序上耗费大量时间，才能体现担保物权特别程序便捷高效处理的立法本意。这样做既节约了宝贵的司法资源，又避免了管辖异议权被滥用。最后，如果存在法院争管辖的情况，可以通过审判监督程序予以纠正。

2. 抵押房产上是否设有在先抵押的问题

优先受偿权是抵押权的核心和实质。在债务人届期不履行债务时，抵押权人可以抵押物折价或者从该抵押物的变价中优先于一般债权人而获得先位清偿。但在同一抵押物上存在数个抵押权时，登记在先的抵押权优先于登记在后的抵押权。当抵押物的价值较大时，抵押权人行使抵押权后，若有剩余才能用于偿还其他债务。目前，大多数城市商品房都存在按揭抵押。虽然对于商品房按揭是否属于不动产抵押有不同意见：有的认为系不动产抵押，有的认为系权利质押，有的认为系准抵押，有的认为系让与担保，但无论其性质如何界定，商品房按揭均在房产登记机关办理了抵押登记。因此，在涉及房地产的实现担保物权特别程序案件中，必须查明其是否存在设定在先的其他抵押。如有在先的其他抵押，应当裁定驳回申请，当事人可以向人民法院另行提起诉讼。本案中的抵押房产未设定在先抵押，可以作出申请人优先受偿之裁定。

3. 抵押担保的债权是否确定

2007 年《物权法》第 176 条规定，被担保的债权既有物的担保又有人的担保的，债务人不履行到期债务或者发生当事人约定的实现担保物权的情形，债权人应当按照约定实现债权；没有约定或者约定不明确，债务人自己提供物的担保的，债权人应当先就该物的担保实现债权；第三人提供物的担保的，债权人可以就物的担保实现债权，也可以要求保证人承担保证责任。可见，在被担保的债权既有物的担保又有人的担保的，或者多个抵押房产为同一债务提供担保的情况下，不同主体所承担的份额可能不同，受偿次序也可能不同。如受偿份额及次序不明确，还是应当通过诉讼程序以确定各自所应当承担的份额，而不宜通过实现担保物权特别程序来处理。本案中，四处抵押房产均系第三人提供的物保，且抵押合同约定朱×年之房产抵押担保 74 万元，不存在担保债权不确定的障碍。

4. 实现担保物权程序的救济

担保物权实现程序，并不体现权利义务的争议性，具有非讼性。担保物权实现程序的非争议性，是由物权法中的公示公信原则所决定的。申请人申请法院拍卖、变卖担保物，实质是要求确认并实现其担保物权的程序，并非请求法院解决民事争议。虽然被申请人可能提出异议，但这并不影响该程序的非讼性质。诉讼程序采取当事人主义、直接言词主义，其制度价值在于准确查明案件争议，保障当事人的程序参与，以裁判结果的实体公正为核心目标。在非讼程序中，法院奉行职权主义、简易主义，裁判周期短，体现了效益。

五、训练的组织过程

首先进行理论上的探讨，讨论实现担保物权案件当事人申请的条件，其次分析管辖法院和法院受理的条件，最后讨论法院审理的方式和特点以及确认文书的写作格式。

让学生根据实现担保物权案件，写作《实现担保物权申请书》《实现担保物权裁定书》等诉讼文书。

六、本程序中的主要法律文书写作范本

（一）实现担保物权申请书

申请书

申请人：（写明姓名或者名称等基本信息）。

法定代理人/指定代理人：（写明姓名或者名称等基本信息）。

委托诉讼代理人：（写明姓名或者名称等基本信息）。

被申请人：（写明姓名或者名称等基本信息）。

……

请求事项：

准许拍卖/变卖被申请人××的（写明担保财产的名称、性质、数量、数额、所在地等），申请人××对变价后所得价款在（写明金额）的范围内优先受偿。

事实和理由：

（写明申请人主张的事实和理由）。

此致

××人民法院

申请人：××

××××年××月××日

【说明】

1. 本样式根据《中华人民共和国民事诉讼法》第一百九十六条以及《最高人民法院关于适用〈中华人民共和国民事诉讼法〉的解释》第三百六十一条、第三百六十七条制定，供担保物权人以及其他有权请求实现担保物权的人依照物权法等法律，向担保财产所在地或者担保物权登记地基层人民法院申请实现担保物权用。

2. 当事人是法人或者其他组织的，写明名称住所。另起一行写明法定代表人、主要负责人及其姓名、职务、联系方式。

3. 担保物权人，包括抵押权人、质权人、留置权人；其他有权请求实现担保物权的人，包括抵押人、出质人、财产被留置的债务人或者所有权人等。

4. 实现票据、仓单、提单等有权利凭证的权利质权案件，可以由权利凭证持有人住所地人民法院管辖；无权利凭证的权利质权，由出质登记地人民法院管辖。

5. 申请实现担保物权，应当提交下列材料：证明担保物权存在的材料，包括主合同、担保合同、抵押登记证明或者他项权利证书，权利质权的权利凭证或者质权出质登记证明等；证明实现担保物权条件成就的材料；担保财产现状的说

明；人民法院认为需要提交的其他材料。

（二）实现担保物权裁定书

××人民法院

民事裁定书

（××××）××民特××号

申请人：（写明姓名或者名称等基本信息）。

被申请人：（写明姓名或者名称等基本信息）。

申请人××与被申请人××申请实现担保物权一案，本院于××××年××月××日立案后，依法适用特别程序进行了审查。现已审查终结。

××称，（写明申请人的请求、事实和理由）。

××称，（写明被申请人的意见）。

本院经审查认为，（写明准许拍卖、变卖担保财产的理由）。

依照《中华人民共和国民事诉讼法》第一百九十七条、《最高人民法院关于适用〈中华人民共和国民事诉讼法〉的解释》第三百七十二条第一项/第二项规定，裁定如下：

准许拍卖、变卖被申请人××的（写明财产种类和数量）。

申请费××元，由被申请人××负担。

申请人不服本裁定，应当在收到本裁定书之日起十五日内，向本院提出异议。

审判长 ××

审判员 ××

审判员 ××

××××年××月××日

本件与原本核对无异

书记员 ××

【说明】

1. 本样式根据《中华人民共和国民事诉讼法》第一百九十七条以及《最高人民法院关于适用〈中华人民共和国民事诉讼法〉的解释》第三百七十二条第一项、第二项制定，供担保财产所在地或者担保物权登记地基层人民法院在受理申请实现担保物权案后，经审查符合法律规定的，裁定准许拍卖、变卖担保财产用。

2. 当事人对实现担保物权无实质性争议且实现担保物权条件成就的，裁定准许拍卖、变卖担保财产，同时引用《最高人民法院关于适用〈中华人民共和国民事诉讼法〉的解释》第三百七十二条第一项规定；当事人对实现担保物权有部分实质性争议的，就无争议部分裁定准许拍卖、变卖担保财产，同时引用《最高人民法院关于适用〈中华人民共和国民事诉讼法〉的解释》第三百七十二条第二项规定。

3. 实现担保物权案件，人民法院裁定拍卖、变卖担保财产的，申请费由债务人、担保人负担。

4. 实现担保物权案件可以由审判员一人独任审查。担保财产标的额超过基层人民法院管辖范围的，应当组成合议庭进行审查。

第六章　民事强制执行程序实训

第一节　一般执行案件程序实训

一、训练目标

熟悉执行阶段的一般程序，包括执行的申请、立案、执行财产的查明、执行的各种措施的实施等。掌握执行阶段的各种诉讼文书的写作，同时关注我国目前在执行方面的各种改革措施。

二、训练前的准备

阅读《民事诉讼法》及其司法解释中的相关法条。结合当下最高人民法院突破执行难的司法实践，了解在执行阶段各地法院创新的执行方法。

法条链接

《中华人民共和国民事诉讼法》

第二百二十四条　发生法律效力的民事判决、裁定，以及刑事判决、裁定中的财产部分，由第一审人民法院或者与第一审人民法院同级的被执行的财产所在地人民法院执行。

法律规定由人民法院执行的其他法律文书，由被执行人住所地或者被执行的财产所在地人民法院执行。

第二百二十五条　当事人、利害关系人认为执行行为违反法律规定的，可以向负责执行的人民法院提出书面异议。当事人、利害关系人提出书面异议的，人民法院应当自收到书面异议之日起十五日内审查，理由成立的，裁定撤销或者改正；理由不成立的，裁定驳回。当事人、利害关系人对裁定不服的，可以自裁定送达之日起十日内向上一级人民法院申请复议。

第二百二十六条　人民法院自收到申请执行书之日起超过六个月未执行的，申请执行人可以向上一级人民法院申请执行。上一级人民法院经审查，可以责令原人民法院在一定期限内执行，也可以决定由本院执行或者指令其他人民法院执行。

三、民事执行的具体程序

（一）执行申请

有执行依据的执行申请人向一审法院或者与一审法院同级的执行财产所在地法院提出执行申请。申请执行的时效是2年，并且适用诉讼时效中止、中断的规定。

当事人的执行申请应当符合下列条件：要有明确的给付内容的执行依据；债务人逾期不履行或者拒绝履行法律文书确定的义务；在法定的执行时效期间内作出；应当向有管辖权的法院提出。

（二）受理和被执行财产的查明

符合下列条件的，法院应当受理执行申请：申请或者移送执行的法律文书已经生效，申请人是生效法律文书确定的权利人或者其继承人、权利承受人。申请执行人在申请执行的时效期间内提出申请；申请执行的法律文书具有给付内容，且执行标的和被执行人明确；义务人在生效法律文书确定的期限内未履行义务。

（三）审查

符合条件的，执行员在收到执行申请书后10日内，应当向被执行人发出执行通知，并可以立即采取强制执行措施。执行通知书中除应当责令被执行人履行法律文书确定的义务外，应当通知被执行人承担迟延履行利息或者迟延履行金。

（四）执行和解与执行担保

1. 执行和解

在执行中法院不能调解，但允许当事人和解，当事人达成的和解协议由法官记入笔录。义务人不履行债务的时候，申请执行人可以申请法院执行生效的法律文书，但是已经执行的内容应当扣除。

2. 执行担保

被执行人提供担保，并经过申请执行人的同意，确定暂缓执行和暂缓执行的期间。有担保期间的暂缓执行，其期间不能多于担保期间。

（五）强制执行

1. 给付金钱的执行

以给付一定数额金钱为内容的请求权的执行，在执行工作中数量最多。给付金钱的执行要遵循两大原则：一是简便和对被执行人生活影响较小原则；二是非经查封、扣押、冻结不得处分被执行人财产原则。对于被执行人的银行存款，执行法院可以直接划拨。如果被执行财产是特定物品或财产权，执行法院应当依法通过拍卖、变卖或者以物抵债的方式来完成执行工作。给付金钱的另外一种执行方式是参与分配制度。这种制度是指在被执行人是公民或者非法人组织的情况下，被执行人的财产不足以清偿各债权人的全部债权，申请执行人以外的其他债权人凭有效的执行依据申请加入到已经开始的执行程序中来，各债权人从执行标的的变价款中获得公平清偿。

2. 交付物的执行

交付物的执行是指将指定交付的物由被执行人直接占有转移为债权人直接占有或者支配。物之交付请求权可以根据所有权产生，如租赁合同届期；也可以根据债权债务关系产生，如加工承揽合同，判决债务人向债权人交付劳动成果。应当交付之物，无论是否具有经济价值，只要符合生效法律文书的指定，就可以成为执行标的物。

3. 完成行为的执行

完成行为的执行，是指根据生效法律文书，一方当事人有义务履行一定的行为而拒不履行的，债权人请求人民法院强制当事人履行一定的作为或者不作为义务。

四、训练的素材

案件名称：刘×申请执行案

案由：执行

程序类型：民事执行程序

【案情】

在胡×与刘×法定继承纠纷一案中，胡×与刘×之父于1994年再婚，期间双方在北京门头沟区共同购买房屋一套。刘×的父亲死亡后，因房产继承问题胡×诉至法院。2010年经法院审理后，判决被继承的房产归胡×所有，胡×向刘×支付房屋折价款11万余元。

【执行情况】

判决生效后，胡×未依照法律履行给付义务，刘×向门头沟区法院提出执行申请，要求胡×给付房屋折价款11万余元，但未提出给付迟延履行期间债务利息的执行申请。执行过程中，胡×将相应案款交至法院。但申请执行人刘×在来法院领取案款的时候要求被执行人支付迟延履行期间的债务利息，并针对迟延履行金要求法院立案执行。

【案情焦点】

争论焦点：申请执行人刘×在领取案款时能否就迟延履行金再单独提出执行申请？

【案情解析】

本案争议的焦点是申请执行人能否在领取案款时就迟延履行金单独提出执行申请。

第一种观点认为，迟延履行债务利息亦即迟延履行金制度系我国民事诉讼法确立的一项制度，迟延履行金能否单独提起，相关法律法规及司法解释未作出明确规定。在私法领域，“法无名文禁止即为权利”；迟延履行金制度在于惩罚无视生效法律文书的债务人，允许申请执行人单独就迟延履行金提出执行申请，可彰显迟延履行金的惩罚功能。因而，应当允许申请执行人就迟延履行金单独提出执行申请。

第二种观点认为，综合迟延履行金的性质、权利的特征以及执行效率、执行工作稳定性等因素考虑，申请执行人不能针对迟延履行金单独提出执行申请。

执行法院同意第二种观点，认为申请执行人不能针对迟延履行金单独提出执行申请，其理由如下：

第一，迟延履行金的产生具有依附性、依赖性和非独立性。从立法本意上讲，迟延履行金的法理根基在于督促履行义务、惩罚无视生效法律文书的债务人，其产生需具备法律文书已生效、债务人未在生效法律文书指定的期间履行给付义务两个条件，法律文书未生效、债务人已为给付以及在诉讼期间则不产生迟延履行金。迟延履行金的产生完全依赖于生效文书所确立的债务未被履行，其生成的此种特点使得迟延履行金之给付申请请求应与生效法律文书所确立的债权一并提出执行申请。

第二，迟延履行金本质上属于私权，私权的特征在于处分性。迟延履行金是一种惩罚手段、制裁措施，该利益最终归属于申请执行人，从这一点讲，迟延履行金与其他民事权利并无本质区别，权利人可得自由处分。在申请执行立案时，经法院释明，申请执行人未要求给付迟延履行金的，应当视为其已放弃了对迟延履行金的执行请求，依据诚实信用原则，民事主体在民事活动中应当讲究诚信，恪守诺言，在其已以默示行为放弃权利的情况下，不得再行反悔。

第三，执行工作讲究效率和稳定性。若在执行阶段允许申请执行人单独针对迟延履行金提出执行申请，则会导致同一生效法律文书的执行标的处于不确定状态，执行阶段的法律文书（如执行通知书、执行裁定书等）的内容无法确定，甚至会加剧当事人间的对抗性，不利于执行工作的稳定性。若在案件已执结的情况下允许申请执行人针对迟延履行金提出执行申请，则导致已执行完毕的案件被重新提起、已达成和解协议的案件需重新签订和解协议、已终结本次执行程序的案件需重新计算标的，由此会对执行工作效率造成极大的影响，也会导致案件执行处于不稳定状态。

【案情结果】

执行法院同意第二种观点，现本案已经执行完毕。

五、训练的组织过程

本案例的执行训练分为两个部分。第一部分，主要演练申请执行的一般程序，主要是执行申请、法院立案和审查、强制执行。这一部分可以通过“法律实务综合模拟平台”软件系统进行电脑上的模拟训练。第二部分是对当事人单独提出的迟延履行金问题进行研究和处理。

六、本阶段主要法律文书写作范本

（一）强制执行申请书

1. 公民申请强制执行

强制执行申请书

申请人：张×，男，汉族，1963 年 3 月 19 日出生，住址：上海市××××。

被申请人：沈阳××工程有限公司，地址：沈阳市皇姑区××××。法定代表人：李×，电话：××××。

申请人与被申请人劳务雇佣合同纠纷一案，经辽宁省沈阳市中级人民法院作出（2010）沈民（1）终字第××号民事判决书，现被申请人拒不遵照生效判决履行。为此，特申请贵院给予强制执行。

执行请求：

1. 请求法院执行被申请人应支付申请人的劳务费 50 000 元；

2. 请求法院执行被申请人应支付申请人的劳务费 50 000 元的银行同类同期贷款利率计付的银行利息（自 2009 年 6 月 15 日至 2010 年 8 月 26 日的）；

3. 请求法院执行被申请人应支付申请人的劳务费 50 000 元的延期履行期间的债务利息即按照银行同期贷款利率计付的银行利息的双倍（自 2010 年 9 月 6 日至执行完毕当日）

4. 请求法院执行被申请人应支付申请人的诉讼费 988 元；

5. 被申请人支付本案执行费。

事实与理由：

2008 年被申请人承建上海某工程，为了能按期完工，被申请人雇佣申请人带领的安装队帮助安装，2009 年 6 月 15 日经结算被申请人应付申请人的劳务费为 50 000 元，由于被申请人一直未支付故申请人向沈阳皇姑区人民法院提起民事诉讼，该院作（2010）皇民初字第××号民事判决书，判决内容为：一、被告沈阳××工程有限公司于本判决发生法律效力之日起十日内给付原告张×劳务费

50 000 元；二、被告沈阳××工程有限公司于本判决发生法律效力之日起十日内给付原告张×劳务费 50 000 元的利息（利息自 2009 年 6 月 15 日至本判决生效之日止，利率按照中国人民银行同类同期贷款利率计付）；如果未按照本判决指定的期间履行给付义务，依照《中华人民共和国民事诉讼法》第二百二十九条之规定，加倍支付延期履行期间的债务利息。三、驳回原、被告的其他诉讼请求。案件受理费 988 元，由被告沈阳××工程有限公司负担。

判决后被申请人提起上诉，2010 年 8 月 26 日辽宁省沈阳市中级人民法院送达（2010）沈民（1）终字第××号民事判决书，判决驳回上诉，维持原判，二审诉讼费由上诉人负担。

至此被申请人于终审判决生效后 10 日内未按照判决履行，特申请贵院执行，以维护申请人的合法权益。

此致

沈阳市皇姑区人民法院

申请人：××

××××年××月××日

附：一二审判决书

2. 法人申请强制执行

强制执行申请书

执行申请人：北京××在线科技有限公司

住所地：北京大兴区××镇××村委会

法定代表人：赵××，电话：139101×××××

被申请人：××市××网络系统技术有限公司

住所地：河北××市××道 44 号

法定代表人：刘××，电话：139101×××××

申请事项：

1、请求强制执行（2005）海民初字第 179××号民事判决书，即被申请人向申请人支付货款 339 200 元人民币，承担诉讼费 7889 元人民币，违约金以未付货款 339 200 元人民币，自 2004 年 9 月 28 月至货款付清之日止，按每日万分之二点一计算，以上共计 379 499 元人民币（至执行立案时）。

2、被申请人加倍支付迟延履行利息。

事实与理由：

执行申请人诉被申请人买卖合同纠纷一案，2005 年 10 月 20 日北京海淀区人民法院做出（2005）海民初字第 179××号民事判决，确定被申请人向申请人支付

339 200 元人民币，承担诉讼费 7889 元人民币，违约金以未付货款 339 200 元人民币，自 2004 年 9 月 28 月至货款付清之日止，按每日万分之二点一计算，至执行立案时违约金 32 409 元人民币。现在该民事判决已经生效。被申请人拒不履行判决，为维护申请人的合法权益，特申请贵院强制执行该判决。

此致

北京市海淀区人民法院

执行申请人：××

法定代表人：××

××××年××月××日

附：

1. 判决书复印件一份。

注意事项：

1. 法院一份+再按被申请人的人数提交。

2. 授权书明确代为申请、领取执行标的、代为和解等基本要求就可以了。给法院一份。

3. 带判决、申请人身份证、强制执行申请到法院立案庭。

① 一审法院来执行

② 与第一审人民法院同级的被执行的财产所在地人民法院执行

4. 2 年之内申请执行。

5. 期限计算：

① 法律文书规定履行期间的最后一日起计算

② 分期履行的，从规定的每次履行期间的最后一日起计算

③ 未规定履行期间的，从法律文书生效之日起计算

6. 金钱债务，加倍支付迟延履行期间的利息；非金钱债务，要求支付迟延履行金。

（二）执行裁定书

上海市第一中级人民法院

执行裁定书

（2015）沪一中执恢字第 1 号

申请执行人：上海××银行，住所地上海市浦东新区浦东南路××号。

负责人：××，行长。

委托代理人：××，上海××银行员工。

委托代理人：××，上海市××律师事务所律师。

被执行人：上海××企业发展有限公司，住所地上海市宝庆路××号。

法定代表人：××。

被执行人：上海××信息网络有限公司，住所地上海市浦东新区世纪大道××号××室。

法定代表人：××，董事长。

委托代理人：××，上海市××律师事务所律师。

委托代理人：××，上海市××律师事务所律师。

申请执行人上海××银行申请执行被执行人上海××企业发展有限公司（以下简称：甲公司）、上海××信息网络有限公司（以下简称：乙公司）一案，本院依法处置乙公司为本案所设抵押权的房地产后，上海××银行与乙公司就该抵押物所负本案的债权数额发生争议，本院依法组成合议庭进行审查，现已审理终结。

申请执行人上海××银行诉称，本案系金融借贷合同纠纷，债权人为上海××银行，主债务人为甲公司，抵押人为乙公司，抵押物为抵押人名下位于上海市浦东新区世纪××号××室。因两被执行人拒不履行还款义务，截至2014年11月4日，本案债务总额为人民币（以下币种均同）21 742 510.56元。其中，贷款本金为10 000 000元，贷款利息11 544 902.56元，案件受理费62 299元，财产保全费52 809元，房地产评估费45 000元，变卖公告费25 500元，执行费12 000元。上海××银行还举证指出，在本案执行中，乙公司涉嫌与案外人通过虚假诉讼等方式，来规避本院执行，严重损害到了申请执行人权益，故一并请求本院依法对乙公司及相关人员启动反规避执行查处程序，以期制裁失信人员和净化执行环境。

被执行人甲公司对上海××银行所提债权数额未提异议。

被执行人乙公司对此持有异议并辩称，本案于2008年6月20日即已取得对该抵押房产的处置权，故本案债务利息的计算截止日期应当截至该日。乙公司还辩称，所拖欠的利息不应再计算利息。乙公司就此主张，抵押人所应承担的本案债务总额应为12 764 321元。其中，贷款本金为10 000 000元，贷款利息2 764 321元（计息截至2008年6月20日），其他的诸如诉讼费、保全费、房产评估费及案件执行费等费用，均应由主债务人甲公司承担，不应计入抵押人所应承担的债务总额中。

本院经审理查明，上海××银行与甲公司、乙公司因借款合同纠纷，经本院一审后，于2005年7月22日作出（2005）沪一中民三（商）初字第233号判决。判定：一、被告甲公司于本判决生效之日起十日内归还原告上海××银行借款人民币1000万元并支付至贷款本息清偿之日止的利息（自2004年9月21日至2004年10月7日止的利息按合同约定的月利率4.203 75‰计付；之后至借款清偿之日止的逾期贷款罚息按合同约定的日万分之二点一计收）；二、被告甲公司届期不履行上述第一项付款义务的，原告上海××银行可以与被告乙公司协议，以坐落于上海市浦东新区世纪大道××号××室房屋折价或者以拍卖、变卖该抵押物所得的价款优先受偿；抵押物折价或者拍卖、变卖后，其价款超过债权数额的部分归被告乙公司所有，不足部分由被告甲公司清偿；三、如被告乙公司履行上述第二项义务后，有权向被告甲公司追偿；本案案件受理费人民币62 299元、财产保全费人民币52 809元，均由被告甲公司负担，应于本判决生效后七日内向本院缴纳。同年8月，该判决生效。因甲公司、乙公司均未自动履行上述判决，上海××银行遂申请本院强制执行。

2005年11月7日，本案立案执行后，未发现被执行人甲公司名下具有可供执行的财产，而被执行人乙公司名下的本案抵押房产，则因乙公司在另案诉讼中败诉，该抵押房地产已在先被本院另案（2005）沪一中执字第100号案所首次查封。因本案依法未能获取该房地产的处置权，本院遂于2005年11月25日依法裁定中止对本案的执行。

本院还查明，乙公司在本案执行立案之前的2004年4月29日，以本案房地产与案外人签订了一份长达10年的房屋租赁合同，且双方在合同中言明，该10年期间的房屋租金，案外人通过免除债务的方式已全部支付给乙公司。2011年3月，本案经上海××银行申请予以恢复执行。执行中，房屋承租人等多次对该房屋的处置等提出执行异议，本院为此多次启动相关异议处理等程序。恢复执行中，本院经依法委托评估拍卖，均遭流拍，遂于2014年11月26日依法变卖成交，得款18 810 000元。

本院认为，综合上海××银行与乙公司在债权数额确定争议中的诉辩意见，本案争议焦点可归纳为以下三项：一、本案抵押债权利息计算的截止日期当截至何时？二、本案抵押债权计算欠息复利行为是否合法？三、本案抵押债权最终数额应为多少？

对于上述三项争议焦点，本院逐项评析如下：

一、本案抵押债权利息计算的截止日期当截至2014年11月4日止。本案执行立案后，及时依法采取了强制执行措施，因本案抵押房地产被（2005）沪一中执字第100号案在先查封，致使本案无法获取处置权而依法中止执行。2011年3月，本案经上海××银行申请而予以恢复执行。但乙公司就此抗辩认为，（2005）沪一中执字第100号案的申请执行人，于2008年6月20日在该案谈话笔录中同意终结该案的执行，故本案在该日即取得了对该抵押房地产的处置权。乙公司还认为，本案自获有该财产处置权之时起，即当视为被执行人乙公司就此履清了偿债义务，抵押债权的利息当计算至此为止。本院认为，本案的恢复执行系依当事人的申请而启动，而本案于2011年3月方收到申请执行人的恢复执行申请书，故乙公司所持利息计算截止日早于本案恢复执行之日的主张不仅于事实不符，也与事理逻辑相悖。在此之前，假若本案已符合恢复执行的条件，如申请执行人存有怠于申请恢复执行的行为，根据相关法律规定，本案被执行人亦具有请求本院予以恢复执行的权利，以免使其权益遭受损害。但，本院从未收到过乙公司等就此所提出的申请或异议。况且在该抵押房产之上，还另有多家法院对其采取了轮候查封措施，本案在当时并未实际取得对该财产的处置权。故本院对乙公司要求债务利息计算当截止至2008年6月20日的抗辩理由不予支持。

对于本案抵押债权利息的计算截止日期，本院认为，判决第一项清晰判明“并支付至贷款本息清偿之日止的利息”。而对于清偿之日的界定，根据法律规定，人民法院对被执行人财产拍卖、变卖或者以物抵债的，计算至成交裁定或抵债裁定生效之日。据此，本案贷款本息清偿之日应界定为变卖成交裁定生效之日。而本案变卖成交裁定生效于2014年11月26日，故债务利息计算应当截至该日为止。由于上海××银行自愿计算至买受人向本院交付竞买款的2014年11月4日，本院认为，上海××银行该项减缩计息日期的行为系其对自我权利的减损，且有利于被执行人，根据权利可予处分之原则，本院对此予以认可，并确认2014年11月4日为本案抵押债权计息的截止日期。对于上海××银行要求追究乙公司等涉嫌规避本院执行的诉请，本院将视情决定应否予以启动相应的查处程序。

二、本案抵押债权计算欠息复利的行为符合生效判决和法律规定。本案《借款合同》第8条利息计取第8.3款规定：对不能按期支付的利息，按中国人民银行规定计收复利。该项事实，亦被本案执行依据——（2005）沪一中民三（商）初字第233号生效判决所确认，且在判决的第一判项中判明：被告于本判决生效之日起十日内归还原告借款10 000 000元并支付至贷款本息清偿之日止的利息（自2004年9月21日至2004年10月7日止的利息按合同约定的月利率4.203 75‰计付；之后至借款清偿之日止的逾期贷款罚息按合同约定的日万分之二点一计收）。该项判决对欠息复利应否计算，以及当按照何种利率进行计算均判决得清晰明了，不应存有歧义。上海××银行还就此申明，其依判决内容计算利息后，还主动放弃了民诉法所规定的被执行人应支付迟延履行期间的加倍债务利息，故其计息结果，充分兼顾到了双方权利与义务的平衡。本院认为，本案计算欠息复利的行为，乃系依生效判决所为，作为法院强制执行程序而言，应当严格按照执行依据所明确的内容进行执行，故对乙公司所持不应计算欠息复利的异议，本院难以支持。

三、本案抵押债权总额为 21 627 402. 56 元，抵押物实际偿还本案债务 18 810 000 元。在双方各自计算的抵押债权数额中，乙公司因将利息计算至 2008 年 6 月 20 日，且主张不应承担本案执行中实际产生的房地产评估费、变卖公告费及案件执行费。本院认为，其主张有悖于判决和法律规定。因本案中的房地产评估费、变卖公告费，均系本案在实现该抵押债权过程中所必需支付的费用，依法当由抵押人负担；而对于本案的执行费，法律亦明确规定由被执行人负担，故本院对其所主张的 12 764 321 元债权数额不予支持。对于上海××银行所申报的债权数额，本院认为，其不仅包括贷款本金 10 000 000 元、贷款利息 11 544 902. 56 元、房地产评估费 45 000 元、变卖公告费 25 500 元、本案执行费 12 000 元，而且还包括案件受理费 62 299 元，财产保全费 52 809 元。而根据生效判决，该 62 299 元的案件受理费和 52 809 元的财产保全费，应归主债务人甲公司承担。故上述两项费用应在抵押债权中予以扣除。

由于双方互不认可对方的债权计算数额，本院基于本案执行有近十年之久，且其中还需涉及欠息复利的计算及本金与利息并还等金融专业问题，拟决定委托专业机构进行精算，但双方均坚决拒绝委托精算。上海××银行就此认为，经其初步计算，本案抵押物所得款已远不足以偿还本案债权，若还从执行款中支付委托精算等费用，势必摊薄其债权，损害其利益。上海××银行还提出，其乃专业金融机构，其所出具的利息计算结果，乃按人民银行规定所开发的计算软件得出，再行委托精算纯系资源浪费。而乙公司则认为，计算债权利息乃执行法院之义务，故坚拒承担委托精算之义务。在此胶着状态下，本院遂秉承谨慎之心，严格依照判决计算出本案抵押债权数额为：21 627 402. 56 元［贷款本金 10 000 000 元+贷款利息 11 544 902. 56 元（计息截至 2014 年 11 月 4 日）+房地产评估费 45 000 元+变卖公告费 25 500 元+本案执行费 12 000 元］。为防止本院计算可能存有误差进而戕害到当事人权益，本院特将该计算结果提交双方确认，不予认可者，可申请委托精算，本院将以精算结果为本案抵押债权数额。对既不认可，又不委托精算者，本院将依本院算得结果为本案的抵押债权数额。提交双方确认后，上海××银行对本院计算结果予以确认，乙公司对此不予认可，但仍拒绝申请委托精算。故本院在尽足审判机关应尽之注意义务，以及充分畅通双方诉权保障渠道的情况下，遂确定本院所算得的上述 21 627 402. 56 元为本案抵押债权金额。因本案抵押物实际变卖所得款为 18 810 000 元，不足偿还上述所有抵押债务，故乙公司实际偿还上海××银行的本案抵押债务 18 810 000 元，剩余部分上海××银行可依法向主债务人主张。

综上所述，根据《中华人民共和国民事诉讼法》第一百五十四条之规定，裁定如下：

乙公司名下位于上海市浦东新区世纪大道××号××抵押房地产经变卖后偿还本案抵押债务人民币 18 810 000 元。

本裁定送达后立即生效。

审判长　　唐×刚
代理审判员　　余×所
代理审判员　　康×承
××××年××月××日
书记员　　阮×倩

（三）执行和解协议书

执行和解协议书

执行申请人：上海甲有限公司（以下称甲方）

被申请人：上海乙有限公司（以下称乙方）

被申请人：上海丙股份有限公司（以下称丙方）

上海甲有限公司诉上海乙有限公司、上海丙股份有限公司租赁合同纠纷一案，业经上海市××区人民法院于 2010 年 11 月 29 日作出（2010）×民二（商）初字第××号民事判决书，并已发生法律效力。经甲、乙、丙三方协商，达成协议如下：

一、乙、丙俩方对判决书确定的支付义务不持有异议。

二、甲、乙、丙三方约定：

（1）乙方于 2011 年 3 月 10 日前向甲方支付人民币 33 656 元（叁万叁仟陆佰伍拾陆元整）；丙方于 2011 年 3 月 30 日前向甲方支付第一期款项人民币 50 206 元（伍万零贰佰零陆元整）；丙方于 2011 年 4 月 30 日前向甲方支付第二期款项人民币 50 000 元（伍万元整）。

（2）乙、丙俩方如能如期履行上述约定，甲方放弃其他执行请求。

（3）本案申请执行费由乙、丙方承担。

（4）甲方自愿承担（2010）松民二（商）初字第××号民事判决书确定的由乙、丙俩方承担的一审诉讼费用 2945 元。

三、乙方自愿对丙方向甲方履行本协议确定的支付款项承担连带保证责任。

四、本协议自甲、乙、丙三方签字后即具有法律效力。本协议履行过程中，如一方不履行或不完全履行和解协议约定的内容，甲方可向××区人民法院申请恢复对原生效法律文书的执行。

五、乙、丙俩方需按期向××区人民法院或甲方银行账户支付本协议确定的款项。

甲方银行账户：××××

甲方银行账号：××××

甲方开户银行：××××

六、本协议书一式肆份。甲、乙、丙方各执壹份，交××区人民法院壹份。

甲方：上海甲有限公司　　乙方：上海乙有限公司

法定代表人：××　　法定代表人：××

××××年××月××日　　××××年××月××日

丙方：上海丙有限公司

法定代表人：××

××××年××月××日

七、网络实训平台的操作指导

学生在老师的指导下运用“法律实务综合模拟平台”软件系统进行电脑上的模拟训练。

第二节　执行异议程序实训

一、训练目标

了解执行程序中的执行异议的提出条件和处理程序。学习本阶段的相关诉讼文书的写作。

二、训练前的准备

熟悉《民事诉讼法》第225条有关执行异议的提出和法院处理程序。同时进一步了解相关司法解释对执行异议的规定。

法条链接

《中华人民共和国民事诉讼法》

第二百二十七条　执行过程中，案外人对执行标的提出书面异议的，人民法院应当自收到书面异议之日起十五日内审查，理由成立的，裁定中止对该标的的执行；理由不成立的，裁定驳回。案外人、当事人对裁定不服，认为原判决、裁定错误的，依照审判监督程序办理；与原判决、裁定无关的，可以自裁定送达之日起十五日内向人民法院提起诉讼。

第二百三十八条 对公证机关依法赋予强制执行效力的债权文书，一方当事人不履行的，对方当事人可以向有管辖权的人民法院申请执行，受申请的人民法院应当执行。

公证债权文书确有错误的，人民法院裁定不予执行，并将裁定书送达双方当事人和公证机关。

《最高人民法院关于适用〈中华人民共和国民事诉讼法〉的解释》

第四百六十四条 根据民事诉讼法第二百二十七条规定，案外人对执行标的提出异议的，应当在该执行标的执行程序终结前提出。

第四百六十五条 案外人对执行标的提出的异议，经审查，按照下列情形分别处理：（一）案外人对执行标的不享有足以排除强制执行的权益的，裁定驳回其异议；（二）案外人对执行标的享有足以排除强制执行的权益的，裁定中止执行。

驳回案外人执行异议裁定送达案外人之日起十五日内，人民法院不得对执行标的进行处分。

第四百六十六条 申请执行人与被执行人达成和解协议后请求中止执行或者撤回执行申请的，人民法院可以裁定中止。

三、执行异议的具体程序

（一）执行异议的提出和管辖

当事人或者利害关系人认为符合异议条件的时候，可以对违法的执行行为向执行法院提出书面执行异议。执行异议实行专属管辖，由执行法院受理。

（二）法院对执行异议的审查

下列情况出现时，当事人和利害关系人可以对向执行法院提出执行异议：

对执行命令不服，如对责令被执行人报告财产或提供担保等命令不服可以提出执行异议；对执行的措施方法不服，如对法院查封、扣押等执行措施不服可以提出执行异议；对执行行为不服提出异议，如对动产或者不动产的拍卖应当按照《最高人民法院关于人民法院民事执行中拍卖、变卖财产的规定》先期评估和先期公告，否则就是对法定程序的违反，当事人或者利害关系人可以提出执行异议。

法院应当对以上情况的真实性进行审查，原则上不停止执行。发现执行异议反映的情况属实，人民法院应当作出撤销或者改正原执行行为的裁定，之后法院应当立即停止执行行为，并按照裁定要求予以撤销或者变更。

法院经过审查发现执行异议不成立的，裁定驳回当事人或者利害关系人的申请。

（三）执行异议的救济渠道

当事人、利害关系人对裁定不服的，可以在裁定送达之日起10日内向上一级法院书面申请复议，上一级人民法院收到复议申请后，应当通知法院在5日内报送复议所需要的案卷材料。上一级人民法院应当对当事人、利害关系人的复议申请组成合议庭进行审查，在收到复议申请之日起30日内审查完毕，并作出裁定。有特殊情况需要延长的，经过本院院长批准可以延长，延长期限不得超过30日。

四、训练的素材

【基本信息】

案件名称：中瀚企业投资有限公司执行异议案

案由：执行异议

程序类型：民事执行程序

【争议双方】

异议人（复议申请人）：中瀚企业投资有限公司（以下简称中瀚公司）。法定代表人：梁×华，该公司总经理。

被异议人（复议被申请人）：中元国信信用担保有限公司（以下简称中元国信公司）。法定代表人：卓×，该公司董事长。

【诉辩主张】

异议人述称：我司与中元国信信用担保有限公司就本案所涉及的债务及利息和其他债务已于2007年4月达成了新的债权债务协议，此协议已取代北京市公证处（2006）京证经字第19385号公证书公证的还款协议，故本案中北京市公证处作出的（2006）京证经字第19385、19386、22872号公证书已丧失法律文书的效力，不具有强制执行的效力，依据《民事诉讼法》第233条（本条对应2012年修订的《民事诉讼法》第257条）的规定，请求本案终止执行。

被异议人辩称：我司向中瀚公司发出履行债务通知书只是催促履行，并不妨碍案件的执行和影响中瀚公司履行清偿义务，催债通知书不是我司与中瀚公司达成的新债权债务协议。因此，中瀚公司的异议不成立，请求法院驳回异议申请。

【本案焦点】

1. 本案审查程序的确定

2. 公证债权文书的强制执行力

3. 执行异议的审查程序

4. 复议阶段新增事实与理由的处理

【案情解析】

1. 本案审查程序的确定

本案应首先对案件性质予以定性，不同的案件性质导致审查程序的不同。就本案的异议申请内容而言，可能引起执行异议审查程序与不予执行公证债权文书审查程序的竞合。两个审查程序具有诸多不同之处：首先，审查程序适用的法律不同，前者主要适用《民事诉讼法》第225条的规定："当事人、利害关系人认为执行行为违反法律规定的，可以向负责执行的人民法院提出书面异议。当事人、利害关系人提出书面异议的，人民法院应当自收到书面异议之日起15日内审查，理由成立的，裁定撤销或者改正；理由不成立的，裁定驳回。当事人、利害关系人对裁定不服的，可以自裁定送达之日起10日内向上一级人民法院申请复议。"；其次，两个程序启动的复议程序所依据的法律规定也有所不同，前者依据的是《民事诉讼法》第225条及其司法解释，而后者的复议程序得依据北京市高级人民法院制定的《关于民事执行中建立复议制度的若干规定》（现已失效），两个程序的审查期限都不尽相同；最后，审查的内容不同，前者是针对法院的具体执行行为进行审查，而后者是针对执行依据即公证债权文书是否有错进行审查。在本案的审查过程中，原审法院并未清晰明确异议人提出申请的性质以及所适用的审查程序，从其使用的当事人称谓来看，应该是将其作为执行异议进行审查。复议法院在询问中再次确认其为执行异议审查。但就本案而言，其实质应是不予执行公证债权文书审查，因为执行异议审查应该有具体的法院执行行为，异议人认为执行行为违法才能提出，而本案并不存在这样的行为，而且执行异议仅对法院的执行行为进行程序审查，而本案的焦点仍在对执行依据的作出是否得当方面进行审查。

2. 公证债权文书的强制执行力

中瀚公司在其复议理由中提出公证债权文书已经丧失强制执行力，而执行法院未经审查即予以立案执行明显不当。该理由涉及公证债权文书强制执行力的取得时间问题，即公证债权文书强制执行力是在该文书作出之日起即依法取得，还是由人民法院经过审查予以确认后方能取得。我们认为，公证债权文书与仲裁裁决一般，在其生效之时即取得相应的强制执行力，法院对其强制执行力的审查得依一方当事人的申请而启动，非经法院审查并裁定不予执行，其强制执行力不会灭失。因中瀚公司未在原审中提出该项理由，且该理由的基础仍然是其原审中的异议理由，故复议法院在裁定理由中对其未予陈述。

3. 执行异议的审查程序

中瀚公司在其复议理由中提出原审法院异议审查程序违法，而有关执行异议的审查程序并未有法律规定，无章可循，因此，复议法院对原审法院的审查程序并未苛求，亦未将其列入审查之列。

4. 复议阶段新增事实与理由的处理

中瀚公司提出的第一个理由即中元国信公司并未履行公证书约定的申请强制执行证书所必经的程序和手续，第二个理由即还款协议已经被2007年1月15日达成的对账协议所替代，均未曾在原审中主张，前者是新增加的，后者是对原审主张的修正，这些都是关键的能够影响定案的事实理由，但在原审中并没有提出，该如何处理？从诉讼学的原理来看，复议审查应该是针对原审法院的审查行为进行判断，而不是对原纠纷的重新审查。因此，在原审中并没有主张的事实理由在复议期间主张的，应该不予支持。如果复议法院对该事实予以审查并依此作出判断，相当于剥夺了各方当事人的复议权利，与诉讼法的基本原则不符。较为妥当的处理方法应是撤销原裁定，让原审法院重新审查事实。但因中瀚公司之后又再度以新增事实理由向原审法院提出执行异议，所以复议法院撤销原裁定，让原审法院重新审查事实的处理方式也不具有可行性了。

【事实和证据】

北京市门头沟区人民法院经公开审理查明：中元国信公司于2007年4月2日向中瀚公司发出中元国信（监管）履字2007第003号履行应偿债务通知书，通知书中写明截至2007年3月31日中瀚公司拖欠中元国信公司贷款、担保费、利息、违约金及滞纳金的数额；明确要求中瀚公司于2007年3月31日之前清偿全部欠款本金及利息、罚息、违约金、滞纳金。

上述事实有下列证据证明：中元国信（监管）履字2007第003号履行应偿债务通知书。

【裁判理由】

北京市门头沟区人民法院根据上述事实和证据认为：中元国信（监管）履字2007第003号通知书是中元国信公司向中瀚公司发出的催债通知书，且通知书中明确要求中瀚公司于2007年3月31日之前清偿欠款本金及利息、罚息、违约金、滞纳金。中瀚公司在收到该通知后，并未按期偿债。虽然异议双方对回执是否有“同意在一年之内还清债务”的字样持不同看法，但无论有无该句话，不影响对该通知书性质的认定。即使有这句话，那么异议人承诺的还款期限与被异议人要求的还款期限仍不相符合，说明双方并未就债务清偿期限达成一致意见，因而不能认定该通知书为双方达成的新的债权债务协议。综上所述，异议人中瀚公司提出的异议理由不成立。

【定案结论】

北京市门头沟区人民法院依照《中华人民共和国民事诉讼法》第154条第1款第11项的规定，作出如下裁定：

驳回异议人中瀚企业投资有限公司的异议申请。

五、训练的组织过程

依托“法律实务综合模拟”平台，在教师的当堂指导下，模拟训练。

六、本阶段主要法律文书写作范本

（一）执行异议申请书

执行异议申请书

异议人（案外人）：写明姓名或名称等基本信息。

申请执行人：写明姓名或名称等基本信息。

被执行人：写明姓名或名称等基本信息。

异议请求事项：（有几项写几项）。

请求法院停止（或撤销、纠正、中止）执行行为（或对某财产的执行）。

事实和理由：（具体情况因案而异，要简明扼要，实事求是）。

贵院在执行（××××）鄂××民初××号民事判决过程中，查封（或冻结、拍卖）财产，因该财产属于异议人生活必须财产，根据法律不得作为执行标的物（或执行行为违法）。现提出书面异议，请求贵院停止（或撤销、纠正、中止）执行行为（或对某财产的执行）。

此致

××市沙市区人民法院

异议人（案外人）：××

××××年××月××日

异议申请人（案外）应提交的证据材料：

1. 异议人（案外人）、申请执行人、被执行人身份证复印件或其他身份证明材料。

2. 争议财产权属证明及相关证据材料。

3. 本案执行裁定书。

4. 其他能够证明案件事实的材料。

（二）执行异议复议申请书

执行异议复议申请书

复议申请人：刘×，男，××××年××月××日出生，汉族，宁乡县电力局花明楼供电所电工，住宁乡县××乡××村××组。

刘×不服宁乡县人民法院（××××）宁法执异字第××号执行裁定，现依法提出复议。理由如下：

一、宁乡法院执行裁定书认定事实错误

1. 没有认定宁乡县电力局的通知在执行中所附条件的事实及该条件的违法性。

宁乡电力局确实通知过刘×到白马桥供电所上班，但刘×前往供电所报道时得知该通知附了条件：上班前必须与宁乡电力局设立的宁乡县楚沩农电服务有限责任公司（以下简称劳服公司）签订为期一年的劳动合同。刘×应通知要求前往报到、被拒、被拒理由、主张请求等均在听证时当庭陈述，电力局也没有否认；在20××年11月12日宁乡法院执行局工作人员对劳服公司工作人员廖×辉所作《询问笔录》中亦有记载；听证现场，廖×辉也没有否认刘×所述事实。

该条件是违法的。理由有如下：（1）电力局设立劳服公司向自己派遣劳动者违反《劳动合同法》第67条禁止性规定；（2）要求刘×与劳服公司签订劳动合同，因履行义务主体不合生效判决，而且在该合同中宁乡电力局不是合同主体，其根本没有依据判决履行义务；（3）附条件执行人民法院生效判决本身就是违法行为，该情况属拒不执行人民法院生效判决，依据《刑法》第313条之规定，对人民法院的判决、裁定有能力执行而拒不执行，情节严重的，处3年以下有期徒刑、拘役或者罚金。电力局及其主要负责人涉嫌拒不执行人民法院判决裁定罪。

2. 宁乡法院裁定书认定事实中，对刘×关于《结案通知书》的异议只字未提。刘×始终认为结案是错误的，始终没有同意宁乡法院在宁乡电力局要求刘×与劳服公司签订一年期劳动合同的情况下结案。

3. 刘×未上班，是因为宁乡电力局和劳服公司违法设立条件，刘×认为该条件违法，而以实际行动抗争（起诉、仲裁、投诉）并非不愿意上班；

刘×不同意就范的理由有两个：（1）如果必须签订劳动合同的话，其主体应该是刘×与宁乡电力局，而不是劳服公司；要么不签，直接按原来的情况恢复上班；（2）应当签订无固定期限劳动合同。而宁乡法院在裁定中，故意遗漏刘×拒绝签订劳动合同的理由。

二、本案程序严重违法

依据《民事诉讼法》第202条之规定，执行异议裁定书应当在收到书面异议后15日内审查并作出裁定。

复议申请人刘×于20××年12月29日向宁乡法院提出书面异议。执行局工作人员不同意向刘×出具《受理案件通知书》；受理后以种种理由搪塞复议申请人，一直拖延不作处理。最终在贵院监督下安排听证，听证记录却不做认定事实的依据。

本案《执行裁定书》向复议申请人送达时间是20××年7月17日，审查时间近7个月之久，严重违反《民事诉讼法》的规定。复议申请人完全有理由怀疑：宁乡法院或与宁乡电力局有不正当交往，足以影响本案正常听证和依法裁定。

三、适用法律错误

本案执行中，宁乡法院枉纵宁乡电力局违法设立执行条件、强制拒绝复议申请人的合法理由，应当认定执行错误。

宁乡法院应当依据民事诉讼法的有关规定，裁定撤销该结案通知，并自行纠正错误执行行为，继续执行，以切实维护复议申请人的合法利益。

本案之所以听证，是因为得到了贵院的监督。复议申请人请求贵院查明事实，纠正宁乡县法院的错误裁定。

如合法权利得不到保护，复议申请人将誓死抗争、不断上访并将有关法律文书通报省内外媒体。

此致

××市中级人民法院

复议申请人：××

××××年××月×× 日

（三）执行异议裁定书（当事人、利害关系人异议用）

××人民法院

执行裁定书

（××××）××执异××号

异议人（申请执行人/被执行人/利害关系人）：（写明姓名或者名称等基本信息）。

法定代理人/指定代理人/法定代表人/主要负责人：（写明姓名或者名称等基本信息）。

委托诉讼代理人：（写明姓名或者名称等基本信息）。

申请执行人/被执行人：（写明姓名或者名称等基本信息）。

……

在本院执行××与××（写明案由）一案中，异议人××对（写明人民法院执行行为）不服，向本院提出书面异议。本院受理后，依法组成合议庭进行审查，[（举行听证的，写明：）并于××××年××月××日举行了听证。××（当事人、利害关系人或委托诉讼代理人）参加了听证，并提交了书面意见。] 现已审查终结。

××称，（写明提出异议的请求、事实和理由）。

××称，（写明其他当事人的意见）。

本院查明，（写明查明的事实）。

本院认为，（写明争议焦点，根据认定的案件事实和相关法律，对异议请求进行分析评判，说明理由）。依照《中华人民共和国民事诉讼法》第二百二十五条、《最高人民法院关于人民法院办理执行异议和复议案件若干问题的规定》第十七条第×项规定，裁定如下：

（驳回异议请求的，写明：）驳回×××的异议请求。

（撤销或者变更执行行为的，写明：）撤销/变更××人民法院作出的（写明生效法律文书），（写明撤销或变更内容）。

如不服本裁定，可以自本裁定书送达之日起十日内，向××人民法院申请复议。

审判长　　××

审判员　　××

审判员　　××

××××年××月××日

本件与原本核对无异

书记员　　××

【说明】

1. 本样式根据《中华人民共和国民事诉讼法》第二百二十五条、《最高人民法院关于人民法院办理执行异议和复议案件若干问题的规定》第十七条规定制定，供人民法院在执行过程中，对当事人、利害关系人提出的异议予以审查，并作出裁定时用。

2. 本样式中的“当事人”是指，申请执行人和被执行人，以及在执行过程中，被人民法院依法变更、追加为当事人的公民、法人或其他组织。“利害关系人”，是指当事人以外，与强制执行行为有法律上的利害关系的公民、法人或其他组织。“异议人”可以是当事人，也可以是利害关系人。

本样式中，列明“异议人”，其他当事人和利害关系人不列为“被异议人”，仍列为申请执行人、被执行人或利害关系人。在“异议人”后的括号内注明其原当事人或利害关系人的身份，如“异议人（利害关系人）”，并不再重复列明括号内的利害关系人。

3. 对异议人提出的异议，应当依法组成合议庭审查。案情复杂、争议较大的案件，应当根据《最高人民法院关于人民法院办理执行异议和复议案件若干问题的规定》第十二条规定进行听证。

七、网络实训平台的操作指导

在老师的指导下，依托“法律实务综合模拟平台”引导学生模拟训练。

第三节　执行异议之诉程序实训

一、训练目标

熟悉执行异议之诉的流程。练习其中涉及的诉讼文书的写作。

二、训练前的准备

熟悉《民事诉讼法》第227条和2015年《最高人民法院关于适用〈中华人民共和国民事诉讼法〉的解释》执行异议之诉部分的法律规范。

法条链接

《民事诉讼法》

第二百二十七条　执行过程中，案外人对执行标的提出书面异议的，人民法院应当自收到书面异议之日起十五日内审查，理由成立的，裁定中止对该标的的执行；理由不成立的，裁定驳回。案外人、当事人对裁定不服，认为原判决、裁定错误的，依照审判监督程序办理；与原判决、裁定无关的，可以自裁定送达之日起十五日内向人民法院提起诉讼。

《最高人民法院关于适用〈中华人民共和国民事诉讼法〉执行程序若干问题的解释》

第十五条　案外人对执行标的主张所有权或者有其他足以阻止执行标的转让、交付的实体权利的，可以依照民事诉讼法第二百零四条的规定，向执行法院提出异议。

三、提起执行异议之诉的具体程序

（一）提出执行异议以及法院的处理

在执行过程中，案外人对执行标的提出书面异议。人民法院应当在收到之日起15日内审查，理由成立的裁定中止对该标的的执行，理由不成立的裁定驳回。

（二）对法院的处理不服

案外人或者当事人对执行异议的裁定不服的，与原判决裁定有关的适用审判监督程序处理，与原判决无关的可以提起执行异议之诉。

（三）提出执行异议之诉

执行异议之诉由执行法院管辖，适用普通程序审理，两审终审。经过审理分情况处理：①对案外人提起的执行异议之诉，如果案外人就执行标的享有足以排除强制执行的民事权益的，法院应当判决不得执行该执行标的；否则，判决驳回诉讼请求。②对申请执行人提出的执行异议之诉，案外人就执行标的不享有足以排除强制执行的民事权益的，法院判决准许执行该执行标的；否则，判决驳回诉讼请求。

四、训练的素材

【基本信息】

案件名称：案外人夏×对申请执行人浙江永嘉××村镇银行股份有限公司执行标的提出异议

案由：执行异议

程序类型：民事执行程序

【案情概述】

申请执行人：浙江永嘉××村镇银行股份有限公司（以下简称恒升银行）；法定代表人：朱×；

委托代理人（特别授权）：朱××、周××。

被执行人：刘××

异议人：夏×（案外人）

浙江永嘉××村镇银行股份有限公司于2014年5月19日向永嘉县人民法院申请执行刘×位于永嘉县上塘镇环城北路××号楼××室房屋，并向法院提交了《民事判决书》。案外人夏×于2015年2月10日对执行标的提出书面异议。

案外人夏×认为：被执行人刘×已于2002年间将永嘉县上塘镇环城北路××号楼××室房屋出售给案外人，并于2003年3月5日签订《房屋买卖协议书》。案外人自购买该房屋后一直将房屋出租给他人，相应水电费用均由夏×缴纳。综上，涉案房屋属案外人所有，法院将案外人的财产予以执行，明显错误，请求中止对该房屋的执行。为支持其请求，案外人夏×向本院提供了一份房屋买卖协议书复印件，用以证明案外人向被执行人刘×购买涉案房屋的事实。

申请执行人恒升银行辩称：不动产权属以登记为准；房屋买卖协议书只能证明案外人已与被执行人就房屋买卖达成合意，并不能证明该协议已实际履行；案外人长期未办理过户手续，主观上存在过错。综上，法院查封涉案房屋的行为并不存在错误，请求驳回案外人的异议请求。

永嘉县人民法院受理后，依法进行审查并于2015年2月27日公开进行了听证。案外人夏×、申请执行人恒升银行、被执行人刘×到庭参加听证。

【案情焦点】

执行机构在执行过程中对涉案房屋所有权归属的认定，是否属于执行异议的审查范围。

【案情解析】

在恒升银行诉刘×金融借款合同纠纷一案中，本院于2014年3月28日作出(20××)温永瓯商初字第××号民事判决书，根据该生效法律文书，刘×应于判决生效之日起10日内偿还恒升银行借款本金790 000元及利息、逾期息（利息按本金800 000元从2013年12月21日起按月利率6.45‰计算至2014年3月25日止，逾期利息按借款本金790 000元从2014年3月26日按月利率9.675‰计算至判决确定的履行之日止）；如刘×未按判决指定的期限履行给付金钱义务，应当按照《民事诉讼法》第253条之规定，加倍支付迟延履行期间的债务利息。因刘×未按期履行生效法律文书确定的义务，经恒升银行申请，本院于2014年5月28日对该案予以立案执行。同年8月27日，本院查封了登记在被执行人刘×名下坐落于永嘉县上塘环城北路××号楼××室的房产。

执行机构在执行过程中对涉案房屋所有权归属的认定，仅限于形式上的审查，只要查明涉案房屋登记在被执行人名下，即可对该房屋采取强制措施。案外人夏×认为其已从被执行人刘×处购买涉案房屋，主张该房屋属其所有，上述主张涉及买卖合同效力等实体权利义务的认定，不属于执行异议的审查范围。

【案情结果】

对涉案房屋采取强制措施符合法律规定，案外人夏×提出异议，要求中止对该房屋的执行，理由不能成立，应予驳回。各方当事人如有异议，可在本裁定送达之日起15日内另行向本院提起诉讼。

依照《中华人民共和国民事诉讼法》第227条和最高人民法院《关于适用〈中华人民共和国民事诉讼法〉执行程序若干问题的解释》第15条的规定，裁定如下：驳回案外人夏×的异议。

五、训练的组织过程

在教师的当堂指导下，依托“法律实务综合模拟平台”进行训练。

六、本阶段主要法律文书写作范本

（一）案外人执行异议申请书

案外人执行异议申请书

异议申请人：辽源市郊区农村信用合作联社灯塔信用社，所在地辽源市人民大街987号。负责人：唐××，主任。

事实与理由：

被执行人辽源市意发房地产有限公司分别于2009年2月5日、2009年12月2日总计从异议申请人处借款720万元，借款期限分别为2009年2月5日至2011年1月2日、2009年12月2日至2012年6月3日，以其所有的位于辽源市南康街072107号、070874号、071525号房产对上述借款提供抵押担保，并办理了抵押登记。

基于以上理由，贵院在执行中涉及辽源市南康街072107号、070874号、071525号房产将损害异议申请人的合法权益，恳请贵院终止对该房产的执行。

此致

辽源市西安区人民法院执行局

异议申请人：辽源市郊区农村信用合作联社灯塔信用社

二〇一〇年十二月十日

（二）案外人执行异议裁定书

××人民法院

执行裁定书

（××××）××执异××号

案外人：<u>（写明姓名或者名称等基本信息）</u>。

法定代理人/指定代理人/法定代表人/主要负责人：<u>（写明姓名或者名称等基本信息）</u>。

委托诉讼代理人：<u>（写明姓名或者名称等基本信息）</u>。

申请执行人：<u>（写明姓名或者名称等基本信息）</u>。

被执行人：<u>（写明姓名或者名称等基本信息）</u>。

在本院执行××与××<u>（写明案由）</u>一案中，案外人××于××××年××月××日对执行<u>（写明执行标的）</u>提出书面异议。本院受理后，依法组成合议庭进行了审查，现已审查终结。

案外人××称，<u>（写明提出异议的请求、事实和理由）</u>。

××称，(写明申请执行人的意见)。

××称，(写明被执行人的意见)。

本院查明，(写明查明的事实)。

本院认为，(写明争议焦点，根据认定的案件事实和相关法律，对异议请求进行分析评判，说明理由)。依照《中华人民共和国民事诉讼法》第二百二十七条、《最高人民法院关于适用〈中华人民共和国民事诉讼法〉执行程序若干问题的解释》第十五条、《最高人民法院关于人民法院办理执行异议和复议案件若干问题的规定》第×条规定，裁定如下：

(支持异议请求的，写明：)中止对(写明执行标的)的执行。

(驳回异议请求的，写明：)驳回××的异议请求。

案外人、当事人对裁定不服，认为原判决、裁定错误的，应当依照审判监督程序办理；与原判决、裁定无关的，可以自本裁定送达之日起十五日内向人民法院提起诉讼。

审判长　　××

审判员　　××

审判员　　××

××××年××月××日

本件与原本核对无异

书记员　　××

【说明】

本样式根据《中华人民共和国民事诉讼法》第二百二十七条、《最高人民法院关于适用〈中华人民共和国民事诉讼法〉执行程序若干问题的解释》第十五条规定制定，供人民法院对案外人提出的异议审查时用。

(三)执行异议之诉的起诉状

民事起诉状

原告：令狐××，女，汉族，1981年××月××日生，贵州省桐梓县人。住桐梓县娄山关镇××路××号。系案外执行异议申请人、买卖合同买受人。联系电话：××××。

委托代理人：张×明，系贵遵律师事务所律师。

被告：蔡之一，女，汉族，1971年××月××日生，贵州省桐梓县人。住遵义市红花岗区××路××号。系执行申请人。

被告：古××，女，汉族，1956年××月××日生，贵州省桐梓县人。住桐梓县娄山关镇××路××号。系被申请执行人及买卖合同的出售人。联系电话：××××。

被告：蔡之二，男，汉族，1985年××月××日生，贵州省桐梓县人。住贵州省桐梓县娄山关镇河××路××号。系被申请执行人。

被告：蔡之三，男，汉族，1953年××月××日生，贵州省桐梓县人。住贵州省桐梓县娄山关镇××路××第二栋。系买卖合同的出售人。联系电话：××××。

第三人：梁××，男，汉族，1980年××月××日生，贵州省桐梓县人。住桐梓县娄山关镇××路××号。系买卖合同的共有人，与原告原系夫妻关系，后已于2013年协议离婚。联系电话：××××。

第三人：梁桐×，男，汉族，2003年××月××日出生，贵州省桐梓县人。住桐梓县娄山关镇××路××号。系涉案门面两间的受赠人，但未办理产权登记。

法定代理人：梁××，男，汉族，1980年××月××日生，贵州省桐梓县人。住桐梓县娄山关镇××路××号。系梁桐×之父。联系电话：××××。

案由：案外人执行异议之诉

诉讼请求：

1. 判决立即停止对原告购买的位于桐梓县娄山关镇文化路武装部家属院商业用房一间（××5号）的强制执行，并解除对上述门面的查封。

2. 判决确认原告令狐××及第三人梁××于2009年12月15日与被告蔡之三、古××签订达成的《买卖门面协议》合法有效，并确认位于桐梓县娄山关镇文化路武装部家属院商业用房两间（××5号、××4号）归原告所有。

3. 判决被告古××、蔡之三立即协助和配合原告办理桐梓县娄山关镇文化路武装部家属院（××5号、××4号）商业用房两间的产权过户登记；

4. 本案的案件受理费用由被告分担。

事实与理由：

原告令狐××与第三人梁××原系夫妻关系。2009年12月15日，原告令狐××及第三人梁××与被告古××、蔡之三签订达成《买卖门面协议》约定，被告古××、蔡之三自愿将其所有的位于桐梓县娄山关镇文化路武装部家属院的11-10的商业门面2间（面积45平方米）以人民币：壹拾壹万伍仟元（115 000元）的价格出售给原告令狐××及第三人梁××共同所有，被告古××、蔡之三必须协助原告办理产权过户登记手续，其相关税费由原告自行承担。

上述协议签订后，原告已于2009年12月15日、2009年12月20日、2010年1月15日，2010年3月20日分四次向被告古××、蔡之三付清了所有购房款。被告古××、蔡之三已于协议签订当日将房屋产权证（产权证号为：遵房权桐梓私字第××5号、遵房权桐梓私字第××4号）、门面钥匙、土地使用证，以及门面两间实际交付给原告居住和使用至今，且原告已将门面2间出租给他人经营并收取了房屋租金，但被告古××、蔡之三却因事务繁忙一直未协助和配合原告办理产权过户登记手续。

2013年7月26日，原告令狐××与第三人梁××因感情不和，经桐梓县民政局协议离婚，并领取《离婚证》。在离婚协议书中，双方约定位于桐梓县娄山关镇文化路武装部家属院的门面两间45平方米归原告令狐××及子女梁桐×所有，但至今一直未办理产权变更登记，该房屋一直是原告在具体出租和管理使用。

2014年7月5日，被告古××、蔡之二与被告蔡之一因民间借贷纠纷一案涉诉，桐梓县人民法院作出（2014）桐法民初字第1757号民事裁定书，裁定将原告购买的登记在被告古××名下桐梓县娄山关镇文化路武装部家属院的商业用房一间（产权证号：遵房权桐梓私字第××5号）予以查封。随后，该院于2014年7月24日作出民事判决书，判决被告古××、蔡之二立即连带支付蔡之一借款本金110 000元。

2015年2月5日，被告蔡之一作为执行申请人向桐梓县人民法院提出申请，要求对登记在被告（被执行人）古××名下的被查封的上述财产门面一间予以强制执行。2015年6月15日，原告令狐××依法向桐梓县人民法院提出书面执行异议，并提供购房依据等相关证据，要求解除查封，并中止对上述财产的执行。2015年6月17日，桐梓县人民法院作出（2015）桐法执异字第7号执行裁定书，裁定驳回原告令狐××的异议，并明确告知可在15日内向人民法院另案提起诉讼。

综上，原告认为：原告令狐××及第三人梁××于2009年12月15日与被告蔡之三、古××双方签订达成的《买卖门面协议》是双方真实意思的表示，该合同不违反国家有关法律法规的强制性规定，该协议合法有效，被告蔡之三、古××应当协助原告办理产权过户登记。

同时，原告购买涉案门面后，虽然没有办理产权过户登记，但是，原告已依合同支付全部价款并占有标的物至今。为此，根据《物权法》第15条："当事人之间订立有关设立、变更、转让和消灭不动产物权的合同，除法律另有规定或者合同另有约定外，自合同成立时生效；未办理物权登记的，不影响合同效力"。以及《最高人民法院关于人民法院民事执行中查封扣押冻结财产的规定》第17条："被执行人将其所有的需要办理过户登记的财产出卖给第三人，第三人已经支付部分或者全部价款并实际占有该财产，但尚未办理产权过户登记手续的，人民法院可以查封、扣押、冻结；第三人已经支付全部价款并实际占有，但未办理过户登记手续的，如果第三人对此没有过错，人民法院不得查封、扣押、冻结"之规定，原告取得涉案门面后，未登记只是物权未设立，但并不影响合同的效力，且原告在本案中并无过错，故，人民法院不得查封、扣押冻结该财产。

为此，依据《民事诉讼法》第227条："执行过程中，案外人对执行标的提出书面异议的，人民法院应当自收到书面异议之日起十五日内审查，理由成立的，裁定中止对该标的的执行；理由不成立的，裁定驳回。案外人、当事人对裁定不服，认为原判决、裁定错误的，依照审判监督程序办理；与原判决、裁定无关的，可以自裁定送达之日起十五日内向人民法院提起诉讼"。《最高人民法院关于适用〈中华人民共和国民事诉讼法〉的解释》第304条："案外人、当事人对执行异议裁定不服，自裁定送达之日起十五日内向人民法院提起执行异议之诉的，由执行法院管辖"。第305条："案外人提起执行异议之诉，除符合民事诉讼法第一百一十九条规定外，还应当具备下列条件：（一）案外人的执行异议申请已经被人民法院裁定驳回；（二）有明确的排除对执行标的执行的诉讼请求，且诉讼请求与原判决、裁定无关；（三）自执行异议裁定送达之日起十五日内提起。人民法院应当在收到起诉状之日起十五日内决定是否立案"。第307条："案外人提起执行异议之诉的，以申请执行人为被告。被执行人反对案外人异议的，被执行人为共同被告；被执行人不反对案外人异议的，可以列被执行人为第三人"。第312条："对案外人提起的执行异议之诉，人民法院经审理，按照下列情形分别处理：（一）案外人就执行标的享有足以排除强制执行的民事权益的，判决不得执行该执行标的"；以及《最高人民法院关于适用中华人民共和国民事诉讼法执行程序若干问题的解释》第十九条"案外人依照民事诉讼法的规定提起诉讼的，执行法院应当依照诉讼程序审理。经审理，理由不成立的，判决驳回其诉讼请求；理由成立的，根据案外人的诉讼请求作出相应的裁判"之规定，原告特提起诉讼，请依法支持原告的诉讼请求为感！

此致

××人民法院

起诉人：令狐××
××××年××月××日

（四）执行异议之诉的判决书

北京市高级人民法院

民事判决书

（2014）高民终字第××号

上诉人（原审原告）：徐××，女，台湾省居民，住所地台湾省桃园市。

委托代理人：高×波，北京××律师事务所律师。

被上诉人（原审被告）：王×，男。

委托代理人：朱×峰，北京××律师事务所律师。

被上诉人（原审被告）：北京市××房地产发展有限责任公司。

法定代表人：张×军，董事长。

第三人：北京××房地产开发有限公司。

法定代表人：腾×光，董事长。

委托代理人：张×为，男。

上诉人徐××因申请执行人执行异议之诉一案，不服北京市第二中级人民法院（2013）二中民初字第××号民事判决，向本院提起上诉。本院依法组成合议庭，公开开庭审理了本案。上诉人徐××及其委托代理人高×波，被上诉人王×及其委托代理人朱×峰，被上诉人北京市××房地产发展有限责任公司（以下简称××公司）之法定代表人张×军，原审第三人北京××房地产开发有限公司（以下简称××开发公司）之委托代理人张×为到庭参加了诉讼。本案现已审理终结。

2013年4月，徐××起诉至原审法院称：2007年，我诉××公司商品房委托代理销售合同纠纷一案，北京市第二中级人民法院（以下简称北京市二中院）依法作出（2007）二中民初字第××号民事判决书。我依据该生效判决书向北京市二中院申请强制执行。2012年8月23日，北京市二中院依法查封了××公司位于北京市朝阳区××的房屋（以下简称涉案房屋）的房产。在执行过程中，王×对查封的涉案房屋提出了执行异议。2013年3月19日，北京市二中院做出了（2013）二中执异字第××号执行裁定书，中止对涉案房屋的执行。我认为，虽然王×与××公司签订了购房合同，但没有证据证明王×交付了房款、占有房屋，而且由于王×明显的主观过错，双方没有办理房屋过户登记手续，××公司也不能出具其收到房款的发票及入账凭证，涉案房屋的所有权依法仍然归××公司所有，双方签订的《购房合同》仅表明在双方之间形成的是一种债权债务关系，王×不享有该执行标的的所有权，因此无权提出案外人执行异议，根据《最高人民法院关于人民法院民事执行中查封、扣押、冻结财产的规定》第17条的规定，法院裁定中止执行是不当的。故请求判决许可执行北京市朝阳区××房产。

王×辩称：2007年8月20日我与××公司签订购房合同，购买北京市朝阳区××房产一套，并一次性支付房款1 308 800元人民币，且一直在此房中居住。我曾多次要求××公司办理房屋产权登记，但该公司以各种理由未予办理。××公司与徐××之间的债务和我无关，请求法院依法驳回徐××的诉讼请求。

××公司辩称：我公司确与王×签署了《商品房买卖合同》，并收取了王×相应的购房款项。其他事项因为年代较远，且公司变更了股东，很多情况已经无法查证。

××开发公司述称：涉案房屋所在的两幢楼房的产权是我公司于2007年8月

21日通过司法拍卖获得的。但是包括涉案房屋在内的六套房屋在司法拍卖的时候声明属于不在拍卖之列。涉案房屋有人居住，但一直没有交纳物业费，是我公司一直垫付，我公司的利益也受到损害，我公司也想确认这个房子的产权人究竟是谁。

原审法院经审理认为，根据本案现有证据，可以认定王×已将涉案房屋的房款交予××公司，且本案证据显示涉案房屋已交付王×长期使用。同时涉案房屋所在的楼宇虽然在2007年8月21日经过司法拍卖整体过户至××开发公司名下，但《拍卖成交确认书》中明确表示包括涉案房屋在内的6套房屋不属于本次拍卖的范围。因此综合上述情况，王×依据与××公司签署的《商品房买卖合同》，并且长期居住的事实，提出执行异议理由成立，符合《最高人民法院关于人民法院民事执行中查封、扣押、冻结财产的规定》第17条“……第三人已经支付全部价款并实际占有，但未办理过户登记手续的，如果第三人对此没有过错，人民法院不得查封、扣押、冻结”规定之情形。故徐××关于许可执行诉争房屋的诉求，法院不予支持。依照《中华人民共和国民事诉讼法》第227条、《最高人民法院关于人民法院民事执行中查封、扣押、冻结财产的规定》第17条之规定，判决：驳回徐××的诉讼请求。

判决后，徐××不服，向本院提出上诉。徐××上诉认为，王×与××公司签订的《商品房买卖合同》属于恶意串通损害第三人利益，依法应当认定无效；王×已经将涉案房屋的房款交予××公司的事实认定错误；原审法院未根据徐××申请对《收据》进行鉴定、未收集调取××公司2007年的银行账户内的资金来往情况系程序违法，同时原审判决适用法律错误，因此请求二审法院依法撤销原判并改判许可执行北京市朝阳区××的房产，涉案诉讼费用由王×和××公司负担。王×、××公司和××开发公司同意原判。

经审理查明，2007年，徐××因商品房委托代理销售合同纠纷一案将××公司诉至原审法院。经审理原审法院于2008年12月作出（2007）二中民初字第××号民事判决：一、解除徐××与北京市××房地产发展有限责任公司所签《协议书》。二、北京市××房地产发展有限责任公司于判决生效后7日内返还徐××预付款110万元及相应资金占用费，其中10万元的资金占用费自2004年8月17日起算，100万元的资金占用费自2005年3月19日起算，均按中国人民银行同期贷款利率计算至本判决生效之日。三、北京市××房地产发展有限责任公司于判决生效后7日内给付徐××房屋装修及庭院绿化、改造投入补偿1 794 072.71及相应资金占用费，资金占用费按中国人民银行同期贷款利率自2005年8月1日计算至判决生效之日。四、北京市××房地产发展有限责任公司于判决生效后7日内给付徐××违约金60万元。五、驳回徐××的其他诉讼请求。判决后双方未提起上诉，该判决生效。

后××公司未主动履行判决，徐××于2009年向原审法院提出执行申请。原审法院于2009年3月作出（2009）二中执字第××号民事裁定书，裁定查封××公司财产。实际执行中，原审法院于2012年8月23日依法查封了位于北京市朝阳区××的房产。涉案房屋被查封后，王×向原审法院提出执行异议，原审法院经审查作出（2013）二中执异字第××号执行裁定书，裁定：中止对位于北京市××里北小街××号楼××号房产的执行。徐××不服该执行裁定，向原审法院提起本案诉讼。

2007年8月20日，王×与××公司签署《商品房买卖合同》，约定王×以1 308 800元的价格购买××公司开发的左家庄二区××的房屋，付款方式为2007年8月30日前一次性付清房款。合同签订后王×称其于2007年8月28日以现金形式向××公司支付了全部购房款1 308 800元，同时××公司为其出具了一张盖有公司财务专用章的收据。徐××一方对该收据不予认可，认为该收据人民币（大写）一栏处书写“壹佰叁拾零捌仟捌佰元正”金额与王×所称交费金额不符。

王×为证实其以现金方式支付房款，提供了账号为“××××”的工商银行明细，其中2007年8月16日至2007年8月24日，王×共分六笔提取现金50万元。同时王×提供发票代码为21100050×的税务机关代开统一发票，证明其出卖房屋获得房款36.5万元。徐××对于银行明细及发票不予认可，认为银行明细只能显示提取现金50万元，与实际交付的1 308 800元现金不符，同时发票出具时间为2007年9月1日，日期在王×提交的购房收据出具时间之后，不能证明与本案存在关联。

为证明实际入住，王×提供物业公司开具的证明、供暖公司出具的收费证明、电费交费凭证、税费缴费凭证、水费交费凭证等相关票据，证明从签订《商品房买卖合同》后其一直居住在诉争房屋内，并交纳了相关费用。××开发公司下属的北京和××物业管理有限公司出具证明，证实王×于2007年8月起在涉案房屋内居住，并自行支付包括水、电、气等相关费用。王×与××公司当庭均确认一直没有交纳物业费。

2007年8月21日，××开发公司与北京××在线拍卖有限公司签署《拍卖成交确认书》，确认拍卖成交标的为“××区左家庄二区儒林苑A、B楼项目现状”。其中5.3条载明：本次拍卖的标的为“××苑”A、B楼项目整体转让，但其中不包括执行主体不同的6套房产。以上房产的权利义务关系与本次拍卖无关（但办理产权手续应缴纳的费用由买受人承担）。2008年7月24日，××开发公司获得北京市××区三源里北小街×号楼、18号楼的整体产权登记。但××开发公司曾向原审法院执行部门承认，北京市××区三源里北小街×××并非××开发公司的房产，×号楼整体拍卖时不包括上述六套房产。

北京市×区×××房屋现注册房号为×××。

二审庭审中，××公司要求其证人原××公司员工庄×清出庭作证，庄×清对王×等三人交付房款事宜表述为大部分是现金，其他的方式不清楚。

二审诉讼中，为证明王×与××公司的购房行为非善意以及购房合同系伪造，徐××提交了以下证据：1. 2006 年 11 月 23 日北京市××区人民法院公告，公告告知法院已经依据法定程序对××公司位于本区三元里北小区××苑 16、18 号楼的全部房产予以了查封，查封期间××公司未能履行义务，法院依法定程序进行评估并委托了拍卖机构进行公开拍卖，责令××公司及现房屋使用人（占有人）限期腾退房屋；2. 2006 年 11 月 23 日北京××在线拍卖有限公司的拍卖预告，预告表述中拍公司将在近期对“×区左家庄二区的×苑 A、B 号（16、18 号）楼房地产”进行公开拍卖；3. ×苑项目房屋装修工程鉴定复审报告；4. 2008 年 1 月 8 日北京市公安局朝阳分局（2008）朝公牌证字××号《北京市门楼牌编号证明信》，载明为北京××房地产开发有限公司贰栋楼编号三源里北小街 16、18 号楼；5. 2008 年 6 月 30 日权利人为××公司的房屋所有权初始登记申请书，其中房屋座落为×区三源里北小街×号楼 18 号楼。王×和××公司认可上述证据真实性，但均表示上述证据不能否认购房合同的真实性，不能达到徐××的证明目的。××公司认可上述证据的真实性，但表示不发表意见。

上述事实，有（2007）二中民初字第××号民事判决书、（2009）二中执字第××号民事裁定书、（2013）二中执异字第××号执行裁定书、《拍卖成交确认书》《拍卖成交证明》《执行异议申请书》《商品房买卖合同》、收据、银行对账单、收款证明、电费发票、网通公司市话费发票、供暖费发票等单据、×京房权证市其字第××号房产证以及各方当事人陈述等证据在案证明。

本院认为，本案争议焦点有二：一是王×与××公司是否存在恶意串通伪造合同损害徐××权益的行为；二是王×购买的房屋是否属于《最高人民法院关于人民法院民事执行中查封、扣押、冻结财产的规定》第 17 条规定的不得查封的情形。

关于焦点一，依据最高法院证据规则相关规定，徐××对其上诉主张王×与××公司恶意串通损害其权益负有举证责任。依查明的事实，王×与××公司均认可双方于 2007 年 8 月 20 日签署的商品房买卖合同系双方的真实意思表示，结合王×提交的付款及占有等证据，可以证明该合同已经实际履行。徐××主张商品房买卖合同中约定的房屋名称“左家庄二区×××房屋”在 2007 年合同签订时尚不存在，并据此推定买卖合同是伪造的，但依现有证据，涉案房屋及所在楼宇的名称在使用上并不严谨，并且，徐××提交的2006年司法拍卖公告、预告中已经开始使用“三元里北小区×苑16、18号楼”，或使用“×区左家庄二区的×苑A、B号(16、18号)楼房地产”等表述，与之前×苑A、B栋的表述不完全相同，甚至接近于朝阳分局2008年证明信中的正式名称，由此可见××公司称在2007年8月向王×售房时已经使用合同约定名称的解释更为可信，因此徐××以合同约定的房屋名称尚不存在为由否定买卖合同的真实性不能成立，经法院释明徐××未能进一步提供证据佐证其主张，故对其该主张，本院不予采信。

关于焦点二，依据《最高人民法院关于人民法院民事执行中查封、扣押、冻结财产的规定》第17条的规定，被执行人将其所有的需要办理过户登记的财产出卖给第三人，第三人已经支付全部价款并实际占有，但未办理过户登记手续的，如果第三人对此没有过错，人民法院不得查封、扣押、冻结。本案中，首先，关于购房款支付问题，依现有证据，王×称合同签订后其于2007年8月28日以现金形式向××公司支付了全部购房款1 308 800元，并提交了××公司开具的收据，××公司对此也予以认可，应当认为，王×已经尽到了相应的举证责任。徐××上诉主张付款收据存在瑕疵且王×未提交付款发票，本院认为，虽然收据在书写上存在表面瑕疵，但其小写数字的数额及开具时间均与合同约定相符，并加盖了××公司的财务印章，××公司就大写数字书写错误系明显笔误的解释符合常理。至于××公司收款后未为王×开具发票，由此产生的不利后果也不应由王×承担。因此徐××仅以上述理由不足以否定王×已经支付购房款的事实。其次，王×为证明涉案房屋已经交付提交了供暖公司出具的收费证明、电费交费凭证、税费缴费凭证、水费交费凭证等相关票据、所在物业公司出具的证明等一系列证据，且均为原始证据，可以认定王×于签署购房合同后实际入住并以房屋业主的身份合法使用至今。最后，关于房屋未办理过户的过错问题，因涉案房屋所在的楼宇已经在2007年8月21日经过司法拍卖整体过户至××开发公司名下，××公司无法为王×办理过户登记，这是王×至今未能办理房屋产权过户登记的根本原因，也是王×作为买受人所无法控制和克服的，因此不宜认定王×对房屋未办理过户存在过错。

综上，王×提交的购房合同、付款收据、占有房屋等一系列证据相互勾连印证形成一证据链条，结合××公司的陈述及司法拍卖将涉案房屋排除在外等事实，可以有理由相信王×购买房屋的事实是真实存在的，也符合前述司法解释第17条规定的应当解除查封的情形。徐××上诉提交的证据不足以证明其主张，故对其要求许可对涉案房屋继续执行的上诉请求，本院不予支持。原审判决认定事实清楚，适用法律正确，本院予以维持。综上，依照《中华人民共和国民事诉讼法》第170条第1款第1项之规定，判决如下：

驳回上诉，维持原判。

一审案件受理费70元，由徐××负担（已交纳），二审案件受理费70元，由徐××负担（已交纳）。

本判决为终审判决。

审 判 长　杜××
审 判 员　潘××
代理审判员　邹 ×
二〇一四年十二月十九日

本件与原本核对无异　　书 记 员　王××

七、网络实训平台的操作指导

在老师的指导下，依托“法律实务模拟平台”，引导学生进行模拟训练。

附录一 产品责任纠纷再审案

山东省高级人民法院山东润光液压科技股份有限公司与长春长生生物科技有限责任公司（原长春长生生物科技股份有限公司）、青州市疾病预防控制中心产品责任纠纷再审案

【导语】

这个案子，除掉长生生物子公司长春长生生物科技有限责任公司疫苗造假这个敏感的话题背景，诉讼程序和判决理由等方面都有可以商榷之处。

【案情介绍】

2005年，山东人夏×兴因被狗咬伤在润光公司卫生所治疗后，接种了长生公司的疫苗，导致眼睛残疾。随后经过两级法院判决，润光公司赔偿47万余元。润光公司赔偿后，向长生公司追偿，一审二审均支持作为生产疫苗企业的长生公司应赔偿润光公司。长生公司向山东省高院申请再审，山东省高院三位法官也有理有据：原卫生部的《预防接种异常反应鉴定办法》规定，疫苗的接种异常反应应该由医学会鉴定，北京法源科学证据鉴定中心的鉴定意见不能采纳，直接认定长生公司无责，判决长生公司无需赔偿一分钱。

【决定再审裁定书】

山东省高级人民法院

民事裁定书[1]

（2015）鲁民提字第614号

再审申请人（一审被告、二审上诉人）：长春长生生物科技股份有限公司。住所地：吉林省长春市高新开发区越达路×号。

法定代表人：高×芳，该公司总经理。

委托代理人：曲×强，长春长生生物科技股份有限公司部门经理。

被申请人（一审原告、二审被上诉人）：山东润光液压科技股份有限公司。住所地：山东省青州市青州中路东街×号。

---

〔1〕 资料来源：《山东润光液压科技股份有限公司与长春长生生物科技股份有限公司、青州市疾病预防控制中心产品责任纠纷再审复查与审判监督民事裁定书》，载中国裁判文书网，访问时间：2018年7月26日。

法定代表人：董×，该公司董事长。

原审被告：青州市疾病预防控制中心。住所地：山东省青州市云门山路×号。

法定代表人：蔡×梅，该中心主任。

再审申请人长春长生生物科技股份有限公司因与被申请人山东润光液压科技股份有限公司、原审被告青州市疾病预防控制中心产品责任纠纷一案，不服山东省潍坊市中级人民法院（2013）潍民一终字第265号民事判决，向本院申请再审。本院依法组成合议庭对本案进行了审查，现已审查终结。

本院认为，长春长生生物科技股份有限公司的再审申请符合《中华人民共和国民事诉讼法》第二百条第二项、第六项规定的情形。依照《中华人民共和国民事诉讼法》第二百零四条、第二百零六条之规定，裁定如下：

一、本案由本院提审；

二、再审期间，中止原判决的执行。

审 判 长　刘 ×
审 判 员　李××
代理审判员　郝××
二〇一五年十二月十六日
书 记 员　于 ×

【再审判决书】[1]

民事判决书

（2015）鲁民提字第614号

再审申请人（一审被告、二审上诉人）：长春长生生物科技有限责任公司（原长春长生生物科技股份有限公司）。

住所地：吉林省长春市高新开发区越达路×号。

法定代表人：高×芳，经理。

委托诉讼代理人：姜×芳，吉林创一律师事务所律师。

被申请人（一审原告、二审被上诉人）：山东润光液压科技股份有限公司。

住所地：山东省青州市青州中路东街×号。

法定代表人：刘×，董事长。

委托诉讼代理人：马×强，山东豪德律师事务所律师。

〔1〕资料来源：《山东润光液压科技股份有限公司与长春长生生物科技有限责任公司（原长春长生生物科技股份有限公司）、青州市疾病预防控制中心产品责任纠纷再审民事判决书》，载中国裁判文书网，访问时间：2018年7月26日。

原审被告：青州市疾病预防控制中心。住所地：山东省青州市云门山路×号。

法定代表人：蔡×梅，主任。

委托诉讼代理人：石×阳，男，该单位工作人员。

委托诉讼代理人：高×宽，山东鸢都英合律师事务所律师。

再审申请人长春长生生物科技有限责任公司（以下简称“长生公司”）因与被申请人山东润光液压科技股份有限公司（以下简称“润光公司”）、原审被告青州市疾病预防控制中心（以下简称“青州市疾控中心”）产品责任纠纷一案，不服山东省潍坊市中级人民法院（2013）潍民一终字第265号民事判决，向本院申请再审。本院于2015年12月16日作出（2015）鲁民提字第614号民事裁定，提审本案。本院依法组成合议庭，开庭审理了本案。再审申请人长生公司的委托诉讼代理人姜×芳，被申请人润光公司的法定代表人刘×、委托诉讼代理人马×强，原审被告的委托诉讼代理人石×阳、高×宽到庭参加诉讼。本案现已审理终结。

长生公司申请再审称，（一）二审判决认定为夏×兴注射的狂犬疫苗系长生公司生产缺乏证据证明，不能排除润光公司卫生所从其他销售者处购买的产品或假冒伪劣产品。（二）北京法源科学证据鉴定中心的鉴定结论已经明确“对于疫苗质量的评定超出本鉴定的能力范围”，“被鉴定人脑部病变与其注射狂犬疫苗存在关联性”，但不具备证明疫苗本身存在质量问题的证明效力；国家食品药品监督管理局《关于人用狂犬疫苗实施批签发管理的通知》，要求自2005年8月1日起实施签发每批检验合格证明，即在此时间前长生公司销售疫苗并无强制性规定。因此，一、二审判决认定长生公司应提供而未能提供该批次疫苗的检验合格证明，从而判令长生公司承担责任没有法律依据。（三）《疫苗流通和预防接种管理条例》第四十六条规定的是因预防接种异常反应造成受种者损害的补偿事宜，北京法源科学证据鉴定中心的鉴定结论不能作为夏×兴属于预防接种异常反应的证据。综上，请求驳回润光公司对长生公司的诉讼请求。

润光公司辩称，（一）原审判决认定为夏×兴注射的狂犬疫苗系长生公司生产，有充分的证据支持。（二）夏×兴的损害后果与长生公司生产的狂犬疫苗存在关联性，这已经北京法源科学证据鉴定中心作出的鉴定结论所明确，且指出润光公司卫生所对夏×兴进行狂犬疫苗注射未违反医疗常规。长生公司应当但并未提供加盖该公司印章的该批生物制品《生物制品批签发合格证》复印件，应视为其未能证明涉案狂犬疫苗合格。综上，请求驳回长生公司的再审申请。

青州市疾控中心辩称，（一）青州市疾控中心2005年5月30日销售的狂犬疫苗为长生公司生产，青州市疾控中心销售的狂犬疫苗与润光公司卫生所为夏×

兴注射的狂犬疫苗没有任何关系，无任何过错，不应承担任何责任。（二）狂犬疫苗是第二类疫苗，青州疾控中心并非唯一经营者，市场上还有其他（包括非法）的流通渠道。（三）依据北京法源科学证据鉴定中心的鉴定结论，夏×兴所受伤害为疫苗的接种异常反应，疫苗的生产厂家应负补偿责任。

润光公司向山东省青州市人民法院起诉请求：长生公司、青州市疾控中心赔偿润光公司经济损失 765 455.55 元，并承担诉讼费用。

山东省青州市人民法院一审认定：2005 年 5 月 30 日，润光公司卫生所花费 165 元从青州市疾控中心处购买狂犬疫苗 3 份，青州市疾控中心为润光公司卫生所出具了收款凭证。青州市疾控中心自 2005 年 1 月 1 日至 2005 年 6 月 1 日期间所购进的狂犬疫苗均系长生公司生产。2005 年 6 月 22 日，案外人夏×兴因被自家饲养的小狗咬伤而到润光公司卫生所注射狂犬疫苗，共注射 3 针。同年 7 月 11 日，夏×兴家人发现其视力下降，于 7 月 30 日到潍坊市益都中心医院就诊，检查结果为：右眼无光感，右眼视力为 0.1。其后，夏×兴先后到多家医院就诊治疗，××、××、多发性硬化、××等。2006 年 10 月 27 日，夏×兴以润光公司为被告向法院提起诉讼，要求润光公司赔偿损失 1 068 270.62 元。2007 年 11 月 20 日，法院根据夏×兴的申请，依法委托北京法源科学证据鉴定中心进行司法鉴定，鉴定结论为：1、被鉴定人目前主要为××所致视力障碍症状，并且存在一定肢体腱反射活跃症状。2、被鉴定人脑部病变与其注射狂犬疫苗存在关联性，××症的罕见不良反应特点，该现象属于医疗意外情形。对被鉴定人进行狂犬疫苗注射未违反医疗常规。对于疫苗质量的评定超出本鉴定的能力范围。3、被鉴定人目前状况符合二级残疾之情形，住院期间需一人护理，出院后生活上需一人护理。4、被鉴定人目前脑部症状缺乏明确有效的特异性治疗方案，鉴于被鉴定人于北京大学第一医院住院期间采用免疫制剂治疗，其治疗效果从头颅 MR 表现具有一定改善作用，建议继续治疗，具体治疗所需费用请参考临床建议实际产生费用。2008 年 1 月 22 日，山东省潍坊市中级人民法院指定该案由昌乐县人民法院审理。2009 年 1 月 8 日，昌乐县人民法院作出（2008）乐民一初字第 112 号民事判决，判决润光公司赔偿夏×兴损失 205 282.38 元，驳回了夏×兴的其他诉讼请求。宣判后夏×兴、润光公司均不服一审判决，分别提出上诉。2009 年 5 月 4 日，山东省潍坊市中级人民法院作出（2009）潍民终字第 493 号民事判决，判决润光公司承担夏×兴损失的 70%，即赔偿夏×兴 478 992.22 元。终审判决后，夏×兴申请昌乐县人民法院强制执行，在执行过程中，夏×兴与润光公司达成执行和解协议，润光公司赔偿夏×兴各项损失共计 478 403 元（含赔偿款 450 000 元、案件受理费 20 871 元、执行费 7532 元），润光公司已经支付了上述款项。2010 年 5 月 17 日，夏×兴因后续治疗费用再次向法院提起诉讼，要求润光公司赔偿损失475 390.78元。2010年6月4日，山东省潍坊市中级人民法院指定潍坊市潍城区人民法院审理此案。2011年1月11日，潍坊市潍城区人民法院作出（2010）潍城民初字第938号民事判决，判决润光公司赔偿夏×兴损失286 987.55元。该判决生效后，润光公司已履行完毕。以上润光公司共计赔偿夏×兴损失765 390.55元。

山东省青州市人民法院一审判决：一、长生公司于判决生效之日起十日内支付润光公司经济损失765 390.55元的80%即612 312.44元；二、驳回润光公司的其他诉讼请求。一审案件受理费11 455元，减半收取5728元，由润光公司负担1146元，长生公司负担4582元。

长生公司不服一审判决，上诉请求：查明事实，撤销原判，发回重审或依法改判。

山东省潍坊市中级人民法院二审查明的事实与一审判决认定的事实一致。

山东省潍坊市中级人民法院二审认为，当事人对自己提出的诉讼请求所依据的事实或者反驳对方诉讼请求所依据的事实有责任提供证据加以证明；没有证据或者证据不足以证明当事人的事实主张的，由负有举证责任的当事人承担不利后果。润光公司提供的收款收据及青州市疾控中心出具的证明，可以证实润光公司卫生所在为夏×兴注射疫苗前不久曾从青州市疾控中心购买过3支疫苗的事实。青州市疾控中心提供的购货收款收据、药品材料入库单、库存材料明细账、《生物制品及一次性注射器出入库登记表》等证据，也能够形成证据链证实青州市疾控中心自2005年1月1日至2005年6月1日期间所购买的狂犬病疫苗均系由长生公司生产的事实。综上，根据润光公司和青州市疾控中心提供的上述证据，可形成有效证据链证实润光公司为夏×兴注射的疫苗为长生公司生产的事实。长生公司否认为夏×兴注射的疫苗系本公司生产，应提供反驳证据，现其既不能对其主张提供证据，也不能就涉案疫苗提供检验合格证明，故应依法承担举证不能的不利后果。综上，长生公司的上诉请求，证据不足，不予支持。一审判决认定事实清楚、适用法律正确，应予维持。据此，依照《中华人民共和国民事诉讼法》第169条、第170条第1款第1项、第175条之规定，山东省潍坊市中级人民法院二审判决：驳回上诉，维持原判。二审案件受理费11 455元，由长生公司负担。

本院再审查明，2015年12月4日，“长春长生生物科技股份有限公司”更名为“长春长生生物科技有限责任公司”。本院再审查明的其他事实与原审查明的事实一致。

本院再审认为，润光公司在另案判令其向受种者夏×兴承担相应的赔偿责任后，润光公司以医疗产品责任纠纷起诉疫苗生产企业长生公司行使追偿权，形成本案诉讼，则应当就长生公司应否承担医疗产品责任进行审理。《中华人民共和国产品责任法》第41条第1款规定：“因产品存在缺陷造成他人损害的，生产者应当承担侵权责任。”《最高人民法院关于民事诉讼证据的若干规定》第4条第1款第6项规定：因缺陷产品致人损害的侵权诉讼，由产品的生产者就法律规定的免责事由承担举证责任。依据以上规定，审理产品责任纠纷案件，生产者在其生产的产品存在缺陷造成他人损害的情况下，则不论缺陷产品的生产者主观上是否存在过错，都应当承担侵权责任，生产者对法定的免责事由承担举证责任。本案当事人再审争议的焦点问题是：涉案为夏×兴注射的狂犬疫苗是否为长生公司生产？该狂犬疫苗是否为合格产品？

根据润光公司提交的证据，结合青州市疾控中心的提供的证据和北京法源科学证据鉴定中心出具的鉴定结论，可以证明青州市疾控中心自2005年1月1日至2005年6月1日期间所购买的狂犬病疫苗均系由长生公司生产，润光公司卫生所于2005年5月30日到青州市疾控中心购买3份狂犬疫苗，并于同年6月22日、6月25日、6月29日为夏×兴注射，未有违反医疗常规，而且购买的数量、时间与涉案狂犬疫苗高度吻合。据此，能够证明润光公司为夏×兴注射的疫苗为长生公司生产。对此，原审认定正确，本院予以确认。长生公司以不能排除润光公司卫生所从其他销售者处购买的产品或假冒伪劣产品为由否认涉案狂犬疫苗为其生产，青州市疾控中心也说明在青州确有非法销售狂犬疫苗现象的存在，但因长生公司未能提供反驳证据，亦不能仅据两当事人所述直接推定润光公司卫生所非法购入狂犬疫苗，故均不予采信。2005年6月30日，国家食品药品监督管理局下发的《关于人用狂犬疫苗实施批签发管理的通知》要求，自2005年8月1日起实施签发每批检验合格证明，即在此时间前对销售狂犬疫苗并无强制性规定，且北京法源科学证据鉴定中心出具的鉴定结论也未说明涉案狂犬疫苗为不合格产品。润光公司主张长生公司应承担医疗产品责任，其应当对涉案狂犬疫苗存在缺陷承担举证责任。因此，原审仅以长生公司对期间批次的狂犬疫苗未能提供批签发合格证明，认定具备生产资质的长生公司就涉案狂犬疫苗是否为合格产品承担举证不能的法律后果，无事实和法律依据。应认定涉案狂犬医疗为合格医疗产品。润光公司主张长生公司承担医疗产品质量责任的理由不能成立，本院不予支持。

关于长生公司应否承担补偿责任问题。依据《疫苗流通和预防接种管理条例》第40条、第46条的规定，涉案狂犬疫苗作为第二类疫苗，其生产企业长生公司承担补偿责任的前提是发生预防接种异常反应，即合格的疫苗在实施规范接种过程中或者实施规范接种后造成受种者机体组织器官、功能损害，相关各方均无过错的药品不良反应。具体补偿办法由各省、自治区、直辖市人民政府制定。《疫苗流通和预防接种管理条例》第45条规定：“预防接种异常反应的鉴定参照《医疗事故处理条例》执行，具体办法由国务院卫生主管部门会同国务院药品监督管理部门制定。”依据该授权性规范条款，原国家卫生部发布《预防接种异常反应鉴定办法》。该办法第5条、第11条、第14条、第17条规定：“预防接种异常反应鉴定由设区的市级和省、自治区、直辖市医学会负责。”“省级、设区的市级和县级疾病预防控制机构应当成立预防接种异常反应调查诊断专家组，负责预防接种异常反应调查诊断。”“有下列情形之一的，应当由设区的市级或者省级预防接种异常反应调查诊断专家组进行调查诊断：①受种者死亡、严重残疾的；②群体性疑似预防接种异常反应的；③对社会有重大影响的疑似预防接种异常反应。”“受种方、接种单位、疫苗生产企业对预防接种异常反应调查诊断结论有争议时，可以在收到预防接种异常反应调查诊断结论之日起60日内向接种单位所在地设区的市级医学会申请进行预防接种异常反应鉴定，并提交预防接种异常反应鉴定所需的材料。”“对设区的市级医学会鉴定结论不服的，可以在收到预防接种异常反应鉴定书之日起15日内，向接种单位所在地的省、自治区、直辖市医学会申请再鉴定。”本案中，北京法源科学证据鉴定中心并非法定的进行预防接种异常反应鉴定的鉴定机构，无权对是否构成接种异常反应作出认定结论。其出具的鉴定结论虽明确：“被鉴定人脑部病变与其注射狂犬疫苗存在关联性，××症的罕见不良反应特点，该现象属于医疗意外情形”，但不能作为认定构成预防接种异常反应的定案依据。因此，润光公司另案承担向受种者夏×兴相应的赔偿责任后，代受种者向涉案狂犬疫苗的生产企业长生公司主张补偿责任无事实依据，本院亦不予支持。

关于青州市疾控中心的责任承担问题。因青州市疾控中心具备经营疫苗的资质，所经营的疫苗系由具有生产疫苗资质的长生公司供给，在出售疫苗过程中亦不存在过错，故在本案中不承担民事责任。对此，一审判决认定理由充分，本院予以确认。

综上所述，原审部分案件事实认定不清，适用法律错误，本院依法予以纠正。长生公司的主要再审申请理由成立。依据《中华人民共和国产品责任法》第41条第1款、《疫苗流通和预防接种管理条例》第40条、第45条、第46条以及《中华人民共和国民事诉讼法》第207条第1款、第170条第1款第2项、《最高人民法院关于民事诉讼证据的若干规定》第4条第1款第6项之规定，判决如下：

一、撤销山东省潍坊市中级人民法院（2013）潍民一终字第265号民事判决及山东省青州市人民法院（2013）青法民初字第683号民事判决；

二、驳回山东润光液压科技股份有限公司的诉讼请求。

一审案件受理费11 455元，减半收取5728元，二审案件受理费11 455元，均由山东润光液压科技股份有限公司负担。

本判决为终审判决。

审 判 长　　范 ×
审 判 员　　谭×立
代理审判员　　王×泽
二〇一六年九月十二日
书 记 员　　刘 ×

【不同观点】

下面引用阳曙文律师于微信上发布的文章，供大家对本案裁判程序和实体各方面可能存在的问题进行讨论：

《十问山东高院三位法官：长生疫苗致残真的不用担责吗?》[1]

阳曙文律师

长生假疫苗事件闹大了，在支持长生走到今天的路上，很多人功不可没。2015年，山东省高院专门提审涉长生公司案，彻底推翻了二级法院四个生效判决一致确定的：疫苗生产者和销售者应对疫苗致残承担责任，改判长生公司无需承担任何责任。常年从事民事案件的我认真看了判决后，很想问问作出此判决的山东高院范×、谭×立、王×泽三位法官，你们这个再审判决真的正常吗?

根据山东省高院（2015）鲁民提字第614号民事判决书：2005年，山东人夏×兴因狗咬伤在润光公司卫生所治疗后，接种了长生公司的疫苗，导致眼睛致残。随后经二级法院判决，润光公司赔偿47万多元。润光公司赔偿后，向长生公司追偿，一审二审均支持作为生产疫苗企业的长生公司应赔偿润光公司。

这么一个案子，对原告润光公司来说，输了，就是47万多元损失，润光公司不可能拿出48万来打这个官司。对于长生公司就完全不同，长生公司输了，就可能是4700万、4.7个亿的事情，长生公司输不起，莫说花48万、花480万也得赢，于是长生公司向山东省高院申请再审。

长生公司如愿以偿，山东省高院提审本案。范×、谭×立、王×泽三位法官组成的合议庭判决认为：尽管长生公司生产的疫苗没有检验合格证明，但不能推定

〔1〕本材料来自微信公众号“阿里法律号”，作者为阳曙文律师，发布时间：2018年7月25日。

为不合格。同时对于原来法院委托的司法鉴定机关北京法源科学证据鉴定中心出具的鉴定结论："被鉴定人脑部病变与其注射狂犬疫苗存在关联性"，山东省高院三位大法官也有理有据：原卫生部的《预防接种异常反应鉴定办法》规定，疫苗的接种异常反应应该由医学会鉴定，该鉴定不能采纳，直接认定长生公司无责，判决长生公司无需赔偿一分钱。

对于该判决，作为常年从事过民事审判法官的我，很想就有关法律问题请教请教范×、谭×立、王×泽三位法官：

一、本案是一个追偿的案件，依据的是法律明确规定，产品质量问题造成的损害，销售者赔偿后可以向生产者追偿。该不该赔偿，是夏×兴起诉润光公司的案件中已经作出了生效判决并履行完毕的，你们认为不应该赔偿，是应该对润光公司起诉长生公司的追偿案件直接改判还是应该对夏×兴起诉润光公司的案件提审后改判呢？在夏×兴起诉润光公司案件没有认定错误的情况下，你们能否直接对追偿的案件作出追偿不成立的判决？

二、你们认为疫苗尽管没有合格证，但不能推定为不合格，难道没有合格证的疫苗可以推定为合格？

三、你们说根据国家食品药品监督管理局的通知，2005 年 8 月 1 日以后生产的疫苗每批要有合格证明。因此，你们认为本案生产的疫苗发生在 8 月 1 日前生产，可以没有合格证明。1993 年实施的《产品质量法》第二十七条规定的非常明确，只要是产品就必须有合格证明，疫苗不是产品？国家食品药品监督管理局通知说 8 月 1 日以前的产品就不要合格证明吧？通知要合格证明难道不是强调？

四、你们凭借你们对国家食品药品监督管理局的一个《通知》的推断和理解，来否定全国人大的《产品质量法》对产品质量的基本规定，你们高院法官权力有这么大吗？

五、本案中的损害赔偿来源于夏×兴因狗咬伤就医后注射疫苗引起，完全属于《侵权责任法》第五十九条规定的药品引起的医疗过错赔偿。《侵责任法》实施前，医疗过错民事赔偿是按司法鉴定还是医学会鉴定本来一直就有争议。2010 年 7 月 1 日实施《侵权责任法》以后，最高人民法院在司法解释中非常明确，医疗过错鉴定按正常的司法鉴定程序办理。此后，全国各地法院几乎无争议的都对医疗过错按司法鉴定程序办理。你们 2015 年审理的案件，为什么还在以需要医学会鉴定为由，直接否定司法鉴定？

六、长生疫苗与夏×兴的眼睛致残是不是有关联是医学的专业知识，不是法官能够直接认定的问题，只能通过专业鉴定机关鉴定确定。就算你们不采纳已有的司法鉴定，难道不需要重新委托鉴定？你们可以在没有专业鉴定结论的情况下，作为法官直接认定长生公司的疫苗对夏×兴的眼睛致残没有关联？不要承担任何责任？

七、本案一审和二审均采纳鉴定意见，认定注射长生狂犬疫苗和夏×兴的眼睛残疾存在关联性。你们的判决书一方面说，查明的事实与一审、二审一致，另一方面把确定这一争议的核心事实的鉴定结论否定。你们的判决与原审根本不同的二个事实：疫苗是否合格？注射疫苗是否与眼睛残疾存在关联？正是本案争议的基本事实，而根据民事诉讼法，你们的提审涉及原判决认定基本事实不清的，要么发回重审，要么查清事实后改判。而对于本案，你们既没有发回重审，也没有对疫苗是否合格？注射疫苗是否与眼睛致残有关的事实进行查实，直接就认定长生公司不要承担责任，是否符合《民事诉讼法》的规定？

八、你们用食品药品监督管理局的《通知》否定《产品质量法》的规定，用原卫生部的规章来对抗《侵权责任法》和最高院关于《侵权责任法》司法解释中的医疗过错鉴定程序。法律、司法解释和部委规章甚至文件，哪个大，《立法法》规定的非常明确，你们真不懂？

九、《最高人民法院关于裁判文书引用法律、法规等规范性法律文件的规定》第四条和第五条非常明确，民事裁判文书最多只能引用到地方性法规或者自治条例和单行条例，不能引用规章及以下的文件，你们在该判决中不但引用规章和局机关的《通知》，并作为认定案件事实和推翻原生效判决的根本依据，是否符合最高院的规定？

十、现已经有生效判决确认，长生不但行贿国家食品药品监督管理局官员，也行贿过你们山东的防疫站官员，是一个靠行贿办事的人，我不敢说你们的判决有行贿。但再审申请一般是非常难的，这个案子长生公司好像走的很顺利。你们敢发誓，除了法庭之外，你们真没有私下接触过长生公司的人吗？

【相关司法解释】

《最高人民法院关于裁判文书引用法律、法规等规范性法律文件的规定》

第一条 人民法院的裁判文书应当依法引用相关法律、法规等规范性法律文件作为裁判依据。引用时应当准确完整写明规范性法律文件的名称、条款序号，需要引用具体条文的，应当整条引用。

第二条 并列引用多个规范性法律文件的，引用顺序如下：法律及法律解释、行政法规、地方性法规、自治条例或者单行条例、司法解释。同时引用两部以上法律的，应当先引用基本法律，后引用其他法律。引用包括实体法和程序法的，先引用实体法，后引用程序法。

第三条 刑事裁判文书应当引用法律、法律解释或者司法解释。刑事附带民事诉讼裁判文书引用规范性法律文件，同时适用本规定第四条规定。

第四条 民事裁判文书应当引用法律、法律解释或者司法解释。对于应当适用的行政法规、地方性法规或者自治条例和单行条例，可以直接引用。

第五条 行政裁判文书应当引用法律、法律解释、行政法规或者司法解释。对于应当适用的地方性法规、自治条例和单行条例、国务院或者国务院授权的部门公布的行政法规解释或者行政规章，可以直接引用。

第六条 对于本规定第三条、第四条、第五条规定之外的规范性文件，根据审理案件的需要，经审查认定为合法有效的，可以作为裁判说理的依据。

第七条 人民法院制作裁判文书确需引用的规范性法律文件之间存在冲突，根据立法法等有关法律规定无法选择适用的，应当依法提请有决定权的机关做出裁决，不得自行在裁判文书中认定相关规范性法律文件的效力。

第八条 本院以前发布的司法解释与本规定不一致的，以本规定为准。

附录二 不予执行公证债权文书案件的审查标准[1]

【当事人介绍】

申请复议人（原案申请执行人）：北京安鼎信用担保有限公司。

原案被执行人：无锡亿仁肿瘤医院有限公司。

原案被执行人：亿仁投资集团有限公司。

原案被执行人：济南亿仁肿瘤医院有限公司。

原案被执行人：孙×银。

原案被执行人：孙×珂。

原案被执行人：孙×。

一、案情

2009年9月28日，甲方北京安鼎信用担保有限公司（以下简称安鼎公司）、乙方无锡亿仁肿瘤医院有限公司（以下简称无锡肿瘤医院）、丙方杭州银行股份有限公司北京分行（以下简称杭州银行北京分行）签订三方协议，约定无锡肿瘤医院向安鼎公司申请借款，安鼎公司经审查同意后委托杭州银行北京分行发放贷款。该合同具体内容是：借款种类为委托贷款，借款金额为人民币6000万元，借款用途为购进医疗设备，借款期限自2009年9月29日起至2009年11月28日止，借款实际放款日和到期日以借款借据为准，借款借据是合同的组成部分，与本合同具有同等的法律效力。本合同项下借款及所涉债务需提供担保的，须由取得甲方认可的担保人以保证或（和）抵押、质押的方式提供担保，并由担保人与甲方、丙方签订担保合同。本合同贷款利率执行固定贷款利率，为月利率0.5%。乙方未按约定期限归还借款，丙方对逾期的借款从逾期之日起按逾期贷款罚息利率计收利息。逾期贷款罚息利率为贷款利率水平上加收50%。委托合同特指甲方与丙方于2009年9月28日签订的《委托贷款委托合同》。

在签订三方协议之前，2009年9月26日，安鼎公司（甲方）与无锡肿瘤医院（乙方）签订了二方协议，约定甲方委托杭州银行北京分行向乙方发放委托

---

〔1〕 资料来源："北京高院研究室"，载豆丁网，http：//www.docin.com/p-706567694.html，访问时间：2018年8月7日。

贷款人民币 6000 万元。合同约定的借款期限、贷款利率与三方协议内容约定相同，与三方协议不一致的内容主要是违约责任，约定为借款期限届满，如乙方未能及时、足额向甲方偿清借款本息，乙方除应按本合同项下借款利率向甲方支付逾期期间借款利息外，还应按逾期金额 0.5%每日的标准向甲方支付逾期还款违约金。该合同还约定，除本合同和三方协议另有特别声明外，本合同与三方协议存在冲突的，以本合同为准。2009 年 9 月 27 日，北京市中信公证处对二方协议作出（2009）京中信内经证字 10739 号公证书。

2009 年 9 月 26 日，安鼎公司（甲方）与无锡肿瘤医院（乙方）及孙×银（丙方）、孙×珂（丁方）、孙×（戊方）、亿仁投资集团有限公司（己方）、珠海亿仁医院有限公司（庚方）、济南亿仁肿瘤医院有限公司（辛方）签订《还款协议》，约定甲乙双方签订二方协议，甲方向乙方提供期限为 60 天、金额为人民币 6000 万元的委托贷款，甲方于 2009 年 9 月 29 日通过杭州银行北京分行向乙方发放贷款，乙方应于 2009 年 11 月 28 日前偿还该委托贷款；作为委托贷款的担保，丙方、丁方、戊方、己方、庚方、辛方分别与甲方签订了《保证合同》《股权质押（担保）协议书》《抵押合同》；一旦乙方未完全、适当履行还本付息义务，甲方有权向乙方、丙方、丁方、戊方、己方、庚方、辛方（以下简称被追偿各方）追偿。被追偿各方承诺在甲方主张追偿权后 3 日内向甲方偿还全部款项，如到期不履行还款义务，被追偿各方自愿放弃一切抗辩权，并自愿接受人民法院对《还款协议》的强制执行；甲方可向被追偿各方中任何一方或几方进行追偿；被追偿各方确认，其接受人民法院强制执行的债务范围包括：甲方委托贷款的本息；至人民法院强制执行完毕之日止之违约金；甲方为追索债务所付出的费用。同日，北京市中信公证处对《还款协议》作出赋予强制执行效力的（2009）京中信内经证字 11928 号公证书。

因无锡肿瘤医院及各担保人未如期偿还本息，安鼎公司于 2010 年 8 月 6 日向北京市中信公证处依据上述《还款协议》申请执行证书。当日，北京市中信公证处对上述《还款协议》作出（2010）京中信执字 00049 号执行证书，确认执行标的为：①借款本金人民币 6000 万元，截止到 2010 年 8 月 6 日欠付利息人民币 382.5 万元（按二方协议约定的月利率 0.5%计算），共计欠付人民币 6382.5 万元。②自逾期之日起至清偿之日止相应的逾期违约金（按二方协议约定的逾期金额的 0.5%每日计算）。③实现债权所支付的其他费用（按实际发生额计算）。安鼎公司依据北京市中信公证处（2009）京中信内经证字 11928 号公证书及（2010）京中信执字 00049 号执行证书向法院申请执行无锡肿瘤医院、亿仁投资集团有限公司、济南亿仁肿瘤医院有限公司、孙×银、孙×珂、孙×。无锡肿瘤医院等被执行人向执行法院提出不予执行公证债权文书的申请。

二、审查情况

执行法院经审查认为：①北京市中信公证处公证的二方协议和《还款协议》违反我国金融管理的强制性规定。非金融机构的企业间拆借为我国金融管理制度所禁止。安鼎公司不具有金融许可证，其未经金融机构直接与无锡肿瘤医院及其担保人签订二方协议和《还款协议》违反我国金融管理的强制性规定。②北京市中信公证处在作出《执行证书》时违反相关规定，对安鼎公司未依约履行的事实未做核查。依据最高人民法院和司法部《关于公证机关赋予强制执行效力的债权文书执行有关问题的联合通知》（以下简称《联合通知》），债权人履行合同义务的情况，是公证机关作出执行证书时必须审查的内容之一。本案中，安鼎公司出借的部分款项并未依约按期发放，对此，北京市中信公证处并未进行充分核查。③北京市中信公证处在作出《执行证书》时存在违反公证程序的情形。依据《联合通知》，债务人对债权文书规定的履行义务有无疑义，也是在作出执行证书时公证机关必须审查的内容。北京市中信公证处在为二方协议和《还款协议》办理公证时，亦明确告知了其签发执行证书的相关审查程序。北京市中信公证处在签发《执行证书》前，并未依相关规定及明示的公证程序询问各债务人。这种程序瑕疵直接影响了对《执行证书》必要事实的充分核实。④北京市中信公证处作出的《执行证书》的执行标的额超出了安鼎公司的申请数额。安鼎公司申请签发《执行证书》时请求的执行标的额为借款本息 6325 万元人民币，北京市中信公证处签发的《执行证书》确认的执行标的额为本息 6382.5 万元人民币，高于安鼎公司申请执行标的额 57.5 万元人民币。综上，裁定不予执行上述公证书及执行证书。

安鼎公司对此不服，向上一级法院申请复议。

复议法院经审查认为：本案中，公证的债权文书涉及的是委托贷款关系，由安鼎公司委托杭州银行北京分行向无锡肿瘤医院发放贷款，杭州银行北京分行应当是委托贷款合同的主体之一。北京市中信公证处应当对由杭州银行北京分行作为主体的三方协议进行公证，而不是对没有杭州银行北京分行参加的二方协议和《还款协议》作出公证书并出具执行证书。因此，（2009）京中信内经证字 11928 号公证书及（2010）京中信执字 00049 号执行证书确有错误，应当不予执行。裁定驳回安鼎公司的复议请求，维持原裁定。

三、意见

本案涉及的主要问题是：对不予执行公证债权文书案件的审查标准。

我国 2007 年《民事诉讼法》第 214 条第 2 款（该条款对应现行《民事诉讼

法》第238条第2款）规定，公证债权文书确有错误的，人民法院裁定不予执行。该规定中的“确有错误”，法律、法规或司法解释未作具体解释，司法实践中的情形又十分复杂，出现了不同的理解。2011年9月，为统一执法尺度，北京市高、中两级法院执行局（庭）长座谈会（第三次会议）经研究，制定出台了《关于执行审查、裁决工作若干问题的意见》（以下简称《意见》），其中规定了以下几种“确有错误”的情形：一是公证债权文书属于依法不得赋予强制执行效力的债权文书的；二是公证债权文书当事人未就债务人在其不履行义务或者不完全履行义务时由债权人向人民法院申请强制执行达成合意的；三是公证债权文书和执行证书的制作严重违反法定程序的；四是公证债权文书和执行证书的内容违背事实或者违反法律规定的；五是其他确有错误的情形。

《意见》中前两种情形的规定，主要依据的是《联合通知》第1条、第2条关于公证机关赋予强制执行效力的债权文书的条件和范围的规定，违反《联合通知》的上述规定，即构成公证债权文书确有错误的情形。本案的审查主要涉及《意见》第三种、第四种情形，第三种情形涉及对公证债权文书和执行证书制作程序的审查，第四种情形涉及对公证债权文书和执行证书内容的审查，这是司法实践中比较难把握的两种情形。结合案情，我们具体分析如下：

（一）关于对公证债权文书和执行证书内容的审查

本案中，公证的内容主要是委托贷款合同。委托贷款是指由委托人提供合法来源的资金，委托业务银行根据委托人确定的贷款对象、用途、金额、期限、利率等代为发放、监督使用并协助收回的贷款业务。委托贷款的参与者包括委托人（委托贷款方）、借款人（接受委托贷款方）、受托银行以及担保人。本案中，公证机关对安鼎公司与无锡肿瘤医院签订的二方协议进行了公证，违反了委托贷款的法律规定。

关于对公证债权文书和执行证书内容的审查，还涉及如何把握审查尺度的问题，审查中需要考虑与后续诉讼程序的衔接。2008年12月，最高法院审判委员会第1457次会议通过了《关于当事人对具有强制执行效力的公证债权文书的内容有争议提起诉讼人民法院是否受理问题的批复》中规定：公证债权文书确有错误，人民法院裁定不予执行的，当事人、公证事项的利害关系人可以就争议内容向人民法院提起民事诉讼。在执行审查程序中直接对相关实体问题作出判断，会影响后续诉讼对相关问题的认定。本案中，在法院裁定不予执行后，就委托贷款合同这一法律关系杭州银行北京分行具有自身的诉讼权利和实体权利。就安鼎公司和无锡肿瘤医院二方协议的争议问题，其可以通过诉讼予以解决。因此，复议法院从委托贷款法律关系的角度认定公证书及执行证书确有错误，未对二方协议的合同效力作出实体判断是合理合法的。

（二）关于对公证债权文书和执行证书制作程序的审查

在公证债权文书和执行证书的制作程序上，《公证法》和《联合通知》对公证的重要程序进行了规定，公证机关应当遵照执行。相关法律法规规定比较原则的情况下，在理解把握这些规定时，可以将司法部颁布的《公证程序规则》和中国公证协会颁布的《办理具有强制执行效力债权文书公证及出具执行证书的指导意见》作为参考。在违反法定程序的情节上，根据《意见》的规定要达到“严重”的程度，即对公证债权文书的司法审查权不得滥用，对于存在程序瑕疵尚不构成严重违反法定程序的，不得裁定不予执行。本案中，根据《联合通知》第5条规定，公证机关在签发执行证书时应当注意审查以下内容：一是不履行或不完全履行的事实确实发生；二是债权人履行合同义务的事实和证据，债务人依照债权文书已经部分履行的事实；三是债务人对债权文书规定的履行义务有无疑义。根据上述规定，对执行证书以上内容的审查并非强制性，而是“应当注意”，且对公证机关通过何种方式、方法进行审查也未进行强制性规定。执行法院认为公证机关未对安鼎公司未依约履行的事实进行核查、未依相关规定及明示的公证程序询问各债务人，即构成违反公证程序的情形。根据复议法院查明的事实，执行证书上载明的放款、还款情况与事实相符，并不构成“严重违反法定程序”。因此，复议法院纠正执行法院表述上存在的问题，并根据公证机关公证的二方协议违反委托贷款法律关系的相关规定，认定执行证书确有错误，应当不予执行。

综上，复议法院裁定驳回安鼎公司的复议请求，维持原裁定是正确的。

【相关司法解释】

《最高人民法院、司法部关于公证机关赋予强制执行效力的债权文书执行有关问题的联合通知》

各省、自治区、直辖市高级人民法院、司法厅（局），解放军军事法院、司法局，新疆维吾尔自治区高级人民法院生产建设兵团分院、新疆生产建设兵团司法局：

为了贯彻《中华人民共和国民事诉讼法》、《中华人民共和国公证暂行条例》的有关规定，规范赋予强制执行效力债权文书的公证和执行行为，现就有关问题通知如下：

一、公证机关赋予强制执行效力的债权文书应当具备以下条件：

（一）债权文书具有给付货币、物品、有价证券的内容；

（二）债权债务关系明确，债权人和债务人对债权文书有关给付内容无疑义；

（三）债权文书中载明债务人不履行义务或不完全履行义务时，债务人愿意接受依法强制执行的承诺。

二、公证机关赋予强制执行效力的债权文书的范围：

（一）借款合同、借用合同、无财产担保的租赁合同；

（二）赊欠货物的债权文书；

（三）各种借据、欠单；

（四）还款（物）协议；

（五）以给付赡养费、扶养费、抚育费、学费、赔（补）偿金为内容的协议；

（六）符合赋予强制执行效力条件的其他债权文书。

三、公证机关在办理符合赋予强制执行的条件和范围的合同、协议、借据、欠单等债权文书公证时，应当依法赋予该债权文书具有强制执行效力。

未经公证的符合本通知第二条规定的合同、协议、借据、欠单等债权文书，在履行过程中，债权人申请公证机关赋予强制执行效力的，公证机关必须征求债务人的意见；如债务人同意公证并愿意接受强制执行的，公证机关可以依法赋予该债权文书强制执行效力。

四、债务人不履行或不完全履行公证机关赋予强制执行效力的债权文书的，债权人可以向原公证机关申请执行证书。

五、公证机关签发执行证书应当注意审查以下内容：

（一）不履行或不完全履行的事实确实发生；

（二）债权人履行合同义务的事实和证据，债务人依照债权文书已经部分履行的事实；

（三）债务人对债权文书规定的履行义务有无疑义。

六、公证机关签发执行证书应当注明被执行人、执行标的和申请执行的期限。债务人已经履行的部分，在执行证书中予以扣除。因债务人不履行或不完全履行而发生的违约金、利息、滞纳金等，可以列入执行标的。

七、债权人凭原公证书及执行证书可以向有管辖权的人民法院申请执行。

八、人民法院接到申请执行书，应当依法按规定程序办理。必要时，可以向公证机关调阅公证卷宗，公证机关应当提供。案件执行完毕后，由人民法院在十五日内将公证卷宗附结案通知退回公证机关。

九、最高人民法院、司法部《关于执行〈民事诉讼法（试行）〉中涉及公证条款的几个问题的通知》和《关于已公证的债权文书依法强制执行问题的答复》自本联合通知发布之日起废止。

附录三　相关法律和司法解释节选

中华人民共和国人民法院法庭规则

1993 年 11 月 26 日最高人民法院审判委员会第 617 次会议通过，根据 2015 年 12 月 21 日最高人民法院审判委员会第 1673 次会议通过的《最高人民法院关于修改〈中华人民共和国人民法院法庭规则〉的决定》修正，并于 2016 年 5 月 1 日实施。

第一条　为了维护法庭安全和秩序，保障庭审活动正常进行，保障诉讼参与人依法行使诉讼权利，方便公众旁听，促进司法公正，彰显司法权威，根据《中华人民共和国人民法院组织法》《中华人民共和国刑事诉讼法》《中华人民共和国民事诉讼法》《中华人民共和国行政诉讼法》等有关法律规定，制定本规则。

第二条　法庭是人民法院代表国家依法审判各类案件的专门场所。

法庭正面上方应当悬挂国徽。

第三条　法庭分设审判活动区和旁听区，两区以栏杆等进行隔离。

审理未成年人案件的法庭应当根据未成年人身心发展特点设置区域和席位。

有新闻媒体旁听或报道庭审活动时，旁听区可以设置专门的媒体记者席。

第四条　刑事法庭可以配置同步视频作证室，供依法应当保护或其他确有保护必要的证人、鉴定人、被害人在庭审作证时使用。

第五条　法庭应当设置残疾人无障碍设施；根据需要配备合议庭合议室，检察人员、律师及其他诉讼参与人休息室，被告人羁押室等附属场所。

第六条　进入法庭的人员应当出示有效身份证件，并接受人身及携带物品的安全检查。

持有效工作证件和出庭通知履行职务的检察人员、律师可以通过专门通道进入法庭。需要安全检查的，人民法院对检察人员和律师平等对待。

第七条　除经人民法院许可，需要在法庭上出示的证据外，下列物品不得携带进入法庭：

（一）枪支、弹药、管制刀具以及其他具有杀伤力的器具；

（二）易燃易爆物、疑似爆炸物；

（三）放射性、毒害性、腐蚀性、强气味性物质以及传染病病原体；

（四）液体及胶状、粉末状物品；

（五）标语、条幅、传单；

（六）其他可能危害法庭安全或妨害法庭秩序的物品。

第八条　人民法院应当通过官方网站、电子显示屏、公告栏等向公众公开各法庭的编号、具体位置以及旁听席位数量等信息。

第九条　公开的庭审活动，公民可以旁听。

旁听席位不能满足需要时，人民法院可以根据申请的先后顺序或者通过抽签、摇号等方式发放旁听证，但应当优先安排当事人的近亲属或其他与案件有利害关系的人旁听。

下列人员不得旁听：

（一）证人、鉴定人以及准备出庭提出意见的有专门知识的人；

（二）未获得人民法院批准的未成年人；

（三）拒绝接受安全检查的人；

（四）醉酒的人、精神病人或其他精神状态异常的人；

（五）其他有可能危害法庭安全或妨害法庭秩序的人。

依法有可能封存犯罪记录的公开庭审活动，任何单位或个人不得组织人员旁听。

依法不公开的庭审活动，除法律另有规定外，任何人不得旁听。

第十条　人民法院应当对庭审活动进行全程录像或录音。

第十一条　依法公开进行的庭审活动，具有下列情形之一的，人民法院可以通过电视、互联网或其他公共媒体进行图文、音频、视频直播或录播：

（一）公众关注度较高；

（二）社会影响较大；

（三）法治宣传教育意义较强。

第十二条　出庭履行职务的人员，按照职业着装规定着装，但是，具有下列情形之一的，着正装：

（一）没有职业着装规定；

（二）侦查人员出庭作证；

（三）所在单位系案件当事人。

非履行职务的出庭人员及旁听人员，应当文明着装。

第十三条　刑事在押被告人或上诉人出庭受审时，着正装或便装，不着监管机构的识别服。

人民法院在庭审活动中不得对被告人或上诉人使用戒具，但认为其人身危险性大，可能危害法庭安全的除外。

第十四条 庭审活动开始前，书记员应当宣布本规则第十七条规定的法庭纪律。

第十五条 审判人员进入法庭以及审判长或独任审判员宣告判决、裁定、决定时，全体人员应当起立。

第十六条 人民法院开庭审判案件应当严格按照法律规定的诉讼程序进行。

审判人员在庭审活动中应当平等对待诉讼各方。

第十七条 全体人员在庭审活动中应当服从审判长或独任审判员的指挥，尊重司法礼仪，遵守法庭纪律，不得实施下列行为：

（一）鼓掌、喧哗；

（二）吸烟、进食；

（三）拨打或接听电话；

（四）对庭审活动进行录音、录像、拍照或使用移动通信工具等传播庭审活动；

（五）其他危害法庭安全或妨害法庭秩序的行为。

检察人员、诉讼参与人发言或提问，应当经审判长或独任审判员许可。

旁听人员不得进入审判活动区，不得随意站立、走动，不得发言和提问。

媒体记者经许可实施第一款第四项规定的行为，应当在指定的时间及区域进行，不得影响或干扰庭审活动。

第十八条 审判长或独任审判员主持庭审活动时，依照规定使用法槌。

第十九条 审判长或独任审判员对违反法庭纪律的人员应当予以警告；对不听警告的，予以训诫；对训诫无效的，责令其退出法庭；对拒不退出法庭的，指令司法警察将其强行带出法庭。

行为人违反本规则第十七条第一款第四项规定的，人民法院可以暂扣其使用的设备及存储介质，删除相关内容。

第二十条 行为人实施下列行为之一，危及法庭安全或扰乱法庭秩序的，根据相关法律规定，予以罚款、拘留；构成犯罪的，依法追究其刑事责任：

（一）非法携带枪支、弹药、管制刀具或者爆炸性、易燃性、放射性、毒害性、腐蚀性物品以及传染病病原体进入法庭；

（二）哄闹、冲击法庭；

（三）侮辱、诽谤、威胁、殴打司法工作人员或诉讼参与人；

（四）毁坏法庭设施，抢夺、损毁诉讼文书、证据；

（五）其他危害法庭安全或扰乱法庭秩序的行为。

第二十一条 司法警察依照审判长或独任审判员的指令维持法庭秩序。

出现危及法庭内人员人身安全或者严重扰乱法庭秩序等紧急情况时，司法警察可以直接采取必要的处置措施。

人民法院依法对违反法庭纪律的人采取的扣押物品、强行带出法庭以及罚款、拘留等强制措施，由司法警察执行。

第二十二条 人民检察院认为审判人员违反本规则的，可以在庭审活动结束后向人民法院提出处理建议。

诉讼参与人、旁听人员认为审判人员、书记员、司法警察违反本规则的，可以在庭审活动结束后向人民法院反映。

第二十三条 检察人员违反本规则的，人民法院可以向人民检察院通报情况并提出处理建议。

第二十四条 律师违反本规则的，人民法院可以向司法行政机关及律师协会通报情况并提出处理建议。

第二十五条 人民法院进行案件听证、国家赔偿案件质证、网络视频远程审理以及在法院以外的场所巡回审判等，参照适用本规则。

第二十六条 外国人、无国籍人旁听庭审活动，外国媒体记者报道庭审活动，应当遵守本规则。

第二十七条 本规则自2016年5月1日起施行；最高人民法院此前发布的司法解释及规范性文件与本规则不一致的，以本规则为准。

法官行为规范（节选）

（最高人民法院2005年11月4日发布试行，2010年12月6日修订后发布正式施行）

为大力弘扬“公正、廉洁、为民”的司法核心价值观，规范法官基本行为，树立良好的司法职业形象，根据《中华人民共和国法官法》和《中华人民共和国公务员法》等法律，制定本规范。

一、一般规定

第一条　忠诚坚定

坚持党的事业至上、人民利益至上、宪法法律至上，在思想上和行动上与党中央保持一致，不得有违背党和国家基本政策以及社会主义司法制度的言行。

第二条　公正司法

坚持以事实为根据、以法律为准绳，平等对待各方当事人，确保实体公正、程序公正和形象公正，努力实现办案法律效果和社会效果的有机统一，不得滥用职权、枉法裁判。

第三条　高效办案

树立效率意识，科学合理安排工作，在法定期限内及时履行职责，努力提高办案效率，不得无故拖延、贻误工作、浪费司法资源。

第四条　清正廉洁

遵守各项廉政规定，不得利用法官职务和身份谋取不正当利益，不得为当事人介绍代理人、辩护人以及中介机构，不得为律师、其他人员介绍案源或者给予其他不当协助。

第五条　一心为民

落实司法为民的各项规定和要求，做到听民声、察民情、知民意，坚持能动司法，树立服务意识，做好诉讼指导、风险提示、法律释明等便民服务，避免“冷硬横推”等不良作风。

第六条　严守纪律

遵守各项纪律规定，不得泄露在审判工作中获取的国家秘密、商业秘密、个人隐私等，不得过问、干预和影响他人正在审理的案件，不得随意发表有损生效裁判严肃性和权威性的言论。

第七条　敬业奉献

热爱人民司法事业，增强职业使命感和荣誉感，加强业务学习，提高司法能力，恪尽职守，任劳任怨，无私奉献，不得麻痹懈怠、玩忽职守。

坚持学习，不断提高自身素质；遵守司法礼仪，执行着装规定，言语文明，举止得体，不得浓妆艳抹，不得佩带与法官身份不相称的饰物，不得参加有损司法职业形象的活动。

二、立案

第九条　基本要求

（一）保障当事人依法行使诉权，特别关注妇女、儿童、老年人、残疾人等群体的诉讼需求；

（二）便利人民群众诉讼，减少当事人诉累；

（三）确保立案质量，提高立案效率。

第十条当事人来法院起诉

（一）加强诉讼引导，提供诉讼指导材料；

（二）符合起诉条件的，在法定时间内及时立案；

（三）不符合起诉条件的，不予受理并告知理由，当事人坚持起诉的，裁定不予受理；

（四）已经立案的，不得强迫当事人撤诉；

（五）当事人自愿放弃起诉的，除法律另有规定外，应当准许。

第十一条　当事人口头起诉

（一）告知应当递交书面诉状；

（二）当事人不能书写诉状且委托他人代写有困难的，要求其明确诉讼请求、如实提供案件情况和联络方式，记入笔录并向其宣读，确认无误后交其签名或者捺印。

第十二条　当事人要求上门立案或者远程立案

（一）当事人因肢体残疾行动不便或者身患重病卧床不起等原因，确实无法到法院起诉且没有能力委托代理人的，可以根据实际情况上门接收起诉材料；

（二）当事人所在地离受案法院距离远且案件事实清楚、法律关系明确、争议不大的，可以通过网络或者邮寄的方式接收起诉材料；

（三）对不符合上述条件的当事人，应当告知其到法院起诉。

第十三条　当事人到人民法庭起诉

人民法庭有权受理的，应当接受起诉材料，不得要求当事人到所在基层人民法院立案庭起诉。

第十四条　案件不属于法院主管或者本院管辖

（一）告知当事人不属于法院主管或者本院没有管辖权的理由；

（二）根据案件实际情况，指明主管机关或者有管辖权的法院；

（三）当事人坚持起诉的，裁定不予受理，不得违反管辖规定受理案件。

第十五条　依法应当公诉的案件提起自诉

（一）应当在接受后移送主管机关处理，并且通知当事人；

（二）情况紧急的，应当先采取紧急措施，然后移送主管机关并告知当事人。

第十六条　诉状内容和形式不符合规定

（一）告知按照有关规定进行更正，做到一次讲清要求；

（二）不得因法定起诉要件以外的瑕疵拒绝立案。

第十七条　起诉材料中证据不足

原则上不能以支持诉讼请求的证据不充分为由拒绝立案。

第十八条　遇到疑难复杂情况不能当场决定是否立案

（一）收下材料并出具收据，告知等待审查结果；

（二）及时审查并在法定期限内将结果通知当事人。

第十九条　发现涉及群体的 矛盾易激化的纠纷

及时向领导汇报并和有关部门联系，积极做好疏导工作，防止矛盾激化。

第二十条　当事人在立案后询问证据是否有效 能否胜诉等实体问题

（一）不得向其提供倾向性意见；

（二）告知此类问题只有经过审理才能确定，要相信法院会公正裁判。

第二十一条　当事人在立案后询问案件处理流程或时间

告知案件处理流程和法定期限，不得以与立案工作无关为由拒绝回答。

第二十二条　当事人预交诉讼费

（一）严格按规定确定数额，不得额外收取或者随意降低；

（二）需要到指定银行交费的，及时告知账号及地点；

（三）确需人民法庭自行收取的，应当按规定出具收据。

第二十三条　当事人未及时交纳诉讼费

（一）符合司法救助条件的，告知可以申请缓交或者减免诉讼费；

（二）不符合司法救助条件的，可以书面形式通知其在规定期限内交费，并告知无正当理由逾期不交诉讼费的，将按撤诉处理。

第二十四条　当事人申请诉前财产保全证据保全等措施

（一）严格审查申请的条件和理由，及时依法作出裁定；

（二）裁定采取保全等措施的，及时依法执行；不符合申请条件的，耐心解释原因；

（三）不得滥用诉前财产保全、证据保全等措施。

第二十五条　当事人自行委托或者申请法院委托司法鉴定

（一）当事人协商一致自行委托的，应当认真审查鉴定情况，对程序合法、结论公正的鉴定意见应当采信；对不符合要求的鉴定意见可以要求重新鉴定，并说明理由；

（二）当事人申请法院委托的，应当及时做出是否准许的决定，并答复当事人；准许进行司法鉴定的，应当按照规定委托鉴定机构及时进行鉴定。

三、庭审

二十六条 基本要求

（一）规范庭审言行，树立良好形象；

（二）增强庭审驾驭能力，确保审判质量；

（三）严格遵循庭审程序，平等保护当事人诉讼权利；

（四）维护庭审秩序，保障审判活动顺利进行。

第二十七条 开庭前的准备

（一）在法定期限内及时通知诉讼各方开庭时间和地点；

（二）公开审理的，应当在法定期限内及时公告；

（三）当事人申请不公开审理的，应当及时审查，符合法定条件的，应当准许；不符合法定条件的，应当公开审理并解释理由；

（四）需要进行庭前证据交换的，应当及时提醒，并主动告知举证时限；

（五）当事人申请法院调取证据的，如确属当事人无法收集的证据，应当及时调查收集，不得拖延；证据调取不到的，应当主动告知原因；如属于当事人可以自行收集的证据，应当告知其自行收集；

（六）自觉遵守关于回避的法律规定和相关制度，对当事人提出的申请回避请求不予同意的，应当向当事人说明理由；

（七）审理当事人情绪激烈、矛盾容易激化的案件，应当在庭前做好工作预案，防止发生恶性事件。

第二十八条 原定开庭时间需要更改

（一）不得无故更改开庭时间；

（二）因特殊情况确需延期的，应当立即通知当事人及其他诉讼参加人；

（三）无法通知的，应当安排人员在原定庭审时间和地点向当事人及其他诉讼参加人解释。

第二十九条 出庭时注意事项

（一）准时出庭，不迟到，不早退，不缺席；

（二）在进入法庭前必须更换好法官服或者法袍，并保持整洁和庄重，严禁着便装出庭；合议庭成员出庭的着装应当保持统一；

（三）设立法官通道的，应当走法官通道；

（四）一般在当事人、代理人、辩护人、公诉人等入庭后进入法庭，但前述人员迟到、拒不到庭的除外；

（五）不得与诉讼各方随意打招呼，不得与一方有特别亲密的言行；

（六）严禁酒后出庭。

第三十条 庭审中的言行

（一）坐姿端正，杜绝各种不雅动作；

（二）集中精力，专注庭审，不做与庭审活动无关的事；

（三）不得在审判席上吸烟、闲聊或者打瞌睡，不得接打电话，不得随意离开审判席；

（四）平等对待与庭审活动有关的人员，不与诉讼中的任何一方有亲近的表示；

（五）礼貌示意当事人及其他诉讼参加人发言；

（六）不得用带有倾向性的语言进行提问，不得与当事人及其他诉讼参加人争吵；

（七）严格按照规定使用法槌，敲击法槌的轻重应当以旁听区能够听见为宜。

第三十一条 对诉讼各方陈述 辩论时间的分配与控制

（一）根据案情和审理需要，公平、合理地分配诉讼各方在庭审中的陈述及辩论时间；

（二）不得随意打断当事人、代理人、辩护人等的陈述；

（三）当事人、代理人、辩护人发表意见重复或与案件无关的，要适当提醒制止，不得以生硬言辞进行指责。

第三十二条 当事人使用方言或者少数民族语言

（一）诉讼一方只能讲方言的，应当准许；他方表示不通晓的，可以由懂方言的人用普通话进行复述，复述应当准确无误；

（二）使用少数民族语言陈述，他方表示不通晓的，应当为其配备翻译。

第三十三条 当事人情绪激动 在法庭上喊冤或者鸣不平

（一）重申当事人必须遵守法庭纪律，法庭将会依法给其陈述时间；

（二）当事人不听劝阻的，应当及时制止；

（三）制止无效的，依照有关规定作出适当处置。

第三十四条 诉讼各方发生争执或者进行人身攻击

（一）及时制止，并对各方进行批评教育，不得偏袒一方；

（二）告诫各方必须围绕案件依序陈述；

（三）对不听劝阻的，依照有关规定作出适当处置。

第三十五条 当事人在庭审笔录上签字

（一）应当告知当事人庭审笔录的法律效力，将庭审笔录交其阅读；无阅读能力的，应当向其宣读，确认无误后再签字、捺印；

（二）当事人指出记录有遗漏或者差错的，经核实后要当场补正并要求当事人在补正处签字、捺印；无遗漏或者差错不应当补正的，应当将其申请记录在案；

（三）未经当事人阅读核对，不得要求其签字、捺印；

（四）当事人放弃阅读核对的，应当要求其签字、捺印；当事人不阅读又不签字、捺印的，应当将情况记录在案。

第三十六条 宣判时注意事项

（一）宣告判决，一律公开进行；

（二）宣判时，合议庭成员或者独任法官应当起立，宣读裁判文书声音要洪亮、清晰、准确无误；

（三）当庭宣判的，应当宣告裁判事项，简要说明裁判理由并告知裁判文书送达的法定期限；

（四）定期宣判的，应当在宣判后立即送达裁判文书；

（五）宣判后，对诉讼各方不能赞赏或者指责，对诉讼各方提出的质疑，应当耐心做好解释工作。

附录四　法律实务综合模拟平台学生端操作指南

一、学生端功能

法律实务综合模拟平台学生端拥有以下功能：公安机关；案件管理；实验管理；实验报告；实验得分；成绩统计；文书模板库；法律法规库；司法案例库；参考视频。

二、学生端操作指引

进入“Justice-L”的登录主页面，如下图所示：

填写用户名和密码，点击“点击登录”按钮。进入学生端，显示界面如下：（首次登录可以进入“个人信息”修改密码以确保账户安全）

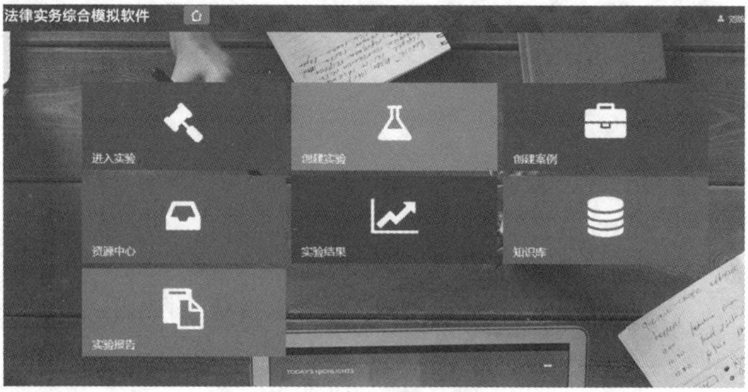

(一) 实验模拟：仲裁机构

在学生端主页面，点击“实验模拟：仲裁机构”进入仲裁实验页面，如下图：

左边菜单栏内有按添加实验对象筛选一块，默认进入的页面显示为“全部实验”。

仲裁实验分为两部分：劳动人事仲裁程序；民商事仲裁程序。按诉讼类型选择，点击其中一个类型的案件，右边即出现所点诉讼类型实验。

仲裁程序的模拟过程请参考法院实验。

(二) 实验模拟：法院

在学生端主页面，点击“实验模拟：法院”进入法院实验页面，如下图：

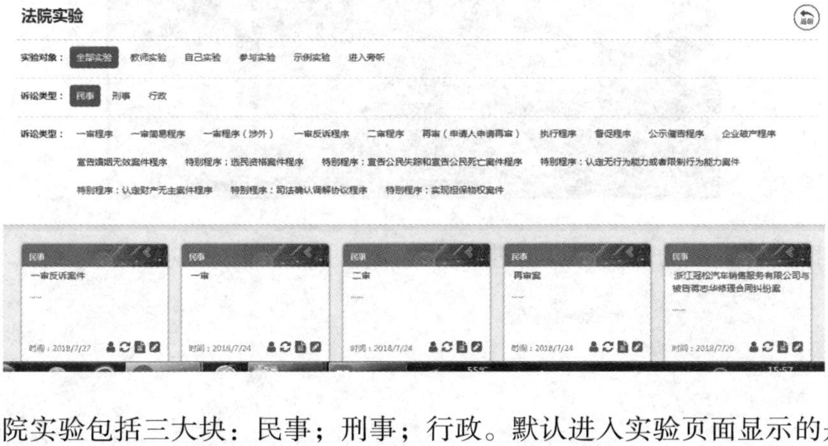

法院实验包括三大块：民事；刑事；行政。默认进入实验页面显示的是“全部实验”。右边蓝色显示的是全部法院实验。点击中间栏中的“概要”，如下图：

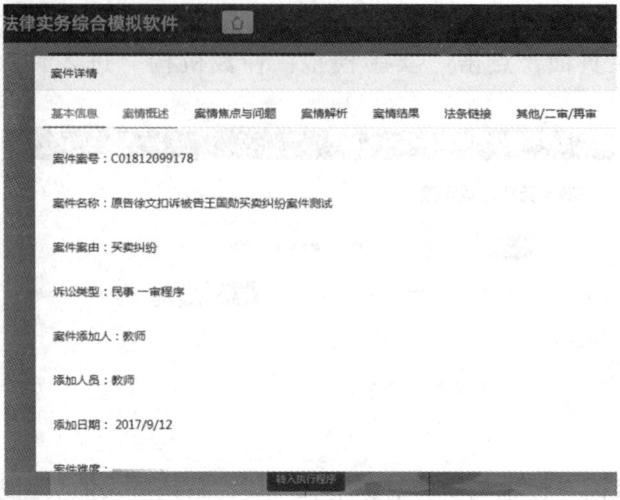

点击中间栏某一个实验中的“进入实验”链接，则将进入某一实验的操作页面，首先进入的是选择受理部门页面，如下图：

选择受理案件的部门，点击进入诉讼模拟主流程页面，如下图：

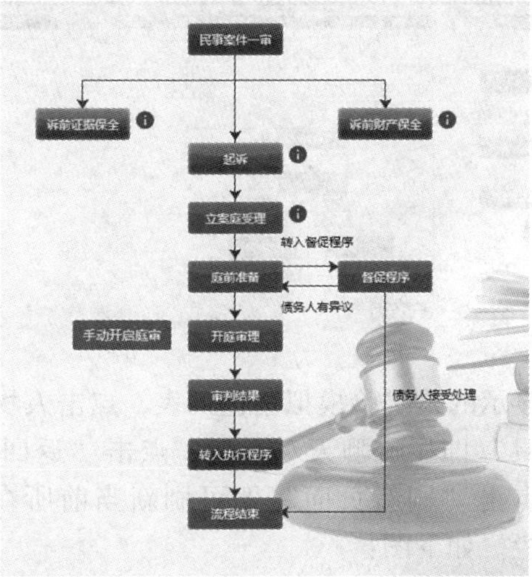

左边菜单栏内即显示正扮演的角色、实验详情、案件详情，以及案卷材料；点击“实验详情”将弹出实验详情窗口，如下图：（查看案件详情同“实验详情”操作；查看案卷材料同理）

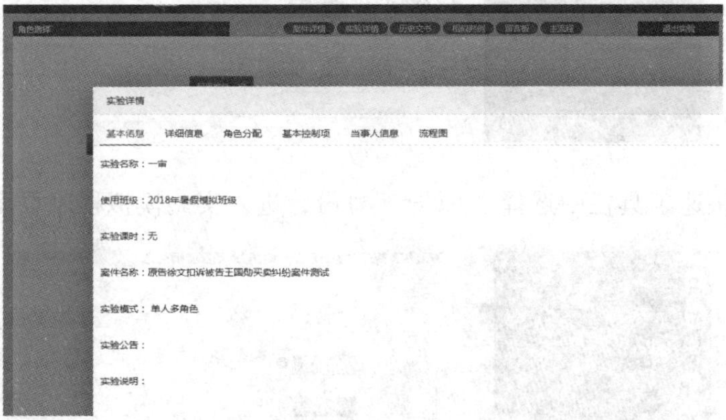

页面中间显示的是实验主流程内容，显示为绿色方框的文字表示该步骤正在进行中，显示为灰色方框的文字即表示该诉讼环节没有操作；如下图：

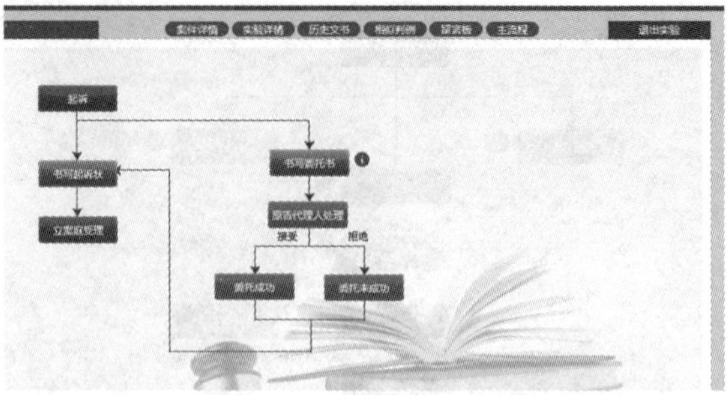

右边快速工具栏显示的是实验模拟角色列表，点击人物头像即可选择为当前角色；点击“聊天工具”即显示聊天对话框；点击“返回主流程”将返回到诉讼模拟主流程页面；点击“刷新页面”即可刷新当前所在页面；点击“隐藏”即可隐藏该快速工具栏。如下图：

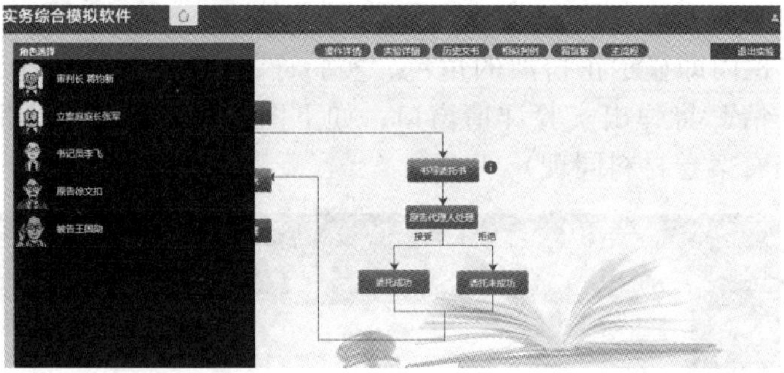

在右边快速工具栏中选择“原告”身份，进入实验模拟程序页面，如下图：

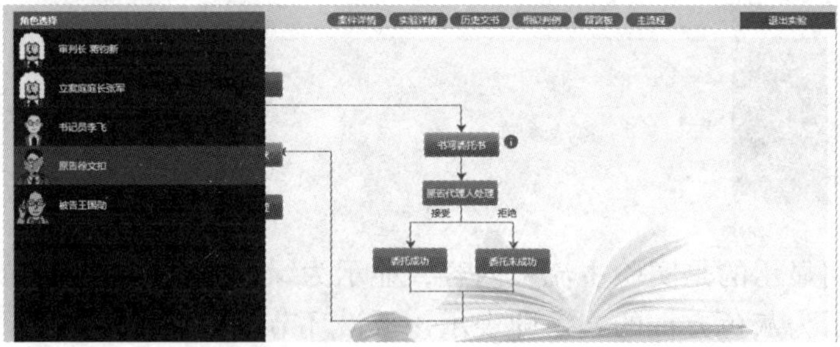

箭头向下指向的竖行为程序流程步骤，右边出现的分支则为在某一流程可以行使的其他权利。显示为绿色框的，即表示可以进行操作。

点击“书写起诉状”进入书写文书页面，如下图：

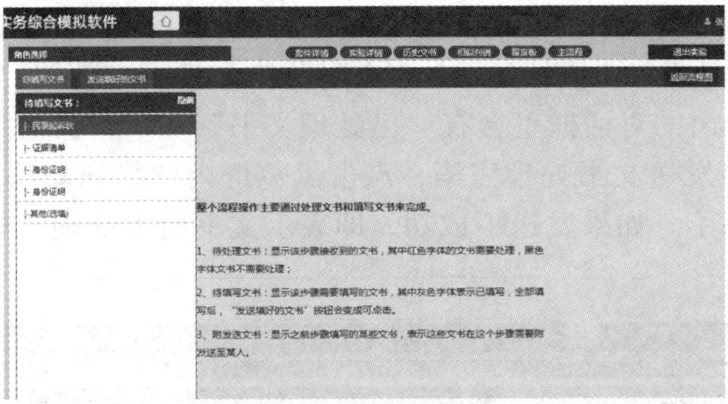

右边最上面一行显示的是工具栏，即显示需要处理的文书状态，包含未处理的文书和已写作完成的文书；点击“待处理文书”即会弹出对话框，对话框上会显示目前需处理的文书，如下图：

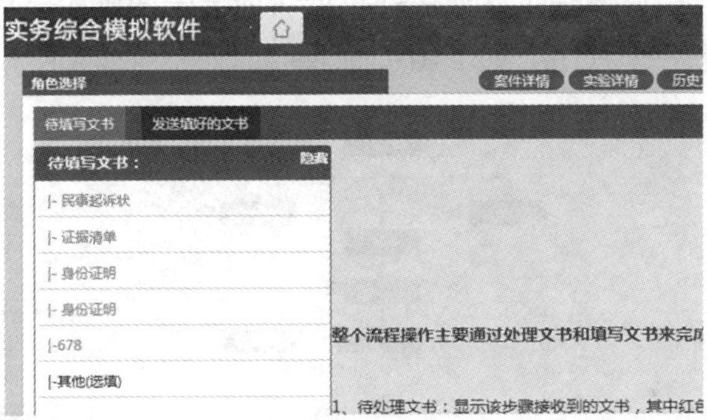

按顺序依次填写，点击“待填写文书”即弹出待填写文书页面，如下图：

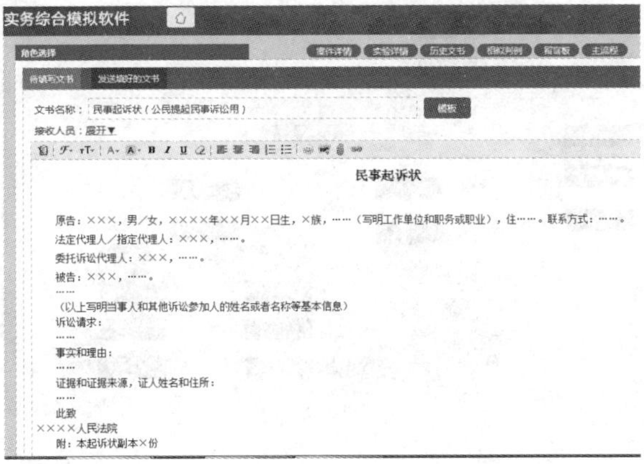

弹出的对话框内显示的文书就是需要填写的文书；填写完毕，点击“附发送文书”将弹出对话框，上面即显示是否有附发送文书；点击“历史发送文书”发送文书后系统弹出的对话框里会有“已处理文书”显示，其他文书处理方式同上。待所有需要发送文书处理完毕，点击黑色框内“发送填写的文书”字样，就可以发送文书了。如果发送不成功，即表示文书尚未处理完毕，需要继续填写，如下图显示：

工具栏最后一项为“返回上一流程”。

完成此步骤后，原本绿色框变成红色框，即表示此操作完成；下一个字体变绿色框即可继续下一个程序。如下图：

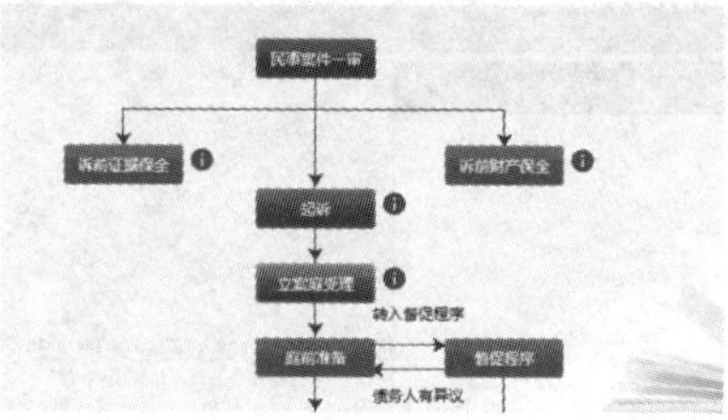

在右边人物角色里选择“审判长”角色，点击“立案庭受理”进入立案庭受理页面，如下图：

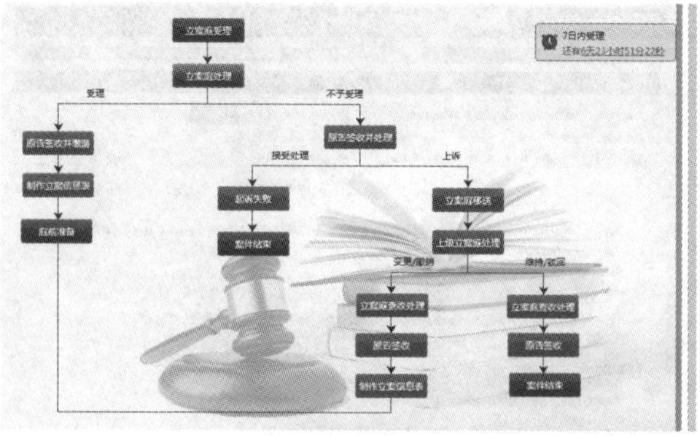

点击“立案庭处理”进入立案庭处理页面，如下图：

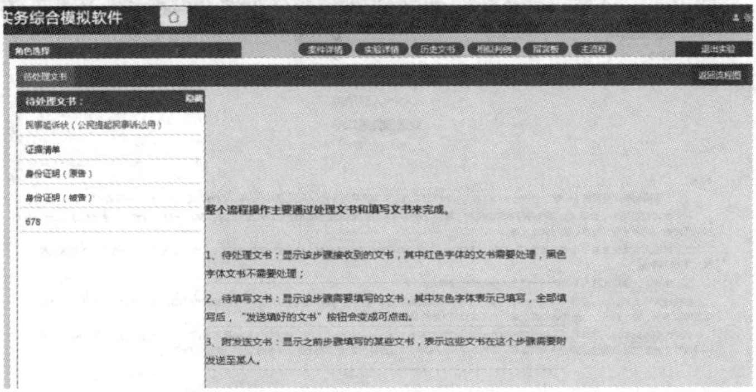

最上面一行为工具栏，按顺序填写处理文书；点击“待处理文书”即显示需要处理的文书；点击需要处理文书栏的某一行进入处理，如下图：

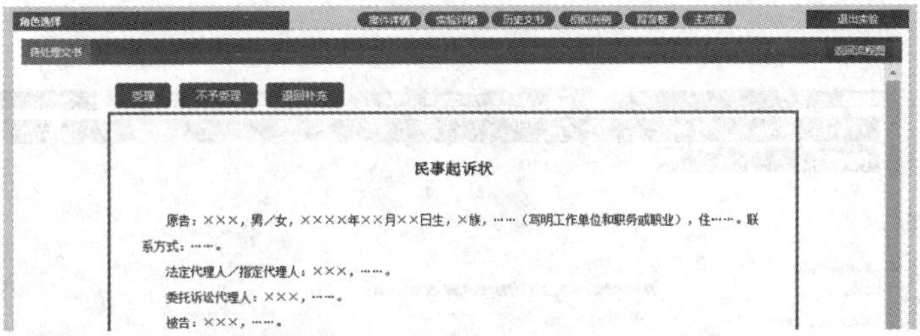

审判长查看起诉状，作出受理或不予受理决定。决定受理点击“受理”按钮；不予受理则点击“不予受理”按钮，进入下一个文书的查看。依次查看完待处理文书列的文书后直接进入待填写文书状态，如下图：

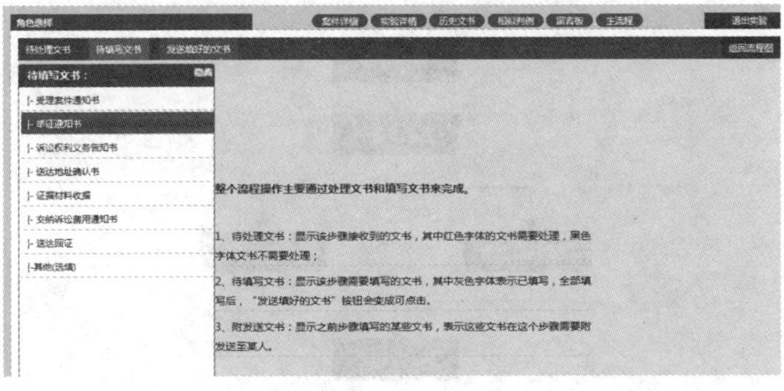

审判长点击待填写文书列表中的某一项进入文书填写，如下图：

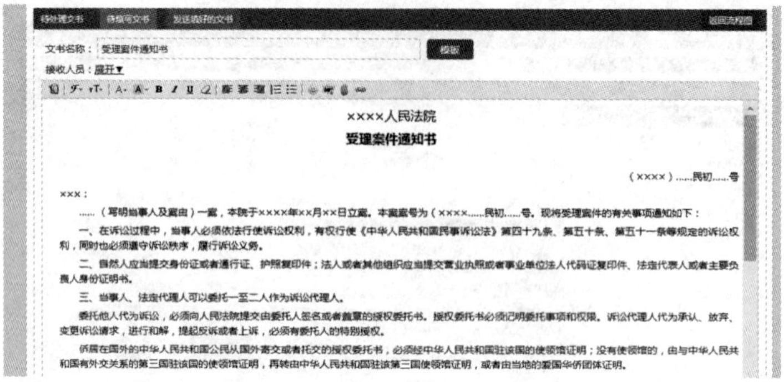

填写完毕点击“保存”再发送填好的文书。显示蓝色字体即表示该文书填写完毕。

点击右上角菜单的“主流程”，返回主流程界面，进入下一个操作环节。如下图：

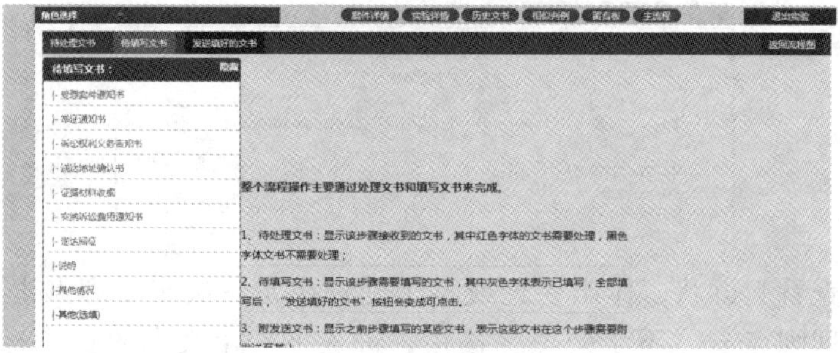

点击“庭前准备”进入庭前准备页面，如下图：

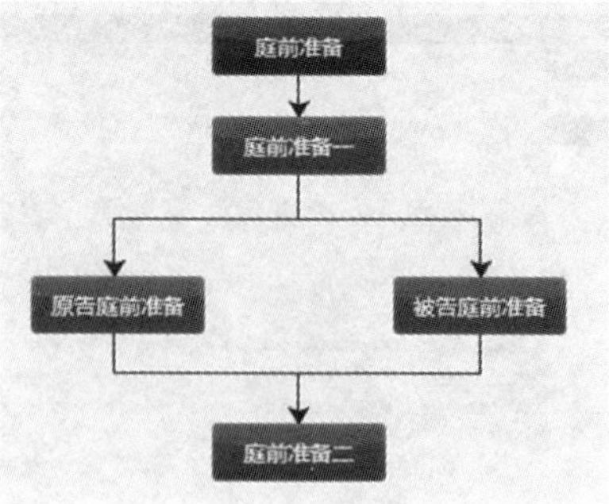

将每个环节的文书填写完毕后，点“保存”按钮保存，根据电脑提示一步步完成。操作完以上步骤点击“开庭审理”，如下图：

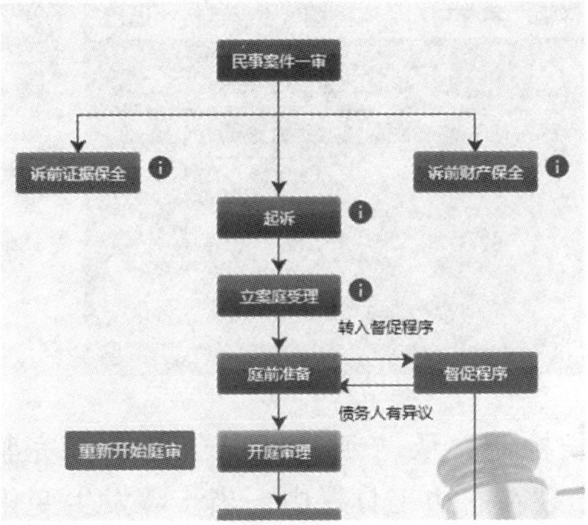

进入开庭审理后系统将出现模拟法庭画面，在此画面完成庭审过程，如下图：

如果实验要求使用语音通话则将弹出 Adobe Flash Player 设计窗口，点击允许即可接受语音通话。法庭分布状况如上图所示。主要角色为主审判长、原告、被告等。点击左上角工具栏“按钮”，即可查看庭审流程、法律法规或庭审剧本的页面。图片右上角有红色条框内即可依次点击操作庭审程序；右下角则可选择性操作，比如指定发言、结束发言、休庭毕庭等。如下图：

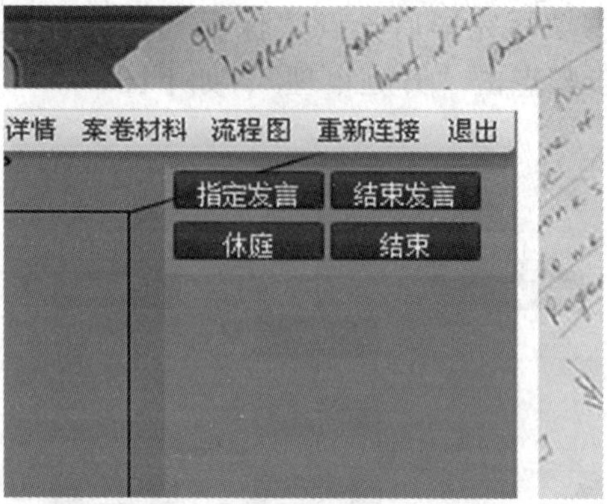

庭审流程由审判长控制，从“到庭情况”开始来完整模拟整个庭审过程，庭审中的每一个步骤出现在右边工具栏中，当步骤发生变化时，可操作的按键也将发生变化。要了解当前实验进程，可以点击右上角“庭审流程”，将弹出流程步骤图：

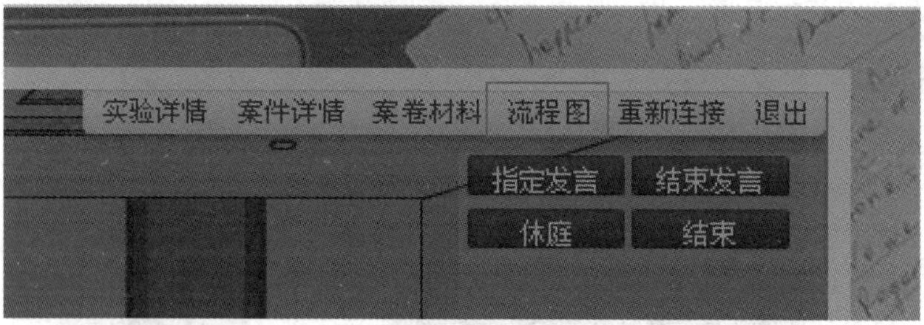

毕庭后结束庭审程序，进入“审判结果”程序，审判长处理完毕，原被告签收，即流程结束。如下图：

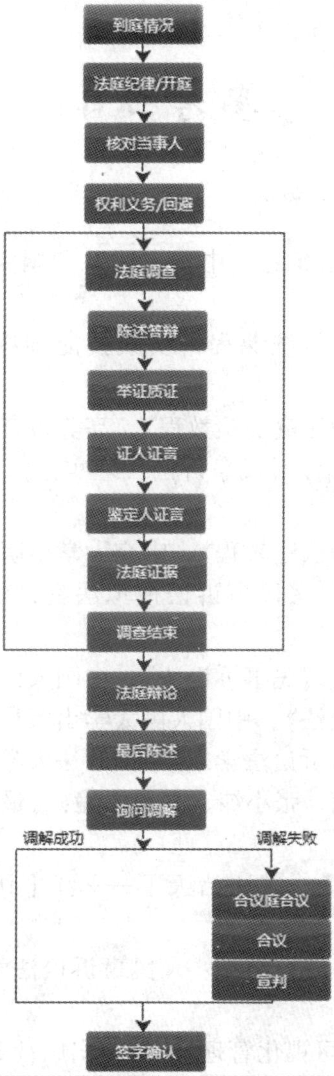
到庭情况
法庭纪律/开庭
核对当事人
权利义务/回避
法庭调查
陈述答辩
举证质证
证人证言
鉴定人证言
法庭证据
调查结束
法庭辩论
最后陈述
询问调解
调解成功
调解失败
合议庭合议
合议
宣判
签字确认

参考书目

1. 法律出版社法规中心编：《中华人民共和国企业破产法文书范本：注解版》，法律出版社 2011 年版。

2. 刘瑛主编：《法学传统课程中实践技能训练指南》，法律出版社 2012 年版。

3. 陈学权编著：《模拟法庭实验教程》，高等教育出版社 2012 年版。

4. 杨荣智、姜家雄主编：《民事诉讼代理实务》，中国政法大学出版社 2013 年版。

5. 张明霞主编：《模拟法庭教程》，南京大学出版社 2014 年版。

6. 高健、黄福玲编著：《民事诉讼模拟法庭训练》，中国政法大学出版社 2015 年版。

7. 江伟、肖建国主编：《民事诉讼法》，中国人民大学出版社 2015 年版。

8. 张卫平：《民事诉讼法》，中国人民大学出版社 2015 年版。

9. 宋朝武主编：《民事诉讼法学》，中国政法大学出版社 2015 年版。

10. 北京市律师协会编，张小炜、高鹏主编：《最新律师业务操作指引》，法律出版社 2015 年版。

11. 江平著，陈波等编：《法治天下——江平访谈录》，法律出版社 2016 年版。

12. 《民事诉讼法学》编写组编：《民事诉讼法学》，高等教育出版社 2017 年版。

13. 邹碧华：《法院的可视化管理》，法律出版社 2017 年版。

14. 邹碧华等：《民商事审判方法》，法律出版社 2017 年版。

15. 沈志先主编：《驾驭庭审》，法律出版社 2017 年版。

16. 沈志先主编：《裁判文书制作》，法律出版社 2017 年版。

17. 《最高人民法院民事案件裁判要点全集》编写组编：《最高人民法院民事案件裁判要点全集》，法律出版社 2017 年版。

18. 最高人民法院民事审判第二庭编，杜万华主编：《商事审判程序问题审判指导》，法律出版社 2018 年版。

19. 张斌主编：《人民法院诉讼程序 2300 问》，法律出版社 2018 年版。

20. 杨临萍主编：《人民法院法律适用与司法政策审判指导与参考》，法律出版社 2019 年版。